Claudia Maurer
Miss MoneyMaker

Claudia Maurer

Miss MoneyMaker

Wie Sie mit Gefühl und
Verstand ein Vermögen machen

Wunderlich

1. Auflage Januar 2002
Copyright © 2002 by Rowohlt Verlag GmbH,
Reinbek bei Hamburg
Alle Rechte vorbehalten
Illustrationen © 2002 by Yvonne Poepperl
Redaktionelle Mitarbeit Matthias Grund
Umschlaggestaltung Susanne Müller
(Illustration Yvonne Poepperl)
Satz Rotis Serif von UNDER/COVER, Hamburg
Druck und Bindung Clausen & Bosse, Leck
Printed in Germany
ISBN 3 8052 0715 8

Die Schreibweise entspricht den Regeln
der neuen Rechtschreibung.

Inhalt

Vorwort 9

Teil I – Die geheimen Gesetze des Geldes 11
1. Was Geld für Sie bedeutet 12
2. Was am Abend übrig bleibt 21
3. Gedanken über Geld 25
4. Wie wir mit Geld groß werden 36
5. Geldgespräche – das letzte Tabu 42
6. Wie Sie Ihr Ziel ins Visier nehmen 45

Teil II – Kohle machen 53
1. Jeder Tag ist wertvoll:
   Finanzmanagement im Alltag 54
2. Jetzt wird gehandelt! 56
3. Wohin Ihr Geld fließt 73
4. Kaufen mit den fünf Sinnen 83
5. Steigern Sie Ihr Einkommen 96
6. Schulden und der richtige Umgang mit ihnen 97
7. Vertrauen Sie sich! 99

Teil III – Die Familie der Finanzprodukte 105
1. Aktien, Optionen, Fonds und Konsorten 106
2. Finanzprodukte im Überblick 113
3. In sieben Schritten
   zur richtigen Anlageform 169
4. Ihre Bank und andere Helfer 185
5. Versicherungen:
   Bringen Sie Licht ins Dunkel 191

Teil IV – Frauen, Kinder und Geld 205
1. Nach dem B-Test kommt der G(eld)-Test 206
2. Frauen und Häuser 208
3. Wie sag ich's meinem Kinde? 210

Teil V – Geschichten vom Erfolg 219
1. Christa T. 221
2. Mara M. 225
3. Thomas P. 232

Teil VI – Anhang
Finanzielle Fachbegriffe 237

Dieses Buch widme ich meinem Sohn
Maceo, der mich reich macht.
Claudia Maurer

Vorwort

Ich habe dieses Buch geschrieben, um anderen Frauen zu helfen, mit ihrem Geld clever und sinnvoll umzugehen. Egal, ob Sie Single oder verheiratet sind, eine steile Karriere planen oder Vollzeitmutter, jung oder alt sind: Ihre finanzielle Zukunft liegt in Ihrer Hand. Und ich will Ihnen helfen, jetzt gleich Ihre Finanzplanung in den Griff zu bekommen.

Vielen Frauen, die ich kenne – damals wie heute –, gelingt es nicht, ihre finanziellen Angelegenheiten so zu verwalten, dass sie zufrieden sind und die Möglichkeit haben, ein sorgenfreies Leben zu führen. Dabei ist es nicht so, dass Geld kein Thema wäre. Erstaunlicherweise beherrscht es aber nur dann die Köpfe der Menschen, wenn es fehlt.

Über Jahre hinweg habe ich die unterschiedlichen Einstellungen und Verhaltensweisen von Freunden, Kollegen und Bekannten beobachtet, um herauszufinden, was Menschen das Gefühl gibt, finanziell unabhängig zu sein. Es sind eine Reihe von Faktoren. Verblüffenderweise gehören weder großes Glück noch überdurchschnittlicher Intellekt dazu.

Es kommt zunächst darauf an, Geld zu einem Freudenthema in Ihrem Leben zu machen: Füllen Sie Ihre Zeit nicht mit Sorgen darum, sondern lernen Sie, wie Sie es effektiv vermehren können. Erkennen Sie die entscheidenden Verhaltensweisen und Muster, die Ihnen den Weg zur finanziellen Unabhängigkeit ebnen. Die Fähigkeit, Dinge zu genießen, auf die es Ihnen wirklich ankommt, wird Ihr Leben – nicht nur in finanzieller Hinsicht – bereichern! Ich möchte Sie mit Leichtigkeit und auf unterhaltsame Weise mit der Welt der Finanzprodukte vertraut machen, in der Sie sich alsbald sehr wohl fühlen werden. Sie werden bald Ihre Vorstellungskraft vom wöchentlichen Benzin- oder Eierpreis auf größere finanzielle Dimensionen lenken. Die richtige Geldanlage ist keine geheime Bastion verbissener Finanzmanager, sondern eine Zauberkiste spannender Instrumente für die effektive Geldvermehrung. Nach intensiver Recherche habe ich alle Angaben in diesem Buch nach bestem Wissen zusammengetragen. Die Darstellung ist dabei auf das aus meiner Sicht Wesentliche beschränkt und kann natürlich eine persönliche Finanzberatung nicht ersetzen. Eine Gewähr für die in diesem Buch enthaltenen Angaben oder eine Garantie für dargestellte finanzielle Erfolge kann daher nicht übernommen werden.

Ich freue mich, dass es mir gelungen ist, neben meiner Tätigkeit als Trainerin und als frisch gebackene Mutter mit diesem Buch die wesentlichen Schritte auf dem Weg zur finanziellen Unabhängigkeit einem größeren Kreis von Frauen mitteilen zu können. Ich danke allen sehr, die mir dieses Projekt möglich gemacht haben, und besonders meinem Mann Matthias, der die Vollendung so wunderbar unterstützt hat.

Claudia Maurer

Teil 1
Die geheimen Gesetze des Geldes

1. Was Geld für Sie bedeutet

Geld bewegt die Welt

Das ganze Leben kostet Geld. Vom ersten Schrei bis zum letzten Schweigen sind viele tausend Euro fällig. Alles, was wir in unserem Leben unternehmen, kostet Geld. Und daher braucht jede Frau eine Menge davon. Und wenn Sie ehrlich sind: Man kann nie zu viel Geld haben. Oder haben Sie sich jemals beklagt, dass am Monatsende zu viel Geld übrig ist? Die meisten hätten gerne mehr Geld. Und am besten sollen es gleich ein paar Millionen sein. «Wer wird Millionär?», fragen sich die Leute vor dem Fernseher. Aber der Alltag ist unbarmherzig: Statt Millionen blauer Scheinchen schreibt das Konto rote Zahlen. Und nur kurz nach Ihrem Besuch beim Geldautomaten haben die hübschen bunten Scheinchen Ihre Geldbörse wieder verlassen. Die gesamten 300 Euro sind schon wieder weg! Das Geld rinnt Ihnen wie Sand durch die Finger, wie von Geisterhand verschwinden Euroscheine und -münzen.

Sind Geister am Werk?

Doch sind es wirklich fremde Geister, die Ihre Scheinchen heimlich stehlen? Oder liegt die Ursache woanders? Sie ahnen vielleicht schon, dass es eher die Geister in Ihrem Kopf sind, die für leere Kassen sorgen. Denn Ihr Kopf – oder besser, was darin steckt – ist das Einzige, was zwischen Ihnen und der finanziellen Sorglosigkeit steht. Das Gute daran: Ihr Kopf gehört Ihnen ganz allein! Machen Sie sich ganz bewusst Gedanken darüber, wohin Ihr Geld fließt. Beginnen Sie bei sich selbst – und nicht bei Ihrem Mann oder Ihrem Lebenspartner. Beginnen Sie nicht mit Ihrem Geldbeutel, Konto oder Aktiendepot, sondern mit Ihrem Kopf. Vielleicht haben viele Probleme, die Sie in anderen Lebensbereichen plagen, ihre Ursache in der Art, wie Sie mit Ihrem Geld umgehen. Nach neuesten Erkenntnissen ist die Unfähigkeit, mit Geld umzugehen, kein Symptom, sondern die Ursache für Angst, mangelndes Selbstwertgefühl, ja sogar für Identitätsverlust.

Gute Gründe, Ihrer Gesundheit einen Dienst zu erweisen und sich im Umgang mit Geld zu üben! Geändert wird natürlich nur, was auch tatsächlich der Änderung bedarf. Finden Sie heraus, wie Sie zu Ihrem Geld stehen – mit Miss MoneyMakers Reality Check.

Miss MoneyMakers Reality Check

Nehmen Sie Ihren edelsten Stift zur Hand und machen Sie sich an Ihre persönliche Finanzinventur. Fragen Sie sich: Was kostet mein Leben, was kostet jeder Tag, jede Woche, jeder Monat und jedes Jahr? Seien Sie unbedingt ehrlich zu sich selbst, denn um Kontrolle über Ihre Finanzen zu erlangen, müssen Sie wissen, wo Ihr Geld bleibt. Nehmen Sie Miss MoneyMakers Fragen als Leitfaden:

Haben Sie sich in der letzten Zeit oder überhaupt jemals mit Ihrem finanziellen Status auseinander gesetzt, und was war das Ergebnis?

Nein ☐
Ja ☐

Bitte tragen Sie das Ergebnis in die folgende Tabelle ein; falls Sie noch keinen Überblick haben, schätzen Sie ungefähr Ihr Vermögen:

Vermögen (Haus, Auto, Kunst etc.) _____

Finanzanlagen (Aktien [-fonds] etc.) _____

Sparguthaben (Bargeld, Sparbuch) _____

Offene Forderungen (Geld verliehen?) _____

Konsumschulden (Kredit für das Auto etc.) _____

Schulden aus Baufinanzierung _____

Andere Verbindlichkeiten
(Eltern, Freunde, Geschwister) _____

Wissen Sie, wie viel genau Sie im letzten Monat insgesamt ausgegeben haben?

Nein ☐
Ja ☐ _____

Haben Sie eine ungefähre Vorstellung davon, wie viel Geld ein Jahr Ihrer Lebensführung kostet?

Nein ☐
Ja ☐ _____

Haben Sie sich schon einmal Gedanken darüber gemacht, wie viel Prozent Sie davon für die verschiedenen Bereiche Ihres Lebens aufgewandt haben?

Nein ☐
Ja ☐ _____

Wohnen (Miete, Putzen) _____

Transport (Bahn, Auto) _____

Essen und Trinken _____

Kleidung _____

Sport/Entspannung/Gesundheit _____

Schönheitspflege/Beauty _____

Beziehungen/Kommunikation
(Telefon/E-Mail/Geschenke) _____

Unterhaltung/Genuss (Ausgehen, Genussmittel,
Internet, Fernsehen, Kino etc.) _____

Bildung (Seminare, Bücher) _____

Sicherheit (Versicherungen) _____

Kinder _____

Gesellschaft (Mitgliedsbeiträge/Spenden) _____

Schulden (Tilgungsraten) _____

Finanzielle Vorsorge (Sparen/Geldanlage) _____

Wie hoch sind Ihre monatlichen Einkünfte? Zählen Sie zusammen:

Gehalt (inkl. Weihnachtsgeld, Bonus etc.) _____

Einnahmen aus Nebentätigkeiten _____

Vergütung/Unterhalt vom (Ehe-)Partner _____

Sonstige familiäre Zuwendungen _____

Kindergeld _____

Sonstige staatliche Zuwendungen _____

Erträge aus Finanzanlagen/Zinsen _____

Mieteinnahmen etc.   _____

Steuervergütungen   _____

Erinnern Sie sich an einige der Situationen, in denen Sie Geld eingenommen oder ausgegeben haben. Hatten Sie jeweils ein gutes Gefühl dabei?

Nein ☐
Ja   ☐ _____

Haben Sie schon einmal zusammengerechnet, wie viel Sie bisher insgesamt gespart haben?

Nein ☐
Ja   ☐ _____

Kennen Sie Ihren Schuldenstand und Ihre monatlichen Tilgungsraten?

Nein ☐
Ja   ☐ _____

Hatten Sie ein gutes Gefühl bei der Kreditaufnahme und bei der Rückzahlung von Schulden?

Nein ☐
Ja   ☐ _____

Haben Sie viele Fragen mit Nein beantwortet? Dann befinden Sie sich in bester Gesellschaft. Die wenigsten haben immer einen sicheren Überblick über ihre Finanzen. Viele wissen nicht einmal genau, woher ihr Geld kommt und wohin es fließt. Dabei ist der Geldfluss (oder Cash-Flow – so der Buchhalterterminus) von essenzieller Wichtigkeit für Ihre Finanzen. Nicht umsonst geben Unternehmen Millionen für Buchhalter und Wirtschaftsprüfer aus, die nichts anderes tun, als Bilanzen und Cash-Flow-Rechnungen zu erstellen. Sie sind die Grundlage für alle weiteren unternehmerischen Schritte. Niemand würde in ein Unternehmen investieren, das weder Bilanz noch Cash-Flow vorweisen kann. Für Sie bedeutet das: Wenn Sie darauf verzichten, Ihren Finanzstatus zu ermitteln, verzichten Sie gleichzeitig auf die Grundlage für Ihre finanzielle Zukunft. Mit dem Verzicht auf einen regelmäßigen Überblick ignorieren Sie Ihr eigenes Bedürfnis nach Klarheit und lassen sich selbst im Ungewissen.

Eigentlich müssten Sie jetzt alle Belege und Kontoauszüge zusammensuchen, um Ihre Ausgaben in der Vergangenheit analysieren zu können. Aber wahrscheinlich haben Sie all die kleinen Quittungen und Zettelchen längst verloren. Oft gibt es sie auch gar nicht, denn worauf die Geister in Ihrem Kopf so scharf sind, sind die kleinen, scheinbar unbedeutenden Sachen, für die es keine Belege gibt: hier einen Lippenstift, dort ein heruntergesetztes T-Shirt ... Aber es lohnt sich nicht, sich nachträglich zu ärgern. Denn ab heute können Sie alles ändern. Dafür hat Miss MoneyMaker einen Plan.

Miss MoneyMakers Control-Plan

«O nein, ein Finanzplan!», denken Sie jetzt sicher. Das klingt nach langweiliger Buchhalterarbeit, und das ist nun mal nicht schick. Cool ist es, jung und frei über den Dingen zu stehen und die Zukunft auf sich zukommen zu lassen. Lässigkeit gibt es aber leider nur abends zwischen 19.20 und 20.14 Uhr in der täglichen Soap. Und in der spielen Sie vermutlich nicht mit. Das wahre Leben spielt bei Ihnen, in Ihrer Geldbörse. Deshalb beginnen wir unseren Control-Plan mit einer leichten Übung, die sogar Spaß macht.

1. Schritt: Vorbereitung ◆

Stellen Sie sich vor, Sie fahren in die Stadt und kaufen sich ein Portemonnaie oder eine Brieftasche. Stellen Sie sich eine Geldbörse vor, wie Sie sie schon immer mal besitzen wollten – ohne Rücksicht auf den Preis. Wie sieht sie aus, wie fühlt sie sich an? Ist sie aus weichem Leder? Wie duftet sie? Vielleicht passt sie zu einer Ihrer Lieblingshandtaschen? Für Miss MoneyMakers Plan ist nur wichtig, dass Sie mit ihr den größtmöglichen Spaß haben.

Die einzige Bedingung ist, dass Ihre neue Geldbörse ein Fach für Belege und möglichst einen kleinen Schreibblock (oder weiße Zettel) hat, damit Sie auch die kleinen Ausgaben notieren können. Es gibt mittlerweile sogar Geldbörsen mit einem kleinen Stift, die sehr nützlich sind. Auf die Zettel schreiben Sie all die kleinen Beträge, für die man so oft keine Belege erhält (Bäcker, Eisdiele). Und jetzt steht dem Kauf des neuen Portemonnaies nichts mehr im Weg. Genießen Sie Ihre neue Geldbörse! Sie ist das Symbol für eine neue Ära in Ihrer persönlichen Finanzgeschichte.

2. Schritt: Belege sammeln ◆

Ab jetzt sammeln Sie all Ihre Belege und Rechnungen. Egal wo Sie einkaufen. Und wenn Sie keinen Beleg bekommen, machen Sie sich einen: Notieren Sie alle, ausnahmslos alle Ausgaben auf den Blankozetteln im Belegfach Ihrer neuen Geldbörse. Diese Belege sind die Grundlage für Ihr finanzielles Fortkommen. Dasselbe gilt für Überweisungen: Wenn Sie sich am Geldautomaten oder beim Internet-Banking keinen Beleg ausdrucken lassen, schreiben Sie sich den überwiesenen Betrag auf.

3. Schritt: Ablage der Belege ◆

Achtung! Lassen Sie Ihre Belege nicht mehr wie früher irgendwo herumliegen. Suchen Sie stattdessen einen besonders auffälligen Platz an der Wand in dem Raum, in dem Sie sich überwiegend aufhalten. Nehmen Sie einen fünf bis sieben Zentimeter langen Nagel und schlagen Sie ihn in Höhe Ihrer Augen in die Wand. Alle Rechnungen und Belege, Quittungen und Notizen werden auf diesen Nagel gespießt.

So verschaffen Sie sich garantiert einen Überblick und lernen, wie ein Profi mit Geld umzugehen.

Je mehr Kleinigkeiten Sie kaufen, desto mehr werden Sie damit zu tun haben, all die kleinen Papierchen auf den Nagel zu spießen. Das hilft Ihnen, sich Ihrer Ausgaben bewusst zu werden und Ihre Sensibilität für Geld zu stärken. Sie werden merken, dass Sie bald viel weniger Geld ausgeben. Das Gefühl für die Höhe Ihrer Ausgaben, die Sie an der Menge der Zettel auf dem Nagel erkennen, wirkt bremsend, ohne dass Sie bewusst ans Sparen denken müssen. Außerdem wird Ihnen klar, dass es keine Geister gibt.

4. Schritt: Was kosten eine Woche und ein Monat? ♦

Legen Sie einmal wöchentlich einen Zeitpunkt fest, den Sie wirklich einhalten können. Verabreden Sie sich mit sich selbst. An diesem Termin mit sich selbst beschäftigen Sie sich mit Ihrem Geld. Der erste Tagesordnungspunkt des wöchentlichen Jour fixe ist immer die Auflistung Ihrer Ein- und Ausgaben. Dazu müssen Sie die Belege vom Nagel nehmen und sie den verschiedenen Bereichen zuordnen, in die Sie Ihr Leben aufteilen können. Addieren Sie jede einzelne Ausgabe und Einnahme der gesamten Woche. Machen Sie das außerdem immer am Ende der letzten Woche eines jeden Monats und fassen Sie die Wochenergebnisse zu einem Monatsergebnis zusammen.

Im Kapitel «Finanzmanagement im Alltag» zeigt Ihnen Miss MoneyMaker nützliche Mustertabellen, anhand derer Sie ein Bewusstsein für das Verhältnis von Einnahmen und Ausgaben entwickeln können. Darüber hinaus erkennen Sie, welche Lebensbereiche wirklich wichtig für Sie sind und in welche Sie hauptsächlich Ihr Geld investieren. Sie können überprüfen, ob Sie tatsächlich für die Dinge Geld ausgeben, die Ihnen persönlich wertvoll sind. Denken Sie dabei auch daran, was Ihnen in Zukunft wichtig sein könnte. Drittens verschaffen Sie sich einen Überblick über Ihr Einsparpotenzial: Sie können so leichter die Bereiche identifizieren, in denen Sie auf Ausgaben verzichten können, ohne sich zu quälen. Schließlich – und das ist sehr wichtig für Ihre Motivation – werden Sie beim Vergleich der Monatszahlen erkennen können, wie groß Ihr Fortschritt ist, also wie stark sich Ihr Geld vermehrt hat.

2. Was am Abend übrig bleibt

Sie sind unzufrieden mit dem, was Sie derzeit sparen, wenn Sie sich vergegenwärtigen, was Sie sich alles *nicht* dafür kaufen können? Die Auffassung, man tue sich nur dann etwas Gutes, wenn man sich etwas gönnt, ist weit verbreitet. Und das ist sicher auch so. Aber ebenso befriedigend kann es sein, wenn Sie sich mit purem Geld beschenken. Geld, das nicht eingetauscht wird gegen Ringe, Schuhe, Kosmetika oder Bücher, behält all seine Möglichkeiten. Die wahre Kennerin häuft also keine Dinge im Überfluss an, sondern verwöhnt sich mit Geld. Dinge bleiben Dinge. Sie verlieren ihren Wert und vermehren sich nicht. 20 Paar Schuhe bleiben auch in zwei Jahren 20 Paar Schuhe – wenn dann nicht schon einige auf dem Müll gelandet sind. Nur Geld vermehrt sich ohne Ihr Zutun.

Miss MoneyMakers Schlüsselerlebnis

Wie viel Geld würden Sie investieren, um die magische Kraft des Geldes zu erleben? Miss MoneyMakers Schlüsselerlebnis wird Ihnen den Umgang mit Geld erheblich erleichtern. Der Preis dafür: nur 10 Euro. Nehmen Sie einen 10-Euro-Schein. Wenn Sie keinen zur Hand haben, besorgen Sie sich einen, bevor Sie weiterlesen. Nehmen Sie jetzt den Schein, streicheln Sie ihn und schauen Sie ihn sich an. Sammeln Sie sich. Werden Sie ganz ruhig und konzentrieren Sie sich. 10 Euro ... Lassen Sie Erinnerungen an die Dinge vorüberziehen, die Sie sich in Ihrem Leben für 10 Euro (oder 20 Mark) gekauft haben, egal was. Nehmen Sie nun den Schein und gehen Sie in die oberste Etage des Hauses, in dem Sie wohnen. Suchen Sie ein Fenster, das sich öffnen lässt. Öffnen Sie es. Schauen Sie nach unten. Nehmen

Sie den Schein in Ihre rechte Hand. Strecken Sie den rechten Arm durch das Fenster nach draußen. Atmen Sie tief ein. Atmen Sie jetzt aus und lassen Sie den Schein ins Freie gleiten. Sträuben Sie sich nicht. Sie haben keinen Grund. Sie sind vollkommen in der Lage, den Schein loszulassen. Sie werfen doch auch sonst Geld aus dem Fenster, oder?

Sie haben es geschafft?
> Und es ist Ihnen schwer gefallen: Dann herzlichen Glückwunsch! Sie gehören zu denjenigen, die fähig sind, Gewohntes mit starkem Willen zu verändern, und sind bereit, zu neuen Ufern aufzubrechen!
> Und es hat Ihnen nichts ausgemacht: Dann haben Sie jeglichen Bezug zu Ihrem Geld verloren. Ein schlimmer, aber nicht hoffnungsloser Fall! Noch bleiben die Kraft und Energie des Geldes auf Sie ohne Wirkung.

Sie haben es nicht übers Herz gebracht:
> Dann trösten Sie sich in dem Bewusstsein, dass es nur sehr wenigen gelingt, den Geldschein tatsächlich loszulassen. Sie brauchen nicht traurig darüber zu sein, denn die wesentliche Erfahrung dieser Übung haben auch Sie gemacht. Sie haben gespürt, wie stark Geld wirkt und wie schwer es Ihnen fällt, es loszulassen. Sie haben den Schmerz gespürt, eine Banknote zu verlieren. Es ist Ihnen unmöglich, sich von dem Scheinchen ohne Grund zu trennen; die Energie des Geldes und seine Anziehungskraft wirken auch auf Sie.

Mythos Geld

Geld ist mehr als ein vom Staat standardisiertes Zahlungsmittel in Form von Münzen oder Banknoten. Geld ist auch mehr als ein notwendiger Bestandteil jeder modernen Volkswirtschaft. Obwohl ein Geldschein in der Herstellung nur wenige Cent kostet und an sich kaum Wert besitzt, wird für Geld geheuchelt, gebettelt, gemogelt, gelogen, betrogen, verraten, gehasst, zerstört, gemordet. Geld hat etwas Magisches, etwas Spirituelles, einen unerklärlichen Zauber, der sich mit Vernunft nicht erklären lässt. Behandeln Sie Ihr Geld wie eine Person aus Fleisch und Blut. Sprechen Sie mit ihm. Streichen Sie Ihre Noten glatt. Aber trennen Sie sich leichten Herzens, wenn Sie es weitergeben.

Wie aber kann es sein, dass Ihnen Ihr Geld einerseits an den Händen klebt und Sie es nicht loslassen können, Sie aber andererseits niemals genug davon haben? Warum rinnt Ihnen das Geld trotz seiner «klebrigen» Oberfläche einfach so durch die Finger?

Dafür gibt es mehrere Gründe. Der wichtigste: Sie haben den Kontakt zu Münzen und Banknoten verloren. Die Hauptursache dafür ist das Zahlen mit Plastikgeld. Beliebte «Lösungsmittel», die das Geld fließen lassen, sind vor allem Kredit-, Kunden- und EC-Karten aller Art. Je häufiger Sie mit Plastikgeld bezahlen, desto schneller verlieren Sie Ihr Geld. Denn so können Sie die enorme Energie des Geldes nicht mehr spüren, Sie müssen es beim Zahlen ja nicht mehr aus der Hand geben, können es nicht sehen und fühlen. Sie werfen das Geld zwar aus dem Fenster, aber Sie spüren es nicht mehr. Es ist natürlich schwer, auf all die Kärtchen zu verzichten: Die Banken haben das billige Plastikmaterial mittlerweile silbern oder golden gefärbt, damit es wertvoller aussieht. Dennoch verlieren Sie damit das Bewusstsein für die Rechnung am Ende des Monats, und die kann alles andere als goldig aussehen.

Auch Kaufhäuser und andere Händler bieten immer häufiger Kundenkarten an. Sie versprechen die Möglichkeit, oft unter Gewährung kurzfristiger Kredite, günstiger einzukaufen. Das ist ein dummer Versuch, Ihnen persönliche Wertschätzung vorgaukeln zu wollen und Ihnen das Gefühl zu geben, als wichtiger Kunde besonders willkommen zu sein. Vergessen Sie's: Niemand ist an Ihnen persönlich interessiert. Interesse hat man nur an Ihrem Geld. Solche Angebote sollten für Sie eine Herausforderung sein, sie abzulehnen. Denn viele Karten in der Brieftasche sind nicht etwa ein Zeichen für viel Geld, sondern für viel Dummheit. Vergessen Sie nie, dass Sie jedes Mal, wenn Sie eine Karte zücken, sich der Gelegenheit berauben, die gute Energie des Geldes zu spüren.

Ein anderer Grund für die Tatsache, dass Geld oft allzu leicht ausgegeben wird, ist der, dass die meisten glauben, sie bereicherten sich, wenn sie ihr Geld gegen Dinge eintauschen. Denken Sie ähnlich? Vorsicht, das ist nur zum Teil wahr. Sicher ist es schön, die neueste Rolex am Arm zu haben oder im teuren BMW durch die Stadt zu kreuzen. Aber dabei verlieren Sie: Mit Geld stehen Ihnen alle Möglichkeiten offen. Sie können es auf unterschiedlichste Art und Weise einsetzen; Sie können es investieren, verleihen (an die Bank gegen Zinsen!), Sie können es sparen. Geld ist Freiheit, wie schon Dostojewski sagte. Und mit dem Gefühl der Freiheit kommt die Unabhängigkeit. Je mehr Geld Sie besitzen, desto unabhängiger werden Sie sich fühlen. Andersherum gilt aber auch: Jeder Verlust an Geld bedeutet den Verlust von Unabhängigkeit und eine Einbuße an Freiheit. Wenn Sie etwas einkaufen, geben Sie Ihr Geld weg und bekommen dafür Dinge. Sie geben aber auch ein Stück Freiheit und Unabhängigkeit her. Indem Sie sich für eine Sache entscheiden, nehmen Sie nur eine der theoretisch unendlich vielen mit dem Geld verbundenen Möglichkeiten wahr. Meist ist uns der Verlust dieser Möglichkeiten gar nicht mehr bewusst, weil wir nicht mehr darüber nachdenken, was wir wirklich benötigen. Gehen Sie daher regelmäßig Ihr monatliches Budget durch und fragen Sie sich bei jedem Ausgabenposten: Was brauche ich wirklich, um ein erfülltes Leben zu leben?

3. Gedanken über Geld

Sparen, sparen! Das hört sich so einfach an. Wahrscheinlich haben Sie es schon oft versucht, aber immer wieder feststellen müssen, dass es nicht so richtig klappt. Wer kennt es nicht, das alte Spiel mit den guten Vorsätzen, sei es, Diät zu halten, sich weniger mit dem Mann zu streiten oder nicht mehr zu rauchen. Woran liegt es, dass die wenigsten guten Vorsätze tatsächlich realisiert werden? – Veränderung setzt das Erlernen von Neuem voraus. Wenn Sie etwa weniger rauchen wollen, nützt es nicht, ein oder zwei Mal auf eine Zigarette zu verzichten. Wenn Sie nur Ihr *Verhalten* allein immer wieder ändern, bewirkt das in der Regel keine echte Veränderung. Vielmehr verändern Sie Ihr Verhalten auf Dauer nur dadurch, dass Sie es schaffen, das *Programm* zu verändern, das in Ihnen abläuft (und etwa dafür verantwortlich ist, dass Sie Raucherin sind und andere Menschen nicht). Programme können auch nützlich sein. Es wäre sehr ineffektiv, jeden Morgen neu lernen zu müssen, wie man seine Unterwäsche anzieht; da ist es schon besser, man automatisiert die entsprechenden Handlungen und lässt das Programm ablaufen. Falsche Programme im finanziellen Bereich dagegen können Sie teuer zu stehen kommen. Sie müssen zunächst erkennen, dass Glaubenssätze in Ihnen verankert sind, die Ihr Verhalten steuern. Wenn Sie tatsächlich Ihr finanzielles Verhalten verändern wollen, ist es von entscheidender Bedeutung, herauszufinden, wie Ihre Glaubenssätze lauten. Nur wenn es Ihnen schließlich gelingt, Ihre Glaubenssätze zu modifizieren, ändern Sie Ihr Verhalten, und das ohne den aus der Diätforschung bekannten Jo-Jo-Effekt: Sie werden nicht mehr rückfällig und müssen nicht mehr viele unnütze Dinge kaufen, um sich zu trösten, sich zu belohnen oder sich Ersatz für fehlende Zuwendung zu verschaffen.

Alte Zöpfe

Rapunzel lebte in einem hohen Turm. Eines Tages war die Hexe, die sie bewachte, nicht zu Hause. Rapunzel schlich die Treppe hinunter, öffnete vorsichtig die Tür, trippelte über den Burghof, ließ leise die Zugbrücke herunter und ging hinaus ins Leben.

Da traf sie einen schwarzen Mann, der sagte: «Rapunzel, das Leben ist aber verdammt gefährlich.» Da rief Rapunzel: «Nein, das will ich nicht!»

Sie drehte sich um, lief zurück zur Burg, zog schnell die Zugbrücke hoch und rannte bis in die oberste Kammer des Turmes.

Einige Zeit später war die Hexe wieder einmal nicht zu Hause. Rapunzel schlich abermals die Treppe hinunter, öffnete vorsichtig die Tür, trippelte über den Burghof, ließ leise die Zugbrücke herunter und ging hinaus ins Leben.

Da traf sie eine alte Frau, die sagte: «Rapunzel, das Leben ist sehr mühsam.» Da rief Rapunzel: «Nein, das will ich nicht!»

Sie drehte sich um, lief zurück zur Burg, zog schnell die Zugbrücke hoch und rannte bis in die oberste Kammer des Turmes.

Lange Zeit später war die Hexe wieder nicht zu Hause. Rapunzel schlich abermals die Treppe hinunter, öffnete vorsichtig die Tür, trippelte über den Burghof, ließ leise die Zugbrücke herunter und ging hinaus ins Leben.

Da traf sie einen Bauern, der sagte: «Rapunzel, das Leben kann grausam sein.» Da rief Rapunzel: «Das will ich sehen!»

Sie ging hinaus ins Leben und heiratete einen Friseur, der ihr den alten Zopf abschnitt. (Nach Robert Meyer)

Glaubenssätze haben sehr viel mit alten Zöpfen zu tun. Sie wachsen, wenn man sie nicht rechtzeitig beschneidet, werden immer länger und sind dauernd im Weg. Deshalb sollten Sie Ihre alten Glaubenssätze genauer anschauen und prüfen, ob Sie einige von ihnen nicht lieber abschneiden sollten.

Was ist ein Glaubenssatz?

Glaubenssätze sind unsere Überzeugungen, die auf den Annahmen basieren, die wir von der Welt und den Dingen in uns tragen. Wir glauben natürlich, dass sie wahr sind. Es gibt anerzogene und andere erlernte Glaubenssätze. Die anerzogenen Glaubenssätze haben wir sehr früh verinnerlicht, ohne sie je zu überprüfen. Andere erlernte Glaubenssätze basieren auf Schlüsselerlebnissen wie zum Beispiel dem folgenden:

> Sie sind auf eine Party und bemerken eine interessant wirkende Frau. Sie unterhält sich angeregt mit einer anderen Dame. Sie lauschen ein wenig und hören Folgendes: «Leute ohne Geld sind primitiv. Da hat mich doch jemand zum Essen eingeladen. Er holte mich ab und ich traute meinen Augen nicht: Ich sollte in seinen abgenutzten Ford einsteigen. Ekelhaft. Mit Leuten ohne Autos aus der Oberklasse verkehre ich doch nicht. Die haben kein Niveau.» Sie erschrecken und können gar nicht fassen, wie diese Frau andere Menschen, die wenig Geld haben, aburteilt. Sie denken: «Das ist ungerecht. So will ich nicht sein. Ich will Menschen nach ihrem Charakter beurteilen. So wie die will ich *nie* werden. Lieber will ich kein Geld haben.»

Jeder Glaubenssatz hat einen sehr starken Sog- und Schubcharakter und bewegt uns zu etwas hin oder von etwas fort. Mit jedem Glaubenssatz ist auch ein Urteil über Dinge oder Einstellungen verbunden. Charakteristisch sind Formulierungen wie «nie», «immer dann, wenn» oder «wenn man». Es gibt Menschen mit Glaubenssätzen, die sie zum Geld hindrängen, und solche mit Glaubenssätzen, die vom Geld wegführen. Es ist schwer, sich die Wirkung der eigenen Glaubenssätze bewusst zu machen; meist weiß man selbst nicht, warum bestimmte Konstellationen oder Situationen immer wieder eintreten, warum etwa die Geldbörse immer fast leer und das Konto stets überzogen ist, woran es liegt, dass Sie zwar seit einigen Monaten mehr verdienen, aber dennoch nicht mehr Geld zur Verfügung haben. Das Gute und gleichzeitig Gefährliche an finanziellen Glaubenssätzen: Sie schaffen Ergebnisse, denn sie geben Ihnen die Freiheit zum Handeln und setzen Ihre Fähigkeiten in Gang. Ob Sie glauben, mit Geld umgehen zu können oder nicht, ob Sie glauben, reich zu werden oder nicht – Sie werden immer Recht behalten.

Finanzielle Glaubenssätze

Das schlimmste Geldvermeidungsprogramm ist die Gleichgültigkeit gegenüber Geld. Wenn es Ihnen egal ist, ob sich Ihr Geld vermehrt, werden Sie nie ein Vermögen haben. Sie glauben, Menschen, die Geld wichtig nehmen, sind Sünder, denn der Glaube an den schnöden Mammon ist verwerflich? Egal, wie oft Ihr Chef Sie lobt – Sie trauen sich nicht, nach einer Gehaltserhöhung zu fragen? Vielleicht sind Sie bibelfest erzogen worden. Dort heißt es schließlich: «Eher kommt ein Kamel durchs Nadelöhr als ein Reicher in den Himmel.» Wenn Sie diese Überzeugung verinnerlicht haben, werden Sie niemals vermögend sein, denn der Wunsch, in den Himmel zu kommen, wird unterbewusst immer stärker sein als der Wunsch, reich zu werden. Oder haben Ihnen Ihre Eltern den Glaubenssatz vermittelt, Geld verderbe den Charakter? Vielleicht glauben Sie auch, Geld sei «ein notwendiges Übel», das man eben (leider) zum Leben braucht? Dann fehlt Ihnen die besondere Affinität zum Geld, und das wird verhindern, dass Sie jemals viel davon besitzen. Oder glauben Sie, Sie seien primitiv, wenn Sie sich auf Geld konzentrieren, weil Sie nicht nach den wirklich wichtigen, geistigen oder tugendhaften Werten trachten? Ist es Ihnen vielleicht zuwider, Geld anzuhäufen und sich so gewissermaßen Zwängen zu unterwerfen, weil das Ihrem eher freigeistigen Wesen nicht mehr entsprechen würde? Oder es ist viel einfacher: Sie scheuen einfach den Wettbewerb mit den anderen, wenn

Sie sich wirklich mit Ihren Finanzen auseinander setzen? Schließlich zeigt sich der Erfolg darin in barer Münze. Und ehe Sie versagen, glauben Sie lieber, Geld sei nicht wichtig. Geld ist in unserer Gesellschaft mit vielen negativen Attributen belegt. Viele Frauen glauben auch heute noch, sie seien es wert, von einem Mann versorgt zu werden. Sie sind davon überzeugt, dass sie es als attraktive und umsorgende Frau nicht nötig haben, sich selbst um Finanzielles zu kümmern. Ein fataler Irrtum! Wer seine finanzielle Zukunft so in die Hände eines anderen legt, muss sich nicht wundern, wenn er zuletzt ohne einen Cent dasteht. Ein sehr verbreiteter und völlig unangebrachter Glaubenssatz, den sowohl Frauen wie auch Männer haben, ist auch: «Über Geld spricht man nicht, Geld hat man.» Diese Überzeugung ist eines der effektivsten Geldvermeidungsprogramme überhaupt.

Aber es gibt auch Überzeugungen, die Ihnen das Geldmachen leicht machen:
> Geld regiert die Welt
> Money makes the world go 'round
> Geld kommt zu Geld
> Geld macht frei und glücklich
> Ich schätze Geld und Geld schätzt mich
> Ich werde immer genug Geld haben
> Das Geld liegt auf der Straße, man muss es nur aufheben
> Geld ist sexy
> Wer den Pfennig nicht ehrt, ist des Talers nicht wert
> Ich liebe Geld

Wenn wir noch Kinder sind, glauben wir ohne Vorbehalte alles, was uns gesagt wird, denn wir haben keine Möglichkeit, die uns vermittelten Botschaften zu überprüfen. Manche dieser Wahrheiten legen wir ab – oder glauben Sie heute noch an den Osterhasen? Andere behalten wir ein Leben lang, ohne sie jemals zu überprüfen.

Das kann fatale Auswirkungen auf unser Verhalten haben. Aber schließlich sind Sie heute erwachsen und können selbst entscheiden, woran Sie glauben möchten und woran nicht. Wenn Sie sich dessen bewusst werden, können Sie Ihre Glaubenssätze verändern.

Wie Sie hinderliche Glaubenssätze loswerden

Jetzt beginnt die Arbeit: Sie müssen lernen, Ihre Glaubenssätze zu verändern. Dazu müssen Sie sich zunächst bewusst machen, was Ihnen fehlt und was Sie noch lernen wollen. Sie waren unbewusst inkompetent und werden jetzt bewusst inkompetent: Sie machen sich klar, dass Sie etwas nicht wissen. Den ersten Schritt haben Sie schon getan, als Sie Miss MoneyMaker in Ihr Leben ließen. Jetzt werden Sie von ihr durch einen Lernprozess geführt, der Sie dazu bringt, sich Ihrer Fähigkeiten bewusst zu werden und neue Methoden zu erlernen, Ihr Geld zu vermehren. Wenn Sie das können, haben Sie den Zustand der bewussten Kompetenz erreicht. Jetzt können Sie bewusst agieren. Dies ist ein Prinzip des Lernens, das für alle Bereiche des Lebens gilt. Es funktioniert immer, wenn Sie es wirklich wollen. So steigern Sie Ihre Lebensqualität – ganz ohne großen Geldaufwand. Sie werden bald erkennen, wie gut es sich anfühlt, selbst entscheiden zu können, was Sie zur Gewohnheit werden lassen und was Sie ändern wollen.

Mit Miss MoneyMaker Glaubenssätze ändern

Miss MoneyMaker hilft Ihnen zu erkennen, welche Glaubenssätze Ihnen im Weg stehen. Sie können sie ausräumen:

1. Schritt: Notieren Sie Ihre Glaubenssätze! ◆ Nehmen Sie sich Zeit, um Grundlegendes über sich selbst zu erfahren. Raffen Sie sich auf und zwingen Sie sich zur Konzentration: Wenn Sie in Ihrem finanziellen Leben etwas verändern wollen, schaffen Sie das nur, wenn Sie Situationen, in denen Geld eine Rolle spielte, gedanklich nacherleben. Besonders wichtig sind Schlüsselerlebnisse, von denen Sie glauben, dass sie Ihre Einstellung zu Geld geprägt haben. Manchmal führt schon das Erkennen dieser Situationen und der Lehren, die Sie daraus gezogen haben – so naiv sie auch sein mögen, schließlich waren Sie noch ein Kind – zu einer Veränderung.

Glaubenssätze lassen sich meist schon an ihrer Formulierung erkennen. Sie beginnen meist mit:

> Ich bin _____

> Immer wenn ___, dann _____

> Schon immer _____

> Ich kann nicht _____

> Jeder sollte _____

Nun dürfte es Ihnen nicht mehr schwer fallen, Ihre eigenen Glaubenssätze zu identifizieren. Wichtig ist, dass Sie sich wirklich Zeit nehmen.

Meine Glaubenssätze zum Thema Geld:

1. _____

2. _____

3. _____

4. _____

5. _____

6. _____
7. _____
8. _____
9. _____

Kleiner Tipp Klassische Beispiele für Glaubenssätze, die hinderlich sein können, sind etwa:
› Am Ende des Monats bleibt nie etwas auf dem Konto übrig.
› Wenn ich mehr Zeit hätte, würde ich mich mehr um mein Geld kümmern.
› Ich konnte noch nie mit Geld umgehen.
› Geld stinkt.
› Schuster, bleib bei deinen Leisten.
› Geld verdirbt den Charakter.
› Gott liebt die Armen.
› Reichtum macht einsam.
› Über Geld spricht man nicht.
› Wer Geld hat, muss es anderen weggenommen haben.
› Der Anständige gibt, ohne etwas dafür zu verlangen.

2. Schritt: Verändern Sie Ihre Überzeugungen! ◆
1. Betrachten Sie noch einmal die Glaubenssätze, die Sie daran hindern, reich zu werden.
2. Wann haben Sie diese Glaubenssätze das erste Mal gehört und angenommen? Von wem?
3. Gibt es widersprüchliche Erfahrungen im Zusammenhang mit diesen Glaubenssätzen in Ihrem Leben?
4. Wo und wie in welchen Bereichen nützen Ihnen diese ansonsten hinderlichen Überzeugungen?
5. Gelten diese Sätze Ihrer Meinung nach für alle Menschen, in allen Situationen, für alle Zeiten?

6. Was wäre das Schlimmste, was passieren könnte, wenn Sie sich nicht mehr daran hielten?
7. Was für Nachteile würden Ihnen daraus erwachsen, dass Sie diese Glaubenssätze weiter benutzen?
8. Formulieren Sie sie so um, dass sie Sie in Zukunft zum Geld führen!

3. Schritt: Übernehmen Sie Verantwortung! ◆ Sie lassen niemanden mehr für sich entscheiden, sondern übernehmen von nun an selbst die Verantwortung für Ihr Tun, für Ihr neues Verhalten, das den neuen Überzeugungen entspricht. Sie müssen jetzt Ihr Verhalten regelmäßig im Hinblick auf Ihre veränderten Glaubenssätze überprüfen, damit sie sich festigen. Verantworten bedeutet letztlich, dass Sie sich selbst Antwort geben auf die Frage, ob Ihr Verhalten stets Ihren Überzeugungen entspricht.

Achten Sie auf den Fortschritt, den Sie machen. Sie selbst und Ihr Verstand sind der einzige Maßstab dafür, was richtig und falsch ist. Denken Sie selbst, handeln Sie selbst und genießen Sie das tiefe Glücksgefühl, wenn Überzeugung, Handeln und Identität übereinstimmen. Lenken Sie Ihre Aufmerksamkeit und Ihre Gedanken auf Dinge, die schön, brauchbar und wünschenswert sind. Lernen Sie den Genuss am Geld, steigern Sie Ihr Selbstwertgefühl, erlauben Sie es sich, Geld zu haben.

Aber denken Sie immer daran: Sie stehen nicht auf einer Rolltreppe. Die Stufen müssen Sie schon selbst hochgehen. Nein: Sie *dürfen* die Stufen selbst hochsteigen, denn jede durch eigene Anstrengung erklommene Stufe ist ein entscheidender Schritt auf dem Weg zur vermögenden und damit freien und unabhängigen Frau.

Praktische Übungen für jeden Tag

Money talks
Reden Sie gut und selbstbewusst über Geld und sprechen Sie mit jedem darüber. Befragen Sie oft und gezielt andere Menschen zum Thema Geld. Schlagen Sie selbstbewusst den Geldton an. Gehen Sie dabei gedanklich auf die Jagd nach Gedanken und Ideen zum Thema und sammeln Sie sie. Notieren Sie zwischendurch die gesammelten Eindrücke! Behandeln Sie Ihr Geld wie eine gute Freundin – sprechen Sie mit ihm!

Die Geldtapete
Wie schwer es ist, tief verankerte Glaubenssätze zu verändern, wissen Sie jetzt. Daher ist es ungeheuer wichtig, das Thema Geld immer präsent zu haben. Installieren Sie deshalb Gedächtnisstützen: Tapezieren Sie Ihre Wohnung mit Geld! Kleben Sie mit doppelseitigem Klebeband an alle wichtigen Stellen in Ihrer Wohnung Zehneuroscheine, und zwar an den Spiegel im Badezimmer, an die Innentür Ihres Kleiderschrankes, an die Wohnungstür etc. Am besten verwenden Sie dafür frisch gedruckte, gut riechende, glatte, saubere Scheinchen – attraktiv und verlockend! Denn so sollte Geld für Sie sein: attraktiv und verlockend, ein willkommener Freund und Begleiter. So werden Sie immer daran erinnert, dass Geld in Ihrem Leben eine außerordentliche Rolle spielt. Das hat eine unglaubliche Wirkung auf Besucher. Das Thema Geld wird oft angeschnitten, und Sie lernen von jedem Ihrer Gäste dazu.

Geldideen überall
Schreiben Sie Ihre wichtigsten neuen Überzeugungen zum Thema Geld auf Karteikarten und legen Sie sie an Ihren Arbeitsplatz oder an den Ort, an dem Sie sich gewöhnlich tagsüber aufhalten. So können Sie Einfluss auf Ihr Unterbewusstsein nehmen. Ihr Unterbewusstsein übt eine starke Macht aus; die Energie, die es aussendet, ist unge-

heuer groß. Nutzen Sie es für Ihre bewusst gesteckten neuen Ziele! Es muss Ihnen nicht peinlich sein, wenn Arbeitskollegen oder Besucher Sie nach diesen Karten fragen. Sie werden überrascht sein, mit wie viel Respekt man Ihnen begegnet, wenn Sie mit den Menschen über die Frage sprechen, die jeden bewegt: Wie mache ich mehr aus meinem Geld? Denn fast jede Frau hat Probleme mit Geld, aber kaum eine gibt es zu.

Geld ist Ihre Visitenkarte
Es gibt viele langweilige Visitenkarten; Ihre gehört in Zukunft nicht mehr dazu. Besorgen Sie sich 1-Dollar-Scheine. Immer wenn Sie jemandem begegnen, mit dem Sie in Kontakt bleiben wollen, schreiben Sie auf den Dollarschein Ihre Adresse, Telefonnummer etc. Ihre neue Bekanntschaft wird Sie nicht so leicht vergessen oder Ihre Karte wegwerfen. Der Dollar bringt so womöglich neues Geld: Vielleicht entsteht eine lukrative Geschäftsbeziehung ...

4. Wie wir mit Geld groß werden

Viele Faktoren bestimmen unseren Umgang mit Geld, vor allem soziale und gesellschaftliche, aber natürlich auch die Erziehung. Aus einem gesunden Gefühl für den eigenen Wert entsteht auch ein gesundes Verhältnis zu Geld. Menschen mit einem ausgeprägten Selbstwertgefühl müssen nicht geizig, raffgierig oder betont bescheiden sein. Doch so entscheidend Ihre Erziehung für Ihr Leben auch ist, so wenig fassbar ist sie in ihren Auswirkungen. Mit ein wenig Aufwand und Konzentration können Sie neue Einsichten in Ihre eigene Erziehung gewinnen. Es soll aber nicht darum gehen, in den Eltern und der Erziehung Schuldige für die Probleme in Ihrem Leben zu suchen; das führt zu nichts. Sie müssen stattdessen Ihre Erziehung als einen Teil Ihrer Persönlichkeit akzeptieren, um sich selbst besser zu verstehen.

Miss MoneyMakers Erziehungs-Check

> Von wem bekamen Sie Ihr erstes Geld?

> Wie viel Geld war es?

> Aus welchem Grund bekamen Sie es?

> War es Taschengeld? Und wissen Sie noch, mit welchen Worten Ihnen das Geld ausgehändigt wurde: «Spar schön» oder «Kauf dir was Schönes»?

› Was haben Sie als Kind mit Ihrem Geld gemacht? Haben Sie es ausgegeben oder haben Sie es gespart?
  _____

› Wie haben Ihre Eltern Ihren Umgang mit Geld gesteuert?
  _____

› War Geld für Sie als Kind etwas Gutes, etwas Lästiges oder gab es immer zu wenig davon?
  _____

› Sprachen Ihre Eltern über Geld? Haben Ihnen Mutter oder Vater erzählt, wie hoch ihr Einkommen war?
  _____

› Wie haben Ihre Eltern untereinander über Geld geredet? Gab es Streit?
  _____

› Welche Rolle hatte Ihre Mutter? Verwaltete sie das Haushaltsgeld?
  _____

› Haben Ihre Eltern auf etwas gespart?
  _____

› Haben sie einen Kredit aufgenommen und die Schulden anschließend getilgt?
  _____

› Haben sich Ihre Eltern jemals von Ihnen Geld geliehen?
  _____

Meine Geschichte

Ich habe immer eine ganz enge Beziehung zu Geld gehabt und früh angefangen, es zu sparen. Meine erste Spardose ist mir erst jetzt bei einem Umzug wieder in die Hände gefallen: ein kleiner Mecki-Igel, der immer mit dem Kopf nickt, wenn man eine Münze hineinwirft. Das war jedes Mal wie ein Lob. Schon als kleines Kind hatte ich außerdem ein schönes rotes Sparbuch, das meine Eltern mir schenkten. Sie erlaubten mir auch den Zugang dazu. Wenn ich mir etwas kaufen wollte, konnte ich es von meinem eigenen Geld tun. Da ich aus keinem wohlhabenden Elternhaus stamme, kam es sogar vor, dass sich mein Vater bei mir eine kleine Summe lieh. In diesen Momenten genoss ich das Gefühl der Unabhängigkeit und des Erwachsenseins. Dieses Gefühl ist mir bis heute wichtig.

Als Kind wusste ich natürlich noch nicht, was man mit Geld alles machen kann und wie Geld unter den Menschen verteilt ist, aber instinktiv spürte ich, dass Männer mehr mit Geld zu tun haben als Frauen, und das hat mir schon früh nicht gefallen.

Ihre Geschichte

Spüren Sie Erlebnisse und Gefühle aus Ihrer Kindheit auf, die mit Geld zu tun hatten. Sie werden merken, dass damals die Wurzeln für Ihre Überzeugungen und Glaubenssätze gelegt wurden, die Sie im vorherigen Kapitel herausgefunden haben. Nutzen Sie die oben formulierten Fragen.

Was Mädchen lernen

Traditionell genossen Mädchen bisher eine Erziehung, die auf die Verleugnung ihrer ureigensten Wünsche und Bedürfnisse zielte. In den letzten beiden Jahrzehnten stehen Mädchen und junge Frauen vor besonderen Schwierigkeiten, weil ihnen zwar einerseits Unabhängigkeitsbotschaften vermittelt, aber andererseits ein traditionelles Rollenverhalten abverlangt werden. Innere Rollenbilder wandeln sich nicht so schnell wie äußere Verhaltensweisen. Vielleicht verändern sie sich sogar gar nicht, weil sie so tief verwurzelt sind.

Angst vor dem Alleinsein

Mittlerweile ist die Förderung der Frau in Schule, beruflicher Ausbildung oder Universität unumstritten. Doch nach der Ausbildung ist die Rolle der Frau fernab von Geld und Business. Das hängt auch mit den Glaubenssätzen der Eltern zusammen. Der Besitz von Geld wird oft als Zeichen für Schlechtigkeit, für Geiz oder Macht angesehen, und welches Mädchen will schon gierig oder machtsüchtig sein, wenn es nicht allein – ohne Mann – bleiben will? Gute Mädchen sind für andere da, vor allem für ihren Mann und ihre Kinder. Daher wird in Familien wenig über Geld gesprochen, vor Kindern nicht, und vor Mädchen noch seltener. Das traditionelle Bild von Weiblichkeit wird wichtiger genommen als die Aufgabe, den Töchtern den Umgang mit Geld zu vermitteln. Erwachsene leiten Mädchen selten zur Selbständigkeit an, eher zu Gehorsam und Vollkommenheit, auch weil Eltern sich oft nicht mit ihrer eigenen Vergangenheit und Erziehung auseinander setzen.

Für einen wirklich gesunden Umgang mit Geld müssen Frauen die alten Prägungen und Ängste erkennen, insbesondere die Furcht vor dem Alleinsein. So können sie die Angst vor der Eigenverantwortung verlieren und erkennen, dass sie auch geliebt werden, wenn sie Geld besitzen und dafür Verantwortung übernehmen. Oft sind es sogar die interessanteren Männer, die Frauen mit einem finanziellen Verantwortungsbewusstsein bevorzugen. Aber darauf kommt es gar nicht an: Sie selbst bestimmen, ob Sie sich mit Geld wohler fühlen als ohne. Je wohler Sie sich fühlen, desto weniger sind Sie auf andere angewiesen, aber desto interessanter sind Sie für andere.

Bequemlichkeit statt Eigenverantwortung

Frauen wollen oft Kind und kleines Mädchen bleiben, um der Last der Verantwortung aus dem Weg zu gehen. Das bringt den Frauen natürlich nicht nur Nachteile, denn so können sie in einem Lebensbereich auch bei Fortschreiten des biologischen Alters seelisch ein Kind bleiben. Der eigenverantwortliche Umgang mit Geld gehört in das Erwachsenenleben. Nur als Kind muss man sich nicht selbst um die Finanzen kümmern. Papa und Mama tun das, sie geben abgezähltes Taschengeld, sorgen für das Essen, bezahlen die Schulden. Der innere Widerstand vor dem Erwachsensein verschafft Frauen eine Nische, in der sie nicht denken müssen. Hinter dem schlechten Umgang mit Geld verbirgt sich oft der Wunsch, versorgt zu werden. Oft suchen die Frauen dann ein Leben lang nach dem Versorger und Beschützer und täuschen sich damit selbst: Sie sorgen nicht für ihre Altersversorgung oder geben Geld aus, das sie nicht haben. Es wird schon jemand kommen, und sei es nur der Bankbeamte, der Schulden eintreibt: Auch Strafe ist eine Form der Aufmerksamkeit und der Sorge.

Die zentrale Frage zum besseren Umgang mit Geld lautet daher: Bin ich wirklich bereit, für mich selbst zu sorgen? Mütter sind oft schlechte Vorbilder dafür. Mädchen und Frauen von heute müssen sich ihre eigenen Rollenvorbilder suchen, auch wenn sie damit von den bekannten Verhaltensmustern abweichen.

Emotion statt Verantwortung

Frauen, insbesondere Hausfrauen und Mütter, suchen oft emotionale Belohnungen für ihr Tun, die ihnen wichtiger sind als Geld. Sie ziehen es vor, mit Sinn für Ästhetik ein Heim zu schaffen oder als Musen ihrer Männer zu gelten. Ihre Erfüllung sehen sie darin, Geborgenheit und Sicherheit zu vermitteln. Mit dieser «weichen» Macht über den persönlichen Lebensbereich, das Heim, kompensieren Frauen die fehlende «harte» Macht im Berufsleben. Sie werden zur Herrscherin im häuslichen Bereich, weil sie sonst niemanden beherrschen können. Oft führt das zu Streit, wenn der Mann auf das häusliche

Machtgebaren nicht reagiert. Frauen äußern ihre Ohnmacht dann mit Meckern und Lamentieren. Die Lösung: Tun Sie das eine, seien Sie häuslich, ohne das andere zu lassen. Kümmern Sie sich um Ihr Geld! Wenn Sie Familie haben und arbeiten, sollten Sie von Ihrem Verdienst unbedingt einen Teil für sich zurücklegen. Sie haben es sich verdient und es schenkt Ihnen Freiheit und Selbstbewusstsein. Meckern wird dann überflüssig!

Miss MoneyMakers Tipp: Achten Sie mal darauf: Meckern und lamentieren Sie viel? Oder kompensieren Sie vielleicht auf andere Weise fehlendes Selbstwertgefühl oder fehlende (finanzielle) Freiheit? Bei Frauen verhindert oft der Wunsch, versorgt zu werden, einen gesunden Umgang mit Geld. Heimlich warten viele immer noch auf den Prinzen, der ihnen das Leben und die Finanzen richten wird.

5. Geldgespräche – das letzte Tabu

Ist Ihnen schon einmal aufgefallen, dass sich Frauen über alles unterhalten, nur nicht über Geld? In einer Studie von 1995 fanden Wissenschaftler heraus, dass von 1043 Frauen nur 26 über ihre eigenen Finanzen mit ihren Familien oder Freunden reden. Wir alle wissen, wie wichtig Geld im Leben ist, und wir wissen, wie wichtig es ist, über Dinge zu reden, mit denen wir Probleme haben. Die meisten Frauen können stundenlang über ihre Männer, ihren Job, ihre Familie und sogar über Sex reden, aber nicht über Geld! Geld ist das letzte Tabuthema für Frauen. Wann haben Sie das letzte Mal mit Ihrer besten Freundin über Geld gesprochen? Nein, nicht über das Geld der Männer, sondern über Ihr eigenes Geld und Ihre finanzielle Situation und Zukunft. Wahrscheinlich ist das – wenn es überhaupt je vorgekommen ist – ewig her. Das kann daran liegen, dass wir in einer Gesellschaft aufwachsen, die Frauen nicht in das Finanzleben integriert. Aber denken Sie daran, dass Sie durch das Ignorieren von Schwierigkeiten Probleme verschlimmern, statt sie zu lösen. Das gilt nicht nur für Beziehungsprobleme oder Schwierigkeiten mit dem Sex, sondern auch für Geld. Probleme werden kleiner, wenn Sie sie bearbeiten.

Auch in Partnerschaften wird selten und ungern über Geld gesprochen. Statistiken besagen, dass auch heute noch jede vierte Frau nicht weiß, was ihr Partner verdient. Die meisten fragen auch nicht danach. Jede fünfte Frau kennt den gemeinsamen Kontostand und die Höhe des Familienvermögens nicht. Die Welt der finanziellen Wertsteigerung scheint komplett als männliche Domäne verstanden zu werden.

Die Gründe dafür sind sicher vielschichtig. Ganz offensichtlich hat das damit zu tun, dass wir spüren, wie sehr das, was wir haben, verknüpft ist mit dem, was wir sind. Unser Selbstbewusstsein nährt sich immer auch von unserem sozialen Status, der sich seinerseits in erster Linie auf unseren Kontostand bezieht. Es gibt Situationen, in denen es gesellschaftlicher Selbstmord wäre, zu verkünden, man habe nicht einen einzigen Cent in der Tasche, Schulden und keine Aussicht auf Einnahmen. Ebenso wagemutig kann es aber sein, sich freimütig zu seinen Reichtümern zu bekennen. Gespräche über Geld in Beziehungen erregen Misstrauen, nach dem Motto: «Wenn du mich liebst, vertraust du mir.» Daher ist es für viele Frauen schwierig, ein Gespräch über Geld mit dem Partner zu fordern. Das Thema zerstört den Traum von einer vertrauensvollen Beziehung.

Sollte man die Dinge nicht um des lieben Friedens willen auf sich beruhen lassen? Warum noch mit Worten aufbauschen, was an und für sich schon unangenehm ist? Die Antwort könnte lauten: Damit es nicht länger unangenehm sein muss. Das offene Ansprechen gern verdrängter Themen war schon immer die beste Methode, diese sympathischer zu machen.

Es kann befreiend sein, Geld und Geldvermehrung zu thematisieren. Bei jedem Gespräch gewinnen Sie eine neue Perspektive und neue Einsichten in ein zentrales Thema des Lebens.

Der Stellenwert, den das Thema Geld im Leben einnimmt, schwankt stark in den einzelnen Phasen. Immer aber zeigt die Art, wie über Geld gesprochen wird, viel von dem jeweiligen Menschen.

Gerade Frauen reden selten über Geld – mit einer Ausnahme: Schnäppchen. Wo immer es eine Möglichkeit gibt, die starre Gleichung «Ding X kostet Y» aufzulösen, wird der weibliche Ehrgeiz wach. Es dürfte nicht schwer sein, die unglaubliche Energie, die aufgewandt wird, um Preisgesetze zu unterlaufen, in die Vermehrung der vorhandenen Ressourcen zu stecken.

Miss MoneyMaker ist neugierig
Jetzt, da Sie einiges über weibliches Gesprächsverhalten gelernt haben, wird es Ihnen sicher leichter fallen, über Geld zu sprechen.

Lernen Sie sich selbst besser kennen, indem Sie folgende Fragen beantworten:
1. Sprechen Sie über Geld?

2. Wenn ja, mit wem?

3. Wenn nein, worüber sprechen Sie gerne? Das Thema, über das Sie am liebsten sprechen, macht Ihre Persönlichkeit aus!

4. Wenn Sie nicht über Geld sprechen – was hält Sie davon ab?

5. Wie fühlen Sie sich, wenn Sie über Geld sprechen? Wenn Sie es nicht wissen, weil Sie es noch nie getan haben, dann probieren Sie es aus und achten Sie auf Ihr Gefühl.

6. Wissen Sie, was in Ihrem Bekanntenkreis verdient wird? Wissen Sie, wer das Geld in den Familien verwaltet und welche Geldanlageformen bevorzugt werden?

7. Wissen Sie, was Ihr Partner verdient und wofür er sein Geld ausgibt? Kennen Sie seine Rücklagen?

8. Wie fühlt es sich für Sie an, wenn Sie in einem Gespräch mit anderen den Eindruck gewinnen, dass Sie selbst mit Geld nicht umgehen können?

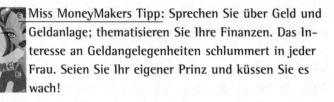

Miss MoneyMakers Tipp: Sprechen Sie über Geld und Geldanlage; thematisieren Sie Ihre Finanzen. Das Interesse an Geldangelegenheiten schlummert in jeder Frau. Seien Sie Ihr eigener Prinz und küssen Sie es wach!

6. Wie Sie Ihr Ziel ins Visier nehmen

Ziele und ihre drei Dimensionen: Motivation, Erfolg und Erfüllung

Ganz allgemein gesprochen versteht man unter Ziel den Zustand, den man durch eine Handlung erreichen möchte. Können wir den Zustand, den wir erreichen wollen, nicht beschreiben, fehlt auch die Motivation zum Handeln. Anders ausgedrückt: Weißt du nicht, wohin du willst, kannst du dich gar nicht von der Stelle rühren.

«Würdest du mir bitte sagen, wie ich von hier aus weitergehen soll?», fragte Alice.
«Das hängt zum größten Teil davon ab, wohin du möchtest», sagte die Katze.
«Ach, wohin ist mir eigentlich egal ...», sagte Alice.
«Dann ist es auch egal, wie du weitergehst», sagte die Katze.
(Lewis Carroll, «Alice im Wunderland»)

Ohne Ziel gibt es keinen Fortschritt und keine Entwicklung im Leben eines Menschen, jedenfalls keine, die er bewusst steuert und erlebt. Viele Frauen werden gelebt, statt selbst zu leben, und ergeben sich dem Schicksal (oder auch Männern), statt ihr Leben selbst zu gestalten. Erst die aktive Lebens*gestaltung* an Stelle der passiven Schicksals*ergebenheit* versetzt Sie jedoch in die Lage, von Ihnen selbst bestimmte Zustände zu erreichen, die Ihnen entsprechen und Ihnen Freude machen. Aber ein Ziel hat noch eine zweite Dimension: Allein sein Erreichen bringt dasjenige tiefe Zufriedenheitsgefühl, das Männer schon lange für sich entdeckt haben: den Erfolg. Erfolg ist das Erreichen selbst gesteckter Ziele. Erfolg sind die Früchte des Handelns. Je köstlicher und süßer sie schmecken, desto stärker sind Sie motiviert, das nächste Ziel anzusteuern.

Um dieses Gefühl zu erreichen und es noch zu steigern, gibt es einen einfachen Trick: Brechen Sie Ihre großen Ziele im Leben herab in kleine Unterziele. Jeder Atemzug kann zum Erfolg werden, wenn es Ihnen nur gelingt, die Verbindung zu Ihrem großen finanziellen Ziel oder – weiter gefasst – zu Ihren Lebenszielen zu schlagen.

Jeder bewusst gesparte, gespendete oder angelegte Euro ist ein Schritt zu Ihrer ersten Million. Jeder einzelne Schritt in Richtung des großen finanziellen Ziels bewirkt – bewusst gemacht – Freude und Zufriedenheit am Erreichten. Damit ist Ihnen die dritte Dimension des Ziels garantiert, nämlich die Anerkennung von Familie, Freunden und von Ihnen selbst. Das Erreichen Ihres Zieles verschafft Ihnen Respekt. Ihr Respekt vor sich selbst vertieft das Selbstvertrauen, und das Selbstvertrauen wiederum stärkt das Gefühl für den eigenen Wert. Die Stärkung des Selbstwerts aber ist der eigentliche Schlüssel zum Erfolg.

Wie Miss MoneyMaker ihre Ziele formuliert

Sie erreichen Ihre finanziellen Ziele (fast) wie von selbst, wenn Sie einige wenige, aber wichtige Punkte beachten. Für die geradezu magische Wirkung von Zielen gibt es einen neurophysiologischen Hintergrund: Sie entfaltet sich, weil mit jeder Zielformulierung im Gehirn eine neue, einzigartige Struktur entsteht: Die Nervenverbindungsstellen, die Synapsen, werden auf Ihr Ziel hin quasi ausgerichtet. Sie kennen sicher den Effekt, wenn Sie auf einmal ständig neu gelernte Dinge wahrnehmen, die für Sie vorher gar nicht existierten. Das nennt man selektive Wahrnehmung. Sie wirkt wie ein Magnetfeld: Es zieht uns automatisch zum gewünschten Ziel. Je schärfer und tiefer verankert diese Struktur ist, desto aktiver wird das (Unter-)Bewusstsein. Je aktiver das (Unter-)Bewusstsein, desto größer der Sog zum Ziel hin.

Sie kennen sicher das Phänomen, dass Sie plötzlich mit Leichtigkeit Hindernisse überwinden, und auch die Genugtuung, wenn Ihr Ziel erreicht ist – etwa, wenn die Planung eines Urlaubs ansteht. Sie verschlingen Reiseprospekte, vergleichen und bewerten, überlegen, ob Sie sich bilden wollen oder faulenzen oder Sport treiben. Sie verstehen komplizierte Preistabellen, obwohl der Börsenkursteil im Handelsblatt leichter zu entschlüsseln ist. Das liegt einfach daran, dass Sie den Zielzustand – Sie im kühlen Schatten der Palmen am weißen Strand einer Paradiesinsel, umfächelt von einer leichten Meeresbrise – schon längst visualisiert haben. Ihre Synapsen freuen sich! Und wenn Sie bei Ihrer Finanzplanung so vorgehen wie bei der Planung Ihres Jahresurlaubs, ist das nötige Kleingeld demnächst auch kein Problem mehr.

Aber woran liegt es, dass es so wenige Menschen nicht nur an den Traumstrand schaffen, sondern ihre Ziele auch im finanziellen Bereich erreichen? Richard Bendler und John Grinder haben sich genau dieser Frage gewidmet und untersucht, was finanziell erfolgreiche Menschen von den weniger erfolgreichen unterscheidet.

Miss MoneyMaker verrät Ihnen die wichtigsten Schritte. Wenn Sie sie bei der Zielformulierung befolgen, stehen Ihre (Euro-)Sterne gut (siehe Kasten auf der nächsten Seite).

S wie spezifisch
Ein Ziel muss spezifisch sein. Stellen Sie sich vor, Sie hätten das Ziel schon erreicht: Wie fühlen Sie sich? Hören Sie die Geräusche und nehmen Sie die Gerüche wahr, die Sie mit dem Ziel in Verbindung bringen können. Wenn Ihr Ziel etwa ein eigenes Haus sein sollte, ziehen Sie in Ihrer Vorstellung schon ein. Spazieren Sie durch die Räume und fühlen Sie den Boden unter sich. Kochen Sie Ihre Lieblingsgerichte in der neuen Küche. Genießen Sie den Ausblick in den Garten und schnuppern Sie an den Heckenrosen. Je (sinnes)spezifischer und konkreter Sie sich Ihr Ziel vorstellen können, desto leichter werden Sie es erreichen. Ihr (Unter-)Bewusstsein wird Sie auf den Weg bringen und Sie leiten.

Die
S T E R N
Formel

S spezifisch – konkret, eindeutig, präzise formuliert
T terminbezogen – eindeutiger Zeitpunkt, an dem das Ziel erreicht sein soll
E erreichbar – und zwar durch Sie selbst
R realistisch – hoch gesteckt, aber machbar
N nicht negativ – positiv formuliert, erstrebenswert und motivierend
E evaluierbar – messbar und überprüfbar; es gibt quantitative und qualitative Erfolgskriterien

© Miss MoneyMaker Training

T wie terminbezogen
Beantworten Sie sich die Frage, wann Ihr Ziel genau erreicht sein soll. Geben Sie sich einen konkreten Termin vor. Nur so gelingt Ihnen die Konzentration auf die wesentlichen Schritte, und Sie gelangen effektiv ans Ziel.

E wie erreichbar
Können Sie Ihr Ziel allein erreichen? Wenn Sie auf Ihrem Weg zum Ziel von anderen abhängig sind, können Sie Ihren Erfolg nicht kontrollieren und die Realisierung Ihrer Wünsche nicht vollständig allein beeinflussen. Haben Sie sehr komplexe Zielvorstellungen, deren Realisierung von vielen Unbekannten abhängen, brechen Sie Ihr Gesamtziel auf kleinere Etappen herunter, die Sie allein erreichen können. Bauen Sie dann darauf auf.
Warten Sie niemals auf bessere Zeiten! Warten Sie nicht darauf, dass sich Ihr Chef ändert, damit er Ihnen die nächste Gehaltserhöhung anbietet. Warten Sie nicht darauf, dass Sie im Lotto gewinnen oder Ihnen der Partner mehr Haushaltsgeld anbietet. Beginnen Sie gleich, Ihre Ziele zu realisieren!

R wie realistisch
Kann das Ziel mit den Mitteln, die Ihnen zur Verfügung stehen, erreicht werden? Es bringt nichts, sich ein Ziel zu setzen, das im Vergleich zu Ihrer derzeitigen Situation völlig utopisch ist. Das würde Sie frustrieren. Trauen Sie sich aber andererseits mehr zu, als es andere für möglich halten. Nur wenn das Ziel ehrgeizig formuliert ist, setzt es bei Ihnen brachliegende Energien frei und lässt Sie über sich hinauswachsen.

N wie nicht negativ
Negativ Formuliertes bedeutet den direkten Weg in die Sackgasse, denn das Gehirn kann negative Aussagen nicht verstehen.

Dieses Phänomen veranschaulicht Ihnen die «Schweineübung»:
Stellen Sie sich ein Schwein vor. Vielleicht denken Sie an Ihren letzten Besuch beim Bio-Bauern, vielleicht aber auch an den letzten Weltspartag, als Ihr Sparschwein das Zeitliche segnete. Gut. – Jetzt hören Sie bitte auf, an Ihr Schwein zu denken. Denken Sie nicht

mehr an das Schwein, während Sie die nächsten Zeilen lesen. Lassen Sie die Vorstellung von einem Schwein etwa für anderthalb Minuten nicht mehr in Ihr Bewusstsein kommen. Nun können Sie schon einmal darüber nachdenken, was Sie morgen alles tun werden, um das penetrante Schwein endlich aus Ihren Gedanken zu verbannen.

Die Lösung: Um das Schwein endgültig loszuwerden, müssen Sie an etwas anderes denken, das positiv formuliert ist – etwa an eine Kuh. Sie werden sonst stets an das Schwein denken müssen, um zu wissen, dass Sie nicht daran denken. Das ist auch der Grund, warum es vielen schwer fällt, eine Diät einzuhalten, wenn sie sich vornehmen, *nicht mehr so viel* zu essen – der Gedanke an das viele Essen bleibt. Ebenso verhält es sich mit Ihren Finanzen: «Ich will nicht mehr so viel Geld ausgeben» oder «Ich will keine Frustkäufe mehr tätigen» führt nicht zum Ziel.

E wie evaluierbar

Können Sie die Realisierung Ihres Zieles überprüfen? Gibt es Kriterien, an denen Sie erkennen können, ob Sie es erreicht haben? Es ist kein Ziel – und wird Sie auch nicht weiterbringen –, wenn Sie sich nur vornehmen, reich zu werden. Sie müssen stattdessen konkret die Beträge nennen, die Sie sparen und durch geschickte Geldanlage erwirtschaften wollen. Anhand der festgelegten Summen können Sie erkennen, ob und wann Sie Ihr Ziel erreicht haben. Wenn es dann so weit ist, sollten Sie das tiefe Gefühl der Befriedigung feiern und genießen.

Finanzielle Ziele

Formulieren Sie jetzt Ihre finanziellen Ziele für die nächsten ein, fünf, zehn und fünfzehn Jahre. Wie hoch soll Ihr Geldbestand wann sein? Wann wollen Sie sich vielleicht welches Auto kaufen? Wo wollen Sie ab wann leben? Wie werden Sie sich fühlen? Ist Ihr Ziel erreichbar (zu den Renditechancen siehe weiter unten)? Setzen Sie Ihren Träumen keine Grenzen!

1 Jahr: _____
_____
_____

5 Jahre: _____
_____
_____

10 Jahre: _____
_____
_____

15 Jahre: _____
_____
_____

Teil II
Kohle machen

1. Jeder Tag ist wertvoll: Finanzmanagement im Alltag

Ein für Frauen oft unbequemer Schritt ist die regelmäßige Verwaltung der eigenen Finanzen. Viele Frauen ignorieren ihr Geld, statt sich rigoros einen Überblick zu verschaffen und ihm die notwendige Pflege angedeihen zu lassen. Dadurch bleiben die Finanzen im Dunkeln, und das macht Angst.

«Ich habe im Gefühl, wie viel ich ausgeben kann»; «Ich vertraue auf das Schicksal: Das nötige Geld wird mir schon zufließen»; «Ich zahle mal in diese fondsgebundene Versicherung, schlecht kann das ja nicht sein» – mit diesen Sätzen versuchen sich viele die Angst zu nehmen. Aber insgeheim bleibt die Sorge: Habe ich eigentlich jetzt und in Zukunft genug Geld und mache ich das Beste daraus? Dabei spielt es eine entscheidende Rolle, ob Sie bereit sind, Ihre Geldangelegenheiten auf Dauer in die Hand zu nehmen, oder lieber die alte Vermeidungsstrategie anwenden.

Interessanterweise haben auch Frauen, die bereits ein solides Vermögen haben und sich über ihre finanzielle Existenzsicherung eigentlich keine Sorgen machen müssten, oft dieselben Ängste. Eine Finanzberaterin erzählte mir, dass sich auch sehr reiche Frauen an sie wenden, weil sie in Sorge sind: Sie haben keinen Überblick über ihr Vermögen und wissen nicht über ihre Einkünfte Bescheid. Sie kennen ihre Ansprüche nicht – weder die Zinsansprüche noch die Dividendenrechte – und vertrauen oft darauf, dass ihre Schuldner schon zahlen werden. Gleichzeitig ahnen sie aber, dass das möglicherweise nicht so ist, denn welcher Schuldner zahlt schon freiwillig und sofort? Dumpfe Ahnungen und nebulöse Vorstellungen von der eigenen finanziellen Lage bringen viele Frauen um den wohlverdienten nächtlichen Schlaf.

Das beweist: Wenn Sie kein Finanzmanagement im Alltag betreiben, verlieren Sie Ihr Geld. In dem mehr als 400 Jahre alten Satz «Riches come from Management rather than from revenue» («Reichtum entsteht eher durch Management als durch Einkommen») von Michel de Montaigne (1522–1592) liegt viel Wahres. Aber der finanzielle Verlust ist noch gering im Vergleich zum Verlust an Lebensqualität, den Sie erleiden, wenn Geldsorgen Sie plagen.

2. Jetzt wird gehandelt!

Ihre Wunschliste an das Leben war Ihnen wahrscheinlich schon klar, bevor Sie Miss MoneyMaker begegneten. Jetzt haben Sie aus Ihren Wünschen Ziele formuliert und wissen, wohin Sie wollen. Es ist schön, etwas erreichen zu wollen. Aber es ist nur ein Teil der Lösung. Was Sie nun benötigen, ist ein Aktionsplan, denn Denken ist leicht, Handeln ist schwer. Der erste Schritt: Setzen Sie Ihre wichtigste Ressource effektiv ein. Ihre wichtigste Ressource ist das, was Sie nicht vermehren können und was Ihnen definitiv nur begrenzt zur Verfügung steht: ihre Zeit. Vielleicht verspüren Sie manchmal das Bedürfnis, Ihre Zeit möglichst sinnvoll zu verbringen. Um ein für Sie und Ihre gesamte Persönlichkeit zufrieden stellendes Ergebnis zu erreichen, muss am Anfang eines Projekts stets die Frage stehen: Wofür will ich meine Zeit aufwenden?

Die Grundlage: Zeitmanagement

Sie kennen sicher den alten Spruch «Zeit ist Geld». Auch in Ihrem Fall trifft er zu: Beginnen Sie Ihre Woche mit einem Wochenplan. Setzen Sie sich am besten schon am Sonntagmorgen eine halbe Stunde hin und überlegen Sie, wie Sie die Woche gestalten wollen. Der Sonntag ist ein guter Tag für diese Überlegungen, weil Sie dann nicht aus der Hektik des Alltags heraus Ihren Terminplan gestalten müssen. Sonst passiert es schnell, dass Sie nur noch auf äußere Einflüsse reagieren und ausschließlich Dinge erledigen, die Ihnen nur dringend erscheinen. Der Sonntag gibt Ihnen die nötige Ruhe zu prüfen, welche Dinge nicht dringend, sondern wichtig sind. Wenn Sie regelmäßig Zeit mit wichtigen Dingen verbringen, die Sie gerne tun, werden Sie das Gefühl haben, das Richtige zu tun. Sie werden die Zeit, die Sie verleben, als erfüllte Zeit empfinden.

Gehen Sie so vor, dass Sie die Dinge, die Ihnen ein echtes Bedürfnis sind, zuerst in den Wochenplan eintragen. Lernen Sie, Termine nicht aus Gewohnheit zu machen, sondern klar auf ein Ziel hin. Lernen Sie, nein zu sagen! An einem Tag der Woche haben Sie eine Verabredung mit sich selbst zu einem Finanz-Jour-fixe. Leben Sie mit einem Partner oder haben Sie Familie, dann haben Sie zusätzlich noch einen Termin, an dem Sie Ihre gemeinsamen finanziellen Planungen machen können.

Wie Sie Ihre Ausgaben in den Griff bekommen

Für eine bessere Kontrolle Ihrer Finanzen müssen Sie sich zunächst einen besseren Überblick verschaffen. Miss MoneyMaker schlägt Ihnen jetzt eine Reihe von Tabellen vor, die Ihnen dabei helfen. Lassen Sie sich davon nicht abschrecken! Sie entwickeln anhand der Zahlen ein Bewusstsein für die Summe Ihrer Ausgaben und für das Verhältnis von Einnahmen und Ausgaben. Darüber hinaus erkennen Sie, welche Lebensbereiche wirklich wichtig für Sie sind und welchen Sie in Form von Geld Ihre Aufmerksamkeit schenken. Sie können überprüfen, ob sich Ihre Ausgaben mit Ihren Prioritäten decken. Denken Sie dabei auch daran, was Ihnen in Zukunft wichtig sein könnte. Drittens erkennen Sie Einsparpotenziale: Sie werden leichter die Lebensbereiche identifizieren können, in denen Sie Ihre Kosten reduzieren können.

Der wöchentliche und monatliche Finanzstatus

Der erste Tagesordnungspunkt Ihres wöchentlichen Finanz-Jour-fixe ist die Aufbereitung Ihres Finanzstatus. Nehmen Sie zunächst alle Belege vom Nagel (siehe Teil 1). Vergessen Sie nicht die handschriftlichen Notizen in Ihrer neuen Geldbörse. Ordnen Sie die Belege den verschiedenen Bereichen zu, in die Sie Ihre Lebensführung aufteilen können. Addieren Sie die einzelnen Ausgaben der gesamten Woche.

Ausgaben in der Woche vom _____ bis _____ *

Tatsächliche Ausgaben/Verwendung

Wohnen
Miete/Finanzierung für Eigentum _____
Wohnnebenkosten _____
   ○ Strom
   ○ Heizung
   ○ Wasser
   ○ Müll _____
Putzhilfe und Putzmittel _____
Anschaffungen _____
Reparaturen _____
Kredite
Zwischensumme _____

Essen
Zu Hause _____
Unterwegs _____
Zwischensumme _____

* © Miss MoneyMaker Training

Fortbewegung
Bahn _____
Auto _____
   ○ Anschaffung (Finanzierung/Leasing)
   ○ Benzin
   ○ Steuer
   ○ Versicherung
   ○ Wartung
Fahrrad, sonstiges _____
Zwischensumme _____

Kleidung
Businesskleidung _____
Freizeitkleidung _____
Reinigung/Pflege _____
Schuhe _____
Zwischensumme _____

Sport/Entspannung/Gesundheit
Sportverein/Fitnessclub/Massagen _____
Ausflüge _____
Medikamente _____
Arzthonorare _____
Urlaub _____
Zwischensumme _____

Schönheitspflege/Beauty
Friseur _____
Maniküre/Pediküre _____
Drogerieartikel/Kosmetik _____
Zwischensumme _____

Kommunikation
Telefon/Handy/E-Mail _____
Geschenke/Geburtstage _____
Geschenke/Feiertage _____
Haustiere _____
Zwischensumme _____

Unterhaltung/Genuss
Rundfunk- und Fernsehgebühren _____
Zeitschriften _____
Ausgehen (Kino, Theater, Konzert, Kneipe) _____
Internet _____
Bücher (Unterhaltung) _____
Genussmittel (Zigaretten, Alkohol) _____
Zwischensumme _____

Bildung
Seminare/Kurse/Vorträge _____
Sachbücher _____
Zwischensumme _____

Versicherungen
Haftpflicht _____
Krankheit _____
Berufsunfähigkeit _____
Unfall _____
Leben _____
Rechtsschutz _____
Sonstige Versicherungen _____
Zwischensumme _____

Kinder
Essen _____
Kleidung _____
Möbel _____
Kindergarten/Schule _____
Taschengeld _____
Zwischensumme _____

Gesellschaft
Mitgliedsbeiträge (Partei, Verein etc.) _____
Spenden _____
Kirchensteuer _____
Zwischensumme _____

Schulden
Bankkredite _____
Privatkredite _____

Finanzielle Vorsorge
Bankgebühren _____
Private Altersvorsorge _____
Sparplan 1 _____
Sparplan 2 _____
Sparplan 3 _____
Bausparkassenbeiträge _____
Sonstiges Sparen/Geldanlage _____
Zwischensumme _____

Gesamtsumme _____

Der monatliche Finanzstatus

Planen Sie für Ihren Finanz-Jour-fixe am Ende der ersten Woche des Folgemonats etwas mehr Zeit ein. An diesem Tag sollten Ihnen auch die Kreditkartenabrechnungen (falls Sie welche haben) und Ihre monatlichen Kontoauszüge vorliegen. Bearbeiten Sie zunächst wie gewohnt Ihren Beleg-Nagel für die Woche. Ordnen Sie dann die einzelnen Beträge der monatlichen Kreditkarten- und Girokontoabrechnung ebenfalls den einzelnen Lebensbereichen zu. Fassen Sie die Wochenergebnisse, die Sie erarbeitet haben, zu einer Monatsübersicht zusammen. Je mehr Kategorien die Monatsübersicht hat, desto besser. Ergänzen Sie gegebenenfalls die folgende Tabelle. Falls Sie für einen Ausgabeposten mehr als 25 Euro ausgeben, sollten Sie weiter untergliedern und den Betrag aufsplitten. Wenn Sie also mehr als 25 Euro für den Friseur aufwenden, listen Sie die einzelnen Ausgabeposten einzeln auf (Färben, Schneiden usw).

Ausgaben im Monat _____ **2002***

Ausgaben/Verwendung

Wohnen
Miete/Finanzierung für Eigentum   _____
Wohnnebenkosten
   O Strom
   O Heizung
   O Wasser
   O Müll   _____
Putzhilfe und Putzmittel   _____
Anschaffungen   _____

* © Miss MoneyMaker Training

Reparaturen _____
Kredite _____
Zwischensumme _____

Essen
Zu Hause _____
Unterwegs _____
Zwischensumme _____

Fortbewegung
Bahn _____
Auto
  ○ Anschaffung (Finanzierung/Leasing)
  ○ Benzin
  ○ Steuer
  ○ Versicherung
  ○ Wartung _____
Fahrrad, sonstiges _____
Zwischensumme _____

Kleidung
Businesskleidung _____
Freizeitkleidung _____
Reinigung/Pflege _____
Schuhe _____
Zwischensumme _____

Sport/Entspannung/Gesundheit
Sportverein/Fitnessclub/Massagen _____
Ausflüge _____
Medikamente _____
Arzthonorare _____
Urlaub _____
Zwischensumme _____

Schönheitspflege/Beauty
Friseur _____
Maniküre/Pediküre _____
Drogerieartikel/Kosmetik _____
Zwischensumme _____

Kommunikation
Telefon/Handy/E-Mail _____
Geschenke/Geburtstage _____
Geschenke/Feiertage _____
Haustiere _____
Zwischensumme _____

Unterhaltung/Genuss
Rundfunk- und Fernsehgebühren _____
Zeitschriften _____
Ausgehen (Kino, Theater, Konzert, Kneipe) _____
Internet _____
Bücher (Unterhaltung) _____
Genussmittel (Zigaretten, Alkohol) _____
Zwischensumme _____

Bildung
Seminare/Kurse/Vorträge _____
Sachbücher _____
Zwischensumme _____

Versicherungen
Haftpflicht _____
Krankheit _____
Berufsunfähigkeit _____
Unfall _____
Leben _____
Rechtsschutz _____
Sonstige Versicherungen _____
Zwischensumme _____

Kinder
Essen _____
Kleidung _____
Möbel _____
Kindergarten/Schule _____
Taschengeld _____
Zwischensumme _____

Gesellschaft
Mitgliedsbeiträge (Partei, Verein etc.) _____
Spenden _____
Kirchensteuer _____
Zwischensumme _____

Schulden
Bankkredite _____
Privatkredite _____

Finanzielle Vorsorge
Bankgebühren _____
Private Altersvorsorge _____
Sparplan 1 _____
Sparplan 2 _____
Sparplan 3 _____
Bausparkassenbeiträge _____
Sonstiges Sparen/Geldanlage _____
Zwischensumme _____
Gesamtsumme _____

Nehmen Sie nun nochmals Ihre Girokontoauszüge zur Hand und legen Sie Ihre Depotauszüge dazu. Stellen Sie anhand der Zahlungseingänge eine Übersicht über Ihre monatlichen Einnahmen zusammen:

Einnahmen im Monat _____ 2002*

Einnahmen/Herkunft   *Betrag*

Gehalt _____
Gehalt des Partners/Partnerin _____
Vergütung/Unterhalt von (Ehe-)Partner _____
Weihnachtsgeld _____
Urlaubsgeld _____
Einnahme aus Nebentätigkeiten/Hobby _____
Einnahmen aus Vermietung _____
Erträge aus Finanzanlagen/Zinsen _____
Familiäre Zuwendungen _____
Krankengeld _____
Arbeitslosengeld _____
Rente _____

* © Miss MoneyMaker Training

Sozialhilfe   _____
Erziehungsgeld   _____
Kindergeld   _____
Wohngeld   _____
Sonstige staatliche Zuwendungen _____
Steuervergütungen   _____
Sonstiges   _____
Gesamtsumme   _____

Der durchschnittliche monatliche Finanzstatus
Als nächsten Schritt benötigen Sie einen Überblick über die Ausgaben, die nicht monatlich anfallen, sondern nur quartalsweise (z. B. Zeitungsabonnements, Versicherung), halbjährlich (z. B. Urlaub), jährlich (z. B. Autoinspektion, Weihnachtsgeschenke) oder in unregelmäßigen Zeitabständen. Wenn Sie diese Ausgaben auf die Monate verteilen, lichtet sich das Ausgabenchaos. Gehen Sie dazu Ihre Lebensbereiche der Reihe nach durch und rechnen Sie die Beträge, die alle drei Monate, halbjährlich oder jährlich anfallen, auf einen Monat um. Tragen Sie diese Ausgaben in der monatlichen Tabelle unter «finanzielle Vorsorge» ein. Addieren Sie nun die Summen; Sie erhalten jetzt Ihren derzeitigen monatlichen Geldbedarf.

Durchschnittliche monatliche Ausgaben*

Ausgaben/Verwendung   *Betrag*

Wohnen (Übertrag)   _____ (Tatsächlich)
Anschaffungen   _____ (Vorsorge)
Reparaturen   _____ (Vorsorge)
Sonstige unregelmäßige Zahlungen _____ (Vorsorge)
Zwischensumme   _____

* © Miss MoneyMaker Training

Essen & Trinken (Übertrag) _____ (Tatsächlich)
Besondere Gelegenheiten _____ (Vorsorge)
Zwischensumme _____

Fortbewegung (Übertrag) _____ (Tatsächlich)
Kfz-Versicherung _____ (Vorsorge)
Kfz-Steuer _____ (Vorsorge)
Auto/Anschaffung _____ (Vorsorge)
Auto/Wartung/Instandhaltung _____ (Vorsorge)
BahnCard/Jahreskarte _____ (Vorsorge)
Sonstige unregelmäßige Zahlungen _____ (Vorsorge)
Zwischensumme _____

Kleidung (Übertrag) _____ (Tatsächlich)
Businesskleidung _____ (Vorsorge)
Freizeitkleidung _____ (Vorsorge)
Reinigung/Pflege _____ (Vorsorge)
Schuhe _____ (Vorsorge)
Sonstige unregelmäßige Zahlungen _____ (Vorsorge)
Zwischensumme _____

**Sport/Entspannung/Gesundheit
(Übertrag)** _____ (Tatsächlich)
Sportverein/Fitnessclub _____ (Vorsorge)
Bücher (Unterhaltung) _____ (Vorsorge)
Medikamente _____ (Vorsorge)
Arzthonorare _____ (Vorsorge)
Urlaub _____ (Vorsorge)
Sonstige nicht monatliche Zahlungen _____ (Vorsorge)
Zwischensumme _____

Schönheitspflege/Beauty (Übertrag) _____ (Tatsächlich)
Friseur _____ (Vorsorge)
Maniküre/Pediküre _____ (Vorsorge)
Drogerieartikel _____ (Vorsorge)
Sonstige unregelmäßige Zahlungen _____ (Vorsorge)
Zwischensumme _____

Kommunikation (Übertrag) _____ (Tatsächlich)
Geschenke/Weihnachten, Geburtstag _____ (Vorsorge)
Zwischensumme _____

Unterhaltung/Genuss (Übertrag) _____ (Tatsächlich)
Mitgliedsbeiträge Fitness,
Tanzclub etc. _____ (Vorsorge)
Sonstige nicht monatliche Zahlungen _____ (Vorsorge)
Zwischensumme _____

Bildung (Übertrag) _____ (Tatsächlich)
Seminare _____ (Vorsorge)
Sachbücher _____ (Vorsorge)
Sonstige nicht monatliche Zahlungen _____ (Vorsorge)
Zwischensumme _____

Sicherheit (Übertrag) _____ (Tatsächlich)
Haftpflicht _____ (Vorsorge)
Leben _____ (Vorsorge)
Rechtsschutz _____ (Vorsorge)
Sonstige nicht monatliche Zahlungen _____ (Vorsorge)
Zwischensumme _____

Kinder (Übertrag)	_____	(Tatsächlich)
Kleidung	_____	(Vorsorge)
Möbel	_____	(Vorsorge)
Sonstige nicht monatliche Zahlungen	_____	(Vorsorge)
Zwischensumme	_____	
Gesellschaft (Übertrag)	_____	(Tatsächlich)
Jahresbeiträge	_____	(Vorsorge)
Weihnachtsspende	_____	(Vorsorge)
Sonstige nicht monatliche Zahlungen	_____	(Vorsorge)
Zwischensumme	_____	
Finanzielle Vorsorge	_____	(Tatsächlich)
Sonstige nicht monatliche Zahlungen	_____	(Vorsorge)
Zwischensumme	_____	

Gehen Sie mit den Einnahmen entsprechend vor und addieren Sie alle unregelmäßigen Zahlungen, die auf Ihr Konto eingehen oder Ihnen bar ausgehändigt werden.

Einnahmen	Betrag*		
Einnahmen/Herkunft	*Monat*	*Jahr*	*Eingang*
Gehalt	_____	_____	_____
Gehalt des Partners/Partnerin	_____	_____	_____
Unterhalt vom (Ehe-)Partner	_____	_____	_____
Weihnachtsgeld	_____	_____	_____
Urlaubsgeld	_____	_____	_____
Einnahme aus Nebentätigkeit/Hobby	_____	_____	_____
Einnahmen aus Vermietung	_____	_____	_____
Erträge aus Finanzanlagen/Zinsen	_____	_____	_____
Sonstige familiäre Zuwendungen	_____	_____	_____
Krankengeld	_____	_____	_____
Arbeitslosengeld	_____	_____	_____
Rente	_____	_____	_____
Sozialhilfe	_____	_____	_____
Erziehungsgeld	_____	_____	_____
Kindergeld	_____	_____	_____
Wohngeld	_____	_____	_____
Sonstige staatliche Zuwendungen	_____	_____	_____
Steuervergütungen	_____	_____	_____
Sonstiges	_____	_____	_____
Gesamtjahreseinkommen	_____	_____	
Durchschnittliches Monatseinkommen	_____		

* © Miss MoneyMaker Training

Sie können nun vom durchschnittlichen Monatseinkommen die durchschnittlichen Jahresausgaben abziehen und erhalten dann Ihren Überschuss – oder Ihr persönliches Finanzierungsloch. Herzlichen Glückwunsch! Immerhin wissen Sie jetzt genau Bescheid.

Damit haben Sie einen wichtigen Schritt auf dem Weg zu mehr Geld getan, denn die Analyse der gegenwärtigen Situation ist die Grundlage für Ihre zukünftige Strategie, Geld zu vermehren. In den nächsten drei Monaten geht es darum, diesen Status immer wieder aufzustellen. Wenn Sie in diesem Punkt konsequent bleiben, sind Ihrem Erfolg keine Grenzen gesetzt.

Führen Sie Ihre Tabellen wie oben beschrieben zunächst wenigstens für vier Monate fort. Sie werden beim Vergleich der Monatszahlen erkennen können, wie groß Ihr Fortschritt ist, wie sich Ihr Geld vermehrt. Das ist entscheidend für Ihre Motivation. Machen Sie sich Ihren Erfolg immer sichtbar, bleiben Sie am Ball!

3. Wohin Ihr Geld fließt

Wenn am Ende Ihrer letzten Tabelle ein positiver Betrag steht, verfügen Sie über einen Überschuss, der Ihnen zur Geldanlage zur Verfügung steht. Sie können diesen Betrag erhöhen. Ist der Betrag negativ, brauchen Sie mehr Geld, um Ihre Ausgaben zu decken. Es gibt grundsätzlich nur drei Möglichkeiten, um Ihren monatlichen Überschuss zu erhöhen: Entweder Sie reduzieren Ihre Ausgaben, Sie erhöhen Ihr Einkommen oder Sie schaffen beides. Das Einkommen zu erhöhen, ist nicht immer so ohne weiteres möglich, aber es kommt auch hier darauf an, sich sinnvolle Ziele zu setzen. Leichter und schneller können Sie Ihre Ausgaben einschränken. Aber zunächst müssen Sie sich über Ihre Ausgaben überhaupt bewusst werden.

Formulieren Sie Ihr Ziel: Ihre Sparrate

Ziel aller Bemühungen muss es sein, Ihre Sparrate zu erhöhen. Tod Barnhart, Autor des Buches «Die fünf Schritte zum Reichtum», stellt die Regel auf, dass mindestens zehn Prozent des verfügbaren Einkommens monatlich gespart werden sollten. Nur wenige schaffen es allerdings, diese Regel auch einzuhalten. Bodo Schäfer schlägt vor, die zehn Prozent direkt nach Eingang des monatlichen Einkommens auf ein extra Sparkonto zu überweisen, so als ob Sie sich selbst bezahlten. Versuchen Sie es! Meist funktioniert es. Sie werden erstaunt sein, dass Sie dennoch mit Ihrem restlichen Geld Ihre Ausgaben decken können.

Ihr Ausgaben-Check

Nehmen Sie Ihre Ausgabentabelle zur Hand und spüren Sie Einsparmöglichkeiten auf. Nehmen Sie sich dazu die von Ihnen für den letzten Monat ausgefüllte Übersicht und Ihre Übersicht zu den durchschnittlichen monatlichen Ausgaben vor. Notieren Sie nun auf einem Extrablatt in zwei Spalten Ihre fixen Kosten getrennt von den variablen Ausgaben. Fixkosten sind die Kosten, die Sie auf jeden Fall bezahlen müssen, wie etwa Miete, der Kredit für Eigenheimfinanzierung, Wasser, Strom etc. Variable Kosten sind Aufwendungen, deren Höhe Sie ohne weiteres beeinflussen können: Natürlich müssen Sie Geld für Lebensmittel ausgeben, aber Sie könnten in den Supermarkt gehen statt zum Einzelhändler an der Ecke. Und vielleicht tut es auch ein Wein für zehn Mark?

Schauen Sie sich die Postengruppen und dann die einzelnen Ausgaben kritisch an und stellen Sie sich dabei die folgenden Fragen:
> Geben Sie laufend mehr Geld aus als Sie haben?
> Geben Sie Geld oft aus Gewohnheit aus, oder planen Sie Ihren Einkauf bewusst und sind dabei aufmerksam?
> Haben Sie mit dem Kauf Ihre Sinne und Ihre wirklichen Bedürfnisse befriedigt? Haben Sie gern gekauft?
> Oder haben Sie etwas gekauft, weil Sie schlechter Stimmung oder unzufrieden waren?
> Wollten Sie sich für eine Leistung belohnen und haben Sie sich ein Geschenk gemacht?
> Oder waren Sie frustriert und haben sich spontan getröstet?

Erleben Sie die Situationen nach, die Sie zum Kauf bewegten, und halten Sie Ihre jeweiligen Gefühle und Überlegungen fest. Eine zufriedene Ausgabenpolitik ist Ausdruck einer zufriedenen Persönlichkeit. Die Fragen nach den Gefühlen, die Sie zum Kauf bewegen, sind letztlich Fragen nach Ihrer inneren Zufriedenheit. Nicht *was* Sie kaufen ist entscheidend, sondern *warum* Sie etwas kaufen. Es ist auch nicht der Betrag wichtig, den Sie ausgeben, sondern warum Sie ihn ausgeben. Wie Sie bereits wissen: Der Preis, den Sie für etwas bezahlen, ist nicht das Problem, solange der Kauf Ihnen Freude macht und Ihre Sinne befriedigt. Es ist ganz einfach: Die Begriffe «teuer» und «billig» sind relativ. Wenn Sie etwas kaufen, was Sie wirklich brauchen oder was Ihnen sehr viel Freude bringt – ob als Erinnerung oder als Objekt –, kaufen Sie es, vorausgesetzt, Sie können es bezahlen, ohne Schulden zu machen. Wenn Sie dafür aber Schulden machen müssen, können Sie es sich nicht leisten. Dann kommt es auch nicht mehr darauf an, ob es im Verhältnis billig oder teuer ist.

Überlegen Sie, in welchem Ihrer Lebensbereiche Sie sich mehr auf das konzentrieren können, was Ihnen wirklich wesentlich erscheint.

Miss MoneyMakers Plan für bewusstes Kaufen

Jetzt müssen Sie etwas tun, um Ihre neue Ausgabenpolitik im Alltag umzusetzen. Dafür legt Ihnen Miss MoneyMaker einen Plan für bewusstes Einkaufen ans Herz.

Ihre Finanzmaxime

Denken Sie daran: Geldmanagement findet jeden Tag statt, in jedem Moment, in dem Sie sich dafür entscheiden, für etwas Geld oder auch kein Geld auszugeben. Nur über Sparen bekommen Sie das Gefühl, finanziell unabhängig zu sein. Nur über das Anhäufen von Geld vermehrt sich Ihr Geld und Sie haben immer ausreichend Mittel zur Verfügung. Nur so haben Sie immer die Wahl. Es ist ein erhabenes Gefühl, sich jederzeit die Dinge leisten zu können, die man sich wünscht – jedenfalls in einem bestimmten Rahmen –, weil man genügend Geld auf dem Konto hat, sei es auch nur ein Mantel oder ein Kleid. Sparen funktioniert nur mit Augenmaß und dem Gefühl für das Wesentliche. Aber man kann es trainieren. Viele Menschen finden Sparen spießig oder kleinkariert, andere wollen sich belohnen, ohne dafür die nötigen Mittel zu haben. So entstehen dann Konsumschulden (siehe dazu das Kapitel «Schulden und der richtige Umgang mit ihnen», Teil II), die ins Ruinöse anwachsen können.

Für Sie ist es wichtig, Sparen zu einer Leidenschaft zu machen. Es kann nämlich tatsächlich Spaß machen, und zwar nicht nur, weil es ebenfalls mit dem Buchstaben «S» beginnt. Nur wenn Sie ein kleines gespartes Polster haben, können Sie Ihr Geld steuern. Sonst bleiben Sie immer Sklave Ihrer Finanzen, weil Sie permanent Mangelverwaltung betreiben müssen. Eine Reserve macht Sie frei. Theoretisch können Sie mit dieser Reserve Dinge kaufen. Solange Sie das aber nicht tun, bleibt Ihnen die Freude an Ihren Möglichkeiten erhalten. Sie spornt an, weiter und mehr zu sparen. Sie werden sehen: Ihr Vermögen wächst, ohne dass Sie auf wesentliche Dinge verzichten müssen. Was entfällt, sind die kleinen Glückskicks beim Einkauf. Was Sie dafür allerdings bekommen, sind Selbstvertrauen und ein Gefühl der Freiheit. Entwickeln Sie also Sparen zu Ihrer Leidenschaft. Denken Sie daran: Es geht hier um die bewusste Verwendung von Geld, keinesfalls um Geiz. Sie sollen Ihr Geld nicht um jeden Preis festhalten. Sie sollen weiterhin genießen, aber gleichzeitig den ungezügelten Kauftrieb einschränken und so Ihre eigene Ausgabenpolitik optimieren.

Und noch etwas: Übertreiben Sie es nicht, sondern variieren Sie. Vergessen Sie niemals, sich etwas zu gönnen. Tun Sie es in einem überschaubaren Rahmen und tun Sie es bewusst. Wenn Sie Geld bewusst ausgeben, bringt es Erfüllung und Freude in Ihr Leben. Es sollte ein Genuss für Sie sein. Erinnern Sie sich an den Moment, als Sie ein Kleidungsstück in einer Boutique sahen, das wie für Sie gemacht war: perfekt in Farbe, Größe und Stil. Allein die Erinnerung daran bringt Sie wahrscheinlich zum Lächeln. Und es war richtig, dafür Geld auszugeben. Sich im Innersten mit einem materiellen Wert zu identifizieren, kann ein wunderbares Gefühl sein. Nach den ganzen alltäglichen Notwendigkeiten, für die Sie Geld ausgeben, möchten Sie schließlich, dass alles Weitere, das Sie kaufen, Sie und Ihre Persönlichkeit zum Ausdruck bringt. Und das ist das Einzige, worauf es ankommt. Es spricht *Sie* an. Denn schließlich ist es Ihr Geld. Sie sollten fortan Ihre Einkäufe nach genau dieser Maxime tätigen.

Ihre Einkaufs-Checkliste

Vor jedem Einkauf gehen Sie ab sofort folgende Kriterien gedanklich durch: Prüfen Sie, ob die Voraussetzungen erfüllt sind, um den Einkauf zu tätigen. Wenn Sie wie die meisten Menschen handeln, dann kaufen Sie aus Gewohnheit. Sie kaufen Mineralwasser am selben Ort zur gleichen Zeit wie sonst auch.

Sie fragen nicht, ob Sie wirklich dieses Mineralwasser wollen, Sie kaufen es einfach. Sie kaufen Ihre Kleider immer in derselben Stadt in denselben Geschäften – Jahr für Jahr. Sie denken noch nicht einmal darüber nach, sondern folgen Ihrer Gewohnheit. Das ist meistens in Ordnung und sogar effizient. Wenn Sie aber Ihre Beziehung zu Geld verändern, wenn Sie Ihr Geld verwalten, müssen Sie es bewusst ausgeben. Sie müssen darüber nachdenken, ob Ihre Gewohnheitskäufe wirklich gut für Sie sind. Es gibt zwei Gründe, warum sie es vielleicht nicht sind:

› Sie genießen den Einkauf nicht mehr, weil Sie nicht darüber nachdenken. Es ist schwer, Dinge zu genießen, denen man keine Aufmerksamkeit schenkt. Sie werden mehr Freude und Genuss an den Dingen haben, an denen Sie aktiv und mit Bewusstsein beteiligt sind.

› Sie kaufen möglicherweise Dinge, die Sie nicht brauchen oder nicht wollen, nur weil Sie gerade ein Bedürfnis nach Einkauf haben oder weil die Dinge verfügbar sind. Diese Art des unbewussten Geldausgebens erzeugt manchmal Schuldgefühle.

Geld ausgeben mit Gefühl und Verstand sichert Ihnen die Kontrolle über Ihr Geld. Geld ausgeben aus Gewohnheit oder Zwang macht Sie frustriert und ängstlich. Pflegen Sie eine friedliche Beziehung zur materiellen Welt! Denken Sie daran, dass Sie für alles, was Sie einen Euro kostet, fast zwei Euro verdienen müssen. Überschlagen Sie einmal, wie viele Stunden Sie für die eine oder andere Ausgabe arbeiten müssen; das macht bescheiden!

Weiblich einkaufen

Beim Einkaufen kommt es darauf an, weibliche Stärken wie Intuition und cleveres Einkaufsmanagement zu nutzen. Überlegen Sie vor jedem Einkauf, ob weniger nicht mehr ist.

Versuchen Sie, dem neuen Trend des «Lessness» ein Stück weit zu folgen: Leben Sie eine Zeit lang puristischer. Sie werden sehen, dass Ihr Leben eine höhere Qualität erhält und Ihre Sinne für das Wesentliche geschärft werden.

Sie können Spaß daran finden, dem Überfluss zu entsagen und den stupiden Mechanismus des Kaufens und Verkaufens zu durchbrechen. Stärken Sie Ihr Bewusstsein dafür, dass Sie der Maßstab aller Einkäufe sind, und stärken Sie Ihre Fähigkeit, selbst zu bestimmen, was Sie kaufen und zu welchem Preis.

Miss MoneyMaker zählt Ihnen einige praktische Einkaufstipps auf, die Sie natürlich auch Ihrem Partner weitersagen können:
1. Kaufen Sie Ihre Lebensmittel nur noch einmal die Woche. Wer öfter als einmal die Woche einkauft, vergeudet eine Menge Zeit, Nerven und Anstrengung. Außerdem kauft er dabei immer mindestens ein oder zwei Dinge, die er eigentlich gar nicht benötigt.

Daher ist ein größerer Einkauf immer wirtschaftlicher, als es mehrere kleine sind.
2. Es lohnt sich nicht, Ihre Einkaufsroutine für Sonderangebote zu durchbrechen: Sie sind nur Fallen, um Sie ins Geschäft zu locken. Fallen Sie nicht darauf herein, denn Sie werden mehr als nur das kaufen, was gerade im Angebot ist.
3. Aus demselben Grund lohnt sich ein Einkauf direkt beim Hersteller ebenfalls nicht. Für die Fahrt zum Outlet gilt dasselbe: Gerade wenn Sie einen weiten Weg zurücklegen, setzen Sie sich unter Druck, nun auch ein Schnäppchen zu machen, damit sich die Anfahrt gelohnt hat. Das macht es Ihnen enorm schwer, sich auf Ihre wahren Bedürfnisse zu konzentrieren. Setzen Sie sich dieser Gefahr nicht aus. Sagen Sie sich: Ich verpasse nichts. Ich brauche es nicht. Und bald landet alles sowieso wieder in der Altkleidersammlung. Wenn Sie das Bedürfnis nach Abwechslung haben, fahren Sie nicht ins Einkaufszentrum! Das ist ein falscher Ersatz, er lenkt von Ihren wahren Bedürfnissen ab. Vermutlich benötigen Sie eher frische Luft und frisches Grün. Machen Sie sich lieber zu einem Spaziergang auf, auch wenn es draußen wieder einmal grau ist. Schon ein kurzer Gang schärft Ihre Sinne und macht Sie glücklicher als das zehnte neue T-Shirt.
4. Zum Reinigen der Wohnung reicht ein einziger Allzweckreiniger. Mehr brauchen Sie nicht! Für die Fenster genügt Leitungswasser mit einem Schuss Spiritus. Das schont nicht nur Ihren Geldbeutel, sondern auch die Umwelt.
5. Kaufen Sie nichts, was Sie nicht wirklich jetzt und dauerhaft benötigen. Lassen Sie sich nicht von raffinierten Werbebotschaften verführen. Überlegen Sie immer, wie Sie das Ziel oder das Gefühl, das Sie mit einem Produkt verknüpfen, auf andere Weise wirksamer und preiswerter erreichen können. Ein Fitnessgerät kann durch Gymnastik und einen leichten Lauf im Wald mühelos ersetzt werden. Dasselbe gilt für den Massagestab oder das Fußreflexzonenmassagegerät.

6. Seien Sie besonders aufmerksam, wenn Ihnen die Bestellung von Waren sehr leicht gemacht wird, wenn Sie also per Telefon und rund um die Uhr bestellen können. Wer schnell kauft, kauft immer unbedacht. Überschlafen Sie Ihre Entscheidung und vermeiden Sie so Spontan- oder Frustkäufe. Und ganz wichtig: Vermeiden Sie Käufe mit der Kreditkarte!
7. Kaufen Sie antizyklisch. Nehmen Sie das, was gerade nicht mehr von den anderen verlangt wird (z. B. eine Skiausrüstung nach der Wintersaison, Obst, Gemüse oder Brot kurz vor Feierabend sowie Heizöl im Sommer).
8. Kaufen Sie Wurst und Käse immer am Stück statt geschnitten. Geschnittene Ware ist immer teurer.
9. Kaufen Sie No-Name-Produkte. Sie sind in der Regel aus derselben Herstellung wie die Markenprodukte, werden aber ohne besonderes Label am Markt platziert. Einige Hersteller verkaufen ihr hochwertiges, bekanntes und teures Markenprodukt auf diese Weise noch einmal und decken auf diese Weise größere Marktsegmente, also auch die der «Billigwaren» mit ab. Einen Qualitätsverlust erleiden Sie als Verbraucher in der Regel nicht. Die Ergebnisse von Stiftung Warentest beweisen das.
10. Kaufen Sie nicht an Bahnhöfen, Tankstellen oder Raststätten zu überhöhten Preisen! Planen Sie Ihren Tag und vermeiden Sie diese Ausgaben konsequent. Eigenes Brot oder Obst im Gepäck sichern darüber hinaus eine gesündere Ernährung.
11. Vermeiden Sie den Bezug von Waren als Abonnements. Schließen Sie keine Wartungsverträge ab. Werden Sie nicht Mitglied in Fitnessclubs, Sportstudios oder Buchclubs. Diese Mitgliedschaften führen dazu, dass Sie Dinge nutzen, beziehen oder kaufen müssen, obwohl Sie keinen Bedarf haben. Und wenn Sie doch mal einen Fitnessclub besuchen wollen, kaufen Sie sich Zehner-Karten. Sport treiben geht auch zu Hause oder im Stadtpark. Die meisten wollen sich mit der Mitgliedschaft bei Fitnessclubs disziplinieren. Sie denken, sie treiben eher Sport, wenn sie dafür

zahlen müssen. Trauen Sie sich ab heute zu, das, was gut für Sie ist, ohne Druck von außen zu tun! Sie müssen Disziplin nicht teuer einkaufen. Die bewusste Entscheidung für das, was Ihnen gut tut, ist viel wirkungsvoller.

12. Setzen Sie ruhig Ihren weiblichen Charme ein und zahlen Sie nicht jeden geforderten Preis. Sie können verhandeln! Preise sind nicht endgültig, zumal das Rabattgesetz endlich abgeschafft worden ist. Preisreduzierungen liegen im Ermessen des Verkäufers. Erzählen Sie im Freundes- und Bekanntenkreis von allen geplanten Anschaffungen und sammeln Sie so Informationen. Oft ergeben sich nützliche Kontakte, die letztlich eine Menge Geld sparen können.

13. Kaufen Sie in Apotheken keine Originalprodukte, sondern Generika (Nachahmungspräparate), die dieselben Substanzen enthalten wie die Originale.

14. Ganz wichtig: Versuchen Sie das Telefonieren einzuschränken. Überlegen Sie, wem Sie stattdessen schreiben können. Oft sparen Sie sogar Zeit, wenn Sie ein paar Zeilen zu Papier bringen. Vermeiden Sie es vor allem, tagsüber mit Ihrem mobilen Telefon zu telefonieren, das kostet richtig Geld! Schnell haben Sie sich an 50 oder 100 Euro auf Ihrer Handy-Rechnung gewöhnt, und diese Summe kommt ganz schnell zusammen. Planen Sie daher Ihre Telefonate im Voraus und telefonieren Sie häufiger vom Festnetz aus. Nutzen Sie dabei die Vorwahlnummern privater Anbieter (Call-by-Call). Auch für das Festnetz können Sie mittlerweile subventionierte mobile Telefone für zu Hause bekommen; dann haben Sie nicht nur die Ausgaben für das Telefon selbst gespart, sondern können sich auch die Mühe der richtigen Einwahl sparen.

15. Beschäftigen Sie sich mit dem Internet. Es bietet jede Menge Transparenz über die Preise. Online-Käufe sparen sehr oft Geld, besonders bei Flugreisen etc.

16. Kaufen Sie wenig Kleidung, dafür aber solche, die vorteilhaft,

bequem und von erstklassiger Qualität ist. Kaufen Sie auf keinen Fall teure Kleidung für Ihre Kinder, solange sie noch wachsen. Damit vergeuden Sie viel Geld.
17. Verzichten Sie auf teuren Schmuck. Wenn Ihnen ein Mann einen teuren Diamanten schenken will, bewegen Sie ihn dazu, Ihnen das Geld lieber bar zu schenken. Oder besser: Schlagen Sie einen Investmentfonds als kleine Aufmerksamkeit vor. Es gibt nur weniges, was einem so starken Preisverfall unterliegt wie Schmuck. Sie werden Ihren Schmuck niemals zu akzeptablen Preisen verkaufen können. Falls Sie sich unbedingt Schmuck wünschen, besuchen Sie Pfandhäuser und kaufen Sie ihn dort.
18. Geben Sie nur Trinkgeld, wenn Sie mit dem Service wirklich zufrieden waren. Tun Sie es nicht aus Gewohnheit oder um jemandem zu imponieren!
19. Räumen Sie regelmäßig Ihre Wohnung auf! Wenn Sie überflüssige Dinge finden, sie verkaufen oder verschenken, werden Sie Platz schaffen. Sie werden nicht so sehr das Bedürfnis haben, neue Dinge anzuschaffen. Außerdem gewinnen Sie so nicht den Eindruck, Sie bräuchten eine größere Wohnung, weil zu wenig Platz da ist.

Wenn Sie Spaß daran finden, weitere Einsparpotenziale zu nutzen, gibt es genügend Literatur, wo Sie diese und zusätzliche Tipps finden können. Lesenswert in diesem Zusammenhang ist das Buch «Geld oder Leben» von Hanneke van Veen und Rob van Eeden (mvg 1997).

4. Kaufen mit den fünf Sinnen

Die Art und Intensität, wie wir unsere verschiedenen Sinne nutzen, ist von entscheidender Bedeutung für unsere Einstellung zu Geld und für unser Verhalten, besonders dafür, wie wir unser Geld verwenden. Dabei ist es wichtig, «eingefrorene» Wahrnehmungen aufzutauen. Schenken Sie Ihren Sinnen mehr Aufmerksamkeit, lernen Sie zu verstehen, wie sie funktionieren.

Die Sinneskanäle

Die Wahrnehmung der Welt findet über bestimmte Kanäle statt, die Sinneskanäle. Sie stellen die Verbindung zwischen dem Inneren des Menschen und seiner Umwelt her. Darüber hinaus liefern sie dem Gehirn die notwendigen Informationen, damit es sich ein Bild von der Welt und den Dingen machen kann. Die Welt und die Dinge an sich müssen nicht zwangsläufig mit dem Bild von Ihnen übereinstimmen. Weil die Welt durch die Wahrnehmung in uns repräsentiert wird, bezeichnet man die Sinneskanäle eines Menschen auch als «Repräsentationssysteme». Über diese Systeme bekommen wir Informationen über das, was für uns wichtig ist.

Ihre Lieblingssinne

Mit dem folgenden Test können Sie Ihren Lieblingssinn ermitteln. Wenn Sie ihn kennen, können Sie sich selbst beobachten und herausfinden, wonach Ihnen Ihr Sinn wirklich steht. Sie schärfen so Ihre Wahrnehmung von sich selbst. Wenn Sie sich besser kennen, können

Sie differenzierter als bisher auf Ihre Wünsche reagieren. Das macht nicht nur zufriedener, sondern spart auch eine Menge Geld. Denken Sie daran, dass Sie auch mehr als einen Lieblingssinn haben können und dass Ihre Vorliebe wechseln kann.

Der Sinnestest

Bei jeder der nachfolgenden Aussagen fügen Sie eine 3 zu dem Satz hinzu, der Sie am besten beschreibt; eine 2 zu dem Satz, der Sie am nächstbesten beschreibt; die Zahl 1 zu dem Satz, der Sie am wenigsten gut beschreibt.

1. Ich fälle wichtige Entscheidungen danach:
   a) wie sich etwas anfühlt ☐
   b) wie etwas klingt ☐
   c) wie etwas aussieht ☐
2. Während einer verbalen Auseinandersetzung bin ich am stärksten beeinflusst:
   a) vom Tonfall der anderen Person ☐
   b) ob ich den Standpunkt der anderen Person erkennen kann ☐
   c) ob ich einen Zugang zu den wahren Gefühlen der anderen Person finden kann ☐
3. Was mit mir los ist, kann ich am leichtesten ausdrücken durch:
   a) die Art, wie ich mich anziehe ☐
   b) die Gefühle, die ich mitteile ☐
   c) meinen Tonfall bzw. die Worte, die ich wähle ☐
4. Für mich ist es leicht:
   a) die ideale Lautstärke bei Stereogeräten zu finden ☐
   b) außergewöhnlich komfortable Möbel auszuwählen ☐
   c) schöne, stimmige Farben auszusuchen ☐

5. **Meine Umgebung:**
   a) Ich bin sehr empfänglich für die Geräusche in meiner Umgebung ☐
   b) Ich bin sehr empfindsam für die Art, wie sich Kleidungsstücke auf meiner Haut anfühlen ☐
   c) Ich reagiere sehr stark auf Farben und die Art, wie ein Mensch sich kleidet ☐

Auswertung
Schritt 1: Übertragen Sie die Antworten/Zahlen aus dem Test auf die nachfolgenden Linien.

1. a)____K	2. a)____A	3. a)____V	4. a)____A	5. a)____A
b)____A	b)____V	b)____K	b)____K	b)____K
c)____V	c)____K	c)____A	c)____V	c)____V

Schritt 2: Tragen Sie die Zahlen ein, die in Schritt 1 zu jedem Buchstaben gehören.

	V	A	K
1.			
2.			
3.			
4.			
5.			
Summe			

Schritt 3: Die Höhe der Summe zu den jeweiligen Sinneskanälen zeigt Ihre Veranlagung an.

V = Visuell-optisch / «Augentyp» / sehen
A = Auditiv / «Gehörtyp» /hören
K = Kinästhetisch / «Gefühlstyp» / körperlich spüren, emotional fühlen

Zur Wahrnehmung Ihrer eigenen Vorlieben kann die folgende Übung nützlich sein: Versuchen Sie immer, wenn Sie einen fremden Raum betreten, Ihre Reaktion zu erkennen. Versuchen Sie herauszufinden, was Ihnen als Allererstes auffällt: Ist es der Geruch eines Raumes oder sind es die Möbel, ihre Stilrichtung oder ihre Anordnung? Vielleicht fällt Ihnen aber auch die Geräuschkulisse auf? Die unterschiedlichen Faktoren, die den Raum auf Sie angenehm oder unangenehm wirken lassen, spielen unterbewusst sehr häufig eine Rolle. So glauben viele Menschen, Restaurants würden hauptsächlich wegen des Essens aufgesucht, das in ihnen serviert wird. Weit gefehlt! Meist spielen andere Gründe eine Rolle: die Musik, die gespielt wird, oder das Publikum oder einfach die Gestaltung des Raumes und seine Ausstattung. Einige Gründe scheinen akzeptabel, andere Gründe nicht. So werden Sie noch Verständnis ernten, wenn Sie ein Restaurant primär wegen des Publikums aufsuchen. Kaufen Sie jedoch Musik-CDs allein wegen der schönen Covergestaltung, stoßen Sie sicher auf einiges Unverständnis. Das kann ich aus eigener Erfahrung sagen. Da ich ein visueller Typ bin, kaufe ich CDs oft nach dem Cover. Oft bin ich damit hereingefallen, aber manchmal habe ich auch echte Treffer gelandet.

Ihre Sinneskanäle im Überblick

> sehen
> hören
> riechen
> schmecken
> fühlen/tasten

Mit dem Sehkanal (auch visueller Kanal) nehmen wir alles wahr, was wir mit dem Auge betrachten können. Die Palette schön anzuschauender Dinge reicht von schönen Kleidern über schöne Schuhe bis hin zu schönen Bildern oder schönen Booten – alles Dinge, die wir gerne kaufen, wenn wir visuell betont sind.

Der Hörkanal (auch auditiver Kanal) gibt uns die Möglichkeit, Geräuschen, Tönen oder Stimmen zu lauschen. Wenn es Ihnen wichtig ist, wie etwas klingt, neigen Sie dazu, für CDs, Konzerte, Stereoanlagen etc. Geld auszugeben.

Der Geruchskanal (auch olfaktorischer Kanal) ermöglicht Ihnen die Wahrnehmung von Gerüchen. Er ist besonders bei Frauen stark ausgebildet. Wenn Sie jemanden «nicht riechen können», besteht nur eine geringe Chance, dass Sie sich näher kommen.

Mit dem Geschmackskanal (auch gustatorischer Kanal), der eng mit dem olfaktorischen Kanal zusammenhängt, lassen sich die Hauptgeschmacksrichtungen erschmecken (süß, bitter, salzig ...).

Über den Gefühlskanal (auch kinästhetischer Kanal) können Sie die Beschaffenheit von Oberflächen (Raues, Eckiges, Weiches, Hartes) ertasten oder Temperaturen (Sonne, Wind) spüren. Über diesen Kanal werden Ihnen vor allem die Gegenstände des Alltags erfahrbar.

Was Geld «sinnlich» macht

Mit den fünf Sinneskanälen korrespondieren die entsprechenden Bedürfnisse zu ihrer Befriedigung. Wenn Sie Geld ausgeben, geht es im Wesentlichen um nichts anderes, als Ihre Sinne zufrieden zu stellen – je nachdem, wo Ihr Schwerpunkt liegt. Sie kaufen Parfüm, um Ihren olfaktorischen Sinn zu befriedigen. Sie kaufen sich eine schöne Küche, ein schönes Auto oder ein schönes Kleid, um Ihre visuellen Bedürfnisse zu befriedigen. Oder Sie kuscheln sich in ein schönes weiches Sofa – dahin treibt Sie Ihr kinästhetischer Sinn.

Da die Sinne eine so grundlegende und bedeutende Rolle für Ihr Verhalten in Bezug auf Geld spielen, erschließen Sie sich mit dem Erkennen dieser Zusammenhänge ein ungeheures Potenzial, die Dinge zu Ihren Gunsten zu verändern und Ihr Geld besser für sich einzusetzen.

Was brauche ich?

Das Zusammenspiel von Bedürfnissen und ihrer Befriedigung entzieht sich oft unserer Kontrolle. In der Regel beeinflussen die Bedürfnisse über unser Unterbewusstsein das Kaufverhalten. Es ist erwiesen, dass es beim Kauf von Dingen oft gar nicht um die Produkte geht, die wir erwerben, sondern um das Gefühl, das wir uns damit verschaffen. Diese Entwicklung macht sich die Werbung zunutze. Kurz nach dem Krieg enthielt Werbung noch relativ viele Informationen über die angepriesene Ware. Heute überwiegt dabei das emotionale Element. Mit dem Kauf des Produkts legen wir uns also Attribute zu, von denen wir möchten, dass sie nach außen wirken. Natürlich verändert sich unser Selbst nicht. Lediglich der Schein nach außen verändert sich, weil das Abbild des Selbst in der Wahrnehmung der anderen mit Hilfe der neu erworbenen Attribute verändert wird. Was ist aber der Grund dafür, dass uns unsere Außenwirkung so wichtig ist? Der entscheidende Umstand, der zu der starken Betonung des Scheins führt, ist eine mangelnde Beziehung zu sich selbst: Würden wir stärker in Kontakt zu unserem Selbst stehen, hätten wir nicht das Bedürfnis, uns mit Attributen zu schmücken. Im direkten Verhältnis zum Selbst bleiben Attribute ohne Wirkung. Sie können auch auf uns nur wirken, wenn wir uns von außen betrachten. Nur dann nehmen wir unsere Erscheinung wahr. Solange wir bei unserem Selbst bleiben, bleiben wir bei unseren wahren Bedürfnissen. Das Verlangen nach zusätzlichen Merkmalen lässt dann nach. So lässt sich das unkontrollierte Wechselspiel Werbung – Scheinbedürfnis – Kauf erfolgreich durchbrechen.

Es geht hier auf keinen Fall darum, auf schöne Dinge zu verzichten, in völliger Entbehrung dahinzudarben und allem Weltlichen zu entsagen. Es geht vielmehr darum, die eigenen Sinne zu befriedigen und nicht die der anderen. Vielleicht haben Sie auch schon einmal eine Hose gekauft, von der Sie glaubten, sie gefiele Ihrem Partner? Sie haben sie gekauft, um in den Augen Ihres Partners (visuell) attraktiv zu erscheinen. Vielleicht fühlen Sie sich darin aber gar nicht wohl, obwohl es Ihnen doch gerade auf das Wohlgefühl ankommt (Kinästhet). Dann war der Kauf dieser Hose eine glatte Fehlinvestition. Wenn Sie Ihr Geld nicht ausgeben, um Ihre eigenen Sinne zu befriedigen, ist die Geldausgabe sinnlos. Sie wird Ihnen keine wahre Freude machen.

Wie Sie Ihre Bedürfnisse erfüllen

Wenn Sie sich über Ihre Wahrnehmungen klar werden, eröffnen Sie sich ein ungeheures Potenzial, Ihre Bedürfnisse zu befriedigen, ohne dass es Sie viel Geld kosten müsste. Dabei kommt es nicht darauf an, sich wie ein Asket jeder Sinneslust zu enthalten. Vielmehr geht es im Gegenteil darum, dieser Lust nachzugeben, sich dabei aber der Vorgänge bewusst zu sein und zufriedener und effektiver Ihren Bedürfnissen gerecht zu werden.

Erweitern Sie Ihre Wahrnehmungsfähigkeit, um mehr Qualität in das eigene Leben zu bringen. Schenken Sie Ihre Aufmerksamkeit allen Sinneskanälen und beschränken Sie sich nicht auf Ihren Lieblingssinn. Sie sind nicht darauf festgelegt. Vielmehr können Sie «eingefrorene» Wahrnehmungen auftauen.

Sie können alle Sinne aktivieren und Dinge wahrnehmen, die Sie bisher außer Acht gelassen haben. Dadurch erleben Sie mehr, ohne mehr zu besitzen. Sie werden sogar ein Unwohlsein empfinden, wenn Sie mit Überflüssigem konfrontiert werden. Das spart Geld. Der schöne Nebeneffekt: Sie leben jeden einzelnen Augenblick bewusster als bisher, und schon das wird Ihr Leben ungeheuer bereichern. Ihr Geld können Sie für Dinge verwenden, die Ihnen wirklich am Herzen liegen, und – durch die richtige Investition – für das, was Ihnen in Zukunft am Herzen liegen wird. Vielleicht entdecken Sie auch ganz neue Talente, die in Ihnen vernachlässigt vor sich hin schlummern und nur darauf warten, geweckt, gepflegt und in bare Münze getauscht zu werden. Denken Sie daran: Es ist nie zu spät, Ihr Leben neu auszurichten.

Tauen Sie eingefrorene Wahrnehmungen auf

Nehmen Sie einen frischen 100-Euro-Schein zur Hand. Hören Sie das angenehme Knistern, wenn Sie ihn in der Hand bewegen? Spüren Sie die glatte Oberfläche, wenn Sie ihn zart streicheln? Sehen Sie die abgebildete Brücke und das kunstvoll gestaltete Wasserzeichen? Aber Vorsicht: Verzichten Sie lieber auf das gustatorische Erlebnis eines 100-Euro-Scheins. Geld ist selten ein Geschmackserlebnis.

Sehen und Geld ♦ Kreativität im visuellen Bereich spart Geld. Sie wollen, um Ihre visuellen Sinne zu befriedigen, gut aussehen und ansprechend und modern gekleidet sein. Aber nichts ist wirklich neu. Auch Designer erfinden keine neuen Formen oder Farben. Sie verändern lediglich die Zusammenstellung. Trauen Sie sich selbst dasselbe zu: Kombinieren Sie die Kleidungsstücke, die Sie in Ihren Schränken finden. Sie werden sich wundern, welche Kreationen möglich sind. Beim Kombinieren der alten Schätze werden Sie eine Menge Spaß haben. Wenn es Ihnen darauf ankommt aufzufallen, gelingt Ihnen das mit Eigenkreationen ohnehin viel leichter als mit der Ware von der Stange.

Fühlen und Geld ◆ Teure Kosmetik, nach der Sie angeblich zarter, straffer, jünger, viel schöner und vitaler aussehen, wird immer wieder neu angeboten. Und immer wieder setzen wir alle Hoffnung auf das neue Wundermittel. Dabei glauben viele, dass nur teure Produkte auch die Qualität haben, die das Unmögliche möglich macht. Mit der Überzeugung «Weil ich es mir wert bin!» schreiten wir beherzt zur Kasse und lassen uns unsere Schönheit und Gesundheit ein stolzes Sümmchen kosten. Aber Vorsicht: Es lohnt sich, die Ergebnisse von unabhängigen Tests (etwa in «Stiftung Warentest») zu studieren, um festzustellen, dass teure Markenartikel im Vergleich zu preiswerten No-Name-Artikeln oft das Nachsehen haben, und zwar sowohl in der Qualität als auch in der Wirkung. Preisunterschiede bis zu 25 Euro für einen Tiegel Tagescreme sind durchaus an der Tagesordnung.

Riechen und Geld ◆ Mit den Düften verhält es sich ebenso. Gerade hier besteht die Gefahr, sich von der Werbung verführen zu lassen. «Mit Tosca kam die Zärtlichkeit» – oder so ähnlich – soll Sie glauben machen, ein guter Duft bringe auch gleich Erfolg, Glück und die richtigen Männer. So drängeln sich die Flakons in Ihrem Badezimmerregal, und vor lauter Duftallerlei verfehlen sie ihren eigentlichen Zweck, nämlich gezielt und wirksam Duftmarken zu setzen und olfaktorisch in Erinnerung zu bleiben. Das schafft nur <u>ein</u> Duft. Zählen Sie mal Ihre Flakons im Bad; durchschnittlich sind es acht. Konzentrieren Sie sich auf einen Duft für den Sommer und einen für den Winter. Das spart Geld. Wenn Sie einen Durchschnittspreis von 25 bis 55 Euro pro Duft ansetzen, kostet Sie das Probieren immer neuer Düfte (die Duftstoffe bleiben übrigens dieselben) eine beträchtliche Summe.

Hören und Geld ♦ Es ergibt keinen Sinn, sich immer gleich die ganze CD zu kaufen, nur weil Ihnen ein Song des Interpreten gefällt. Meistens sind die anderen Lieder auf der CD bei weitem nicht so gut. Nehmen Sie sich Ihre Lieblingssongs aus dem Radio stattdessen auf Kassette auf. Es gibt regelmäßig die Charts im Programm. Der Vorteil: Wenn Sie sich die Zeit nehmen, die Hitliste im Radio zu verfolgen, entdecken Sie sicher noch andere Lieder, die Sie ansprechen. Sie können sich so gezielt die Musik zusammenstellen, die Ihnen wirklich gefällt. Sie bleiben auf dem neuesten Stand und vermeiden überdies, sich in vielen Situationen – etwa im Auto oder in der Küche – Musik anzuhören, auf die Sie im Grunde gar keinen Wert legen. Wenn Sie in dieser Zeit Ihre Lieblingsmusik parat haben, steigern Sie Ihre Lebensqualität erheblich.

Essen und Geld ♦ Gerade für den gustatorischen Bereich gilt eine alte Erkenntnis: **«Das Wesen des Genusses liegt in der Beschränkung.»** Essen Sie langsamer. Dadurch werden Sie schneller satt und essen weniger. Das spart Geld und Kalorien. Mischen Sie nicht zu viele unterschiedliche Zutaten miteinander: Pizza Margherita oder eine Pizza mit Oliven statt eine überladene Quattro Stagione. In Italien sind Pizzas mit reichhaltigem Belag gar nicht üblich. Das spart ebenfalls Geld. Wählen Sie im Restaurant eher einen einfachen gemischten Salat als Salat mit Käse, Thunfisch und Ei. Sie werden den Salat besser durchschmecken. Kaufen Sie Obst und Gemüse, das der Jahreszeit entspricht. Es ist frisch und vitaminreich – und spart Geld. Es müssen keine Erdbeeren und Pfirsiche im Winter sein. Kochen Sie wieder mehr zu Hause, statt in Restaurants zu gehen. Selbst Gekochtes nehmen Sie bewusster zu sich. Sie haben außerdem die Gewähr, dass alles wirklich so schmeckt, wie Sie es wollen. Das befriedigt Ihren gustatorischen Sinn – und es spart Geld.

Sparen mit Sinn

Wenn Sie jetzt herausgefunden haben, wie Sie Ihre Sinne schärfen können, nehmen Sie noch einmal Ihr Budget und die Belege der letzten Zeit zur Hand und prüfen Sie, ob Sie Ihr Geld ausgeben, um Ihre Bedürfnisse zu befriedigen. Dabei sollten Sie sich folgende Fragen beantworten:
1. Befriedigen Sie Ihre eigenen Sinne – oder etwa die der anderen?
2. Befriedigen Sie den Sinn, der Ihnen wirklich wichtig ist?

Gehen Sie ruhig einmal durch Ihre Wohnung und vergessen Sie vor allem Ihren Keller und den Dachboden nicht. Fassen Sie die Dinge an; heben Sie sie hoch und schnuppern Sie daran. Überlegen Sie, was Sie dafür ausgegeben haben und worauf Sie verzichten könnten. Überschlagen Sie die Beträge und addieren Sie sie. Sie werden erstaunt sein, welche Werte Sie investiert haben und wie viel davon Sie im Nachhinein als überflüssig empfinden. Und genau das hilft Ihnen weiter, schon heute ein Gespür dafür zu entwickeln, was Ihnen in einem Monat oder einem Jahr überflüssig erscheinen wird. Das ist eine der entscheidenden Fragen, die Sie sich für den Alltag einprägen sollten. Sie sollen Ihre Ausgaben so in den Griff bekommen, dass Sie keine Einbuße an Lebensqualität erleiden müssen, sondern dass Ihr Leben im Gegenteil noch bereichert wird. Wenn Sie erst einmal eine Abneigung gegen überflüssiges Zeug entwickelt haben, wird Sparen für Sie kein Thema mehr sein.

Miss MoneyMaker hat in ihre Geldbörse einen gelben Sticker geklebt, der sie daran erinnert, sich regelmäßig zu fragen, ob sie das, was sie gerade kaufen will, wirklich braucht oder möchte. Die wenigen verbliebenen Kreditkarten hat sie ebenfalls mit je einem Fragezeichen markiert, und zwar mit einem wasserfesten Filzschreiber.

Einkaufen mit Sinn und Verstand

Erinnern Sie sich daran, als Sie zum letzten Mal einen sehr teuren Alltagsgegenstand gekauft haben. Genauso kritisch und aufmerksam sollten Sie alle Dinge einkaufen! Ertasten und erspüren Sie die Gegenstände. Machen Sie sich Form und Farben bewusst. So trainieren Sie Ihre Sinne und bekommen ein Gespür dafür, was Sie wirklich haben wollen.

Denken Sie stets an Ihre Bedürfnisse und hüten Sie sich vor vermeintlichen Schnäppchen. Die Händler täuschen den Kunden gern vor, eine günstige Gelegenheit zu verpassen. So kaufen Sie sich im Schlussverkauf vielleicht doch noch das Designer-Shirt, das Ihnen gar nicht hundertprozentig gefällt. Der angebliche Grund dafür (abgesehen von dem Gefühl, endlich auch zu denen zu gehören, die wissen, was gut ist): Normalerweise hätten Sie dafür mehr als das Doppelte berappen müssen; aber so haben Sie ordentlich gespart. Und genau da liegt der Irrtum, denn Sie haben – gemessen an Ihrem wahren Bedürfnis – unnützes Geld ausgegeben. Vielleicht etwas weniger, als es Sie normalerweise gekostet hätte, aber immer noch zu viel. Neulich kaufte ich in der Bäckerei Mohnschnecken. Ich wollte eigentlich nur zwei zum Kaffee essen (Stückpreis: 0,75 Euro). Aber der Bäcker bot fünf Stück zum Preis von 2,75 Euro an, also zu einem Stückpreis von 55 Cent. Ich kaufte fünf Mohnschnecken. Mehr als zwei habe ich natürlich doch nicht geschafft. Am nächsten Morgen lagen die drei Schnäppchen-Schnecken hart und ungenießbar herum und mussten weggeworfen werden – genarrt statt gespart! Höchst ungern erinnere ich mich auch an den Badeanzug von LaPerla, einer exklusiven Unterwäschefirma, den ich einst kaufte. Er kostete nur noch 110 Euro statt 250 Euro: brillantes Schwarz, ein toller Schnitt, aber leider eine Nummer zu klein, sodass er zwischen den Beinen ein wenig kniff. Die Hoffnung, das Kneifen würde sich im Wasser geben, hat sich nie erfüllt. Nun liegt mein teures Designer-Schätzchen seit sieben Jahren in meiner Schrankschublade. Hätte ich für die 110

Euro damals einen Anteil an einem Aktienfonds erstanden, hätte ich heute immerhin 341 Euro zusammen. Jeder kennt diese Art der Schnäppchenfallen.

Sinnesschärfe als Antrieb

Wenn Sie Ihre Sinne finanziell geschärft haben, werden Sie auch Ihre Umwelt genauer wahrnehmen. Das kann dazu führen, dass Sie Dinge in Ihrem Leben verändern wollen. Der Antrieb dazu ist der Motor für neue Ziele. Vielleicht ergeht es Ihnen auch so:

Sie sitzen auf einer wunderschönen Urlaubsinsel und haben sich in ein Clubhotel der Mittelklasse (vier spanische Sterne) eingemietet. Alle Leistungen sind inklusive, einschließlich Frühstücks-, Mittags- und Abendbüfett und alle Arten von Getränken. Es ist Zeit für das Mittagessen. Aber der Spaß hat seine Grenzen: Sobald Sie den Speisesaal betreten, haben Sie den Eindruck, in einem Ameisenhaufen gelandet zu sein. Alle laufen kreuz und quer, und es scheint großes Chaos zu herrschen. Aber jeder weiß genau, wohin er will: Vorspeisentrog, Getränketrog, Hauptspeisentrog und Nachspeisentrog.

Es wird Ihnen schwindelig und auch ein wenig übel. Sie sehen, wie Ihr Vordermann auf seinem Teller den Bohnen-, Nudel- und Blattsalat mit Fischragout in roter Soße mischt, das Ganze garniert mit einer guten Portion Pommes und Ketchup. Oder Sie beobachten andere, wie sie in rasender Geschwindigkeit ihre Münder füllen und noch mal füllen und noch mal füllen, ohne auch nur einmal zwischendurch das Besteck abgelegt zu haben.

Sie spüren, dass die Sinnesbefriedigung der anderen eine Beleidigung Ihrer eigenen Sinne darstellt. Ein Paradoxon? Nein: der Antrieb, die Dinge zu verändern und den nächsten Urlaub in anderer Atmosphäre zu verbringen.

5. Steigern Sie Ihr Einkommen

Achten Sie darauf, dass Sie beruflich genau das machen, was Sie gut können. Tun Sie Ihre Arbeit gerne und geben Sie stets hundert Prozent. Das heißt nicht, dass Sie perfekt sein müssen, denn nur durch Fehler lernen Sie dazu. Am besten machen Sie Ihr Hobby zum Beruf. Betreiben Sie im Beruf aktives Selbst-Marketing! Positionieren Sie sich als Expertin und machen Sie sich unentbehrlich. Erledigen Sie die Dinge schnell. Glauben Sie daran, dass Sie mehr verdienen, als Sie tatsächlich bekommen. Fragen Sie nach Gehaltserhöhungen und warten Sie nicht, bis man Ihnen mehr bietet!

Falls Sie nicht berufstätig sind: Gehen Sie arbeiten und putzen Sie dafür nicht selbst. Sie sind deswegen keine schlechte Mutter oder Hausfrau. Erziehungswissenschaftler haben nachgewiesen, dass Kinder ihren eigenen Bereich brauchen. Also haben Sie kein schlechtes Gewissen, wenn Sie für halbe Tage Ihrem Kind bei einer Kinderfrau (idealerweise mit anderen Kindern) diesen Freiraum gönnen! Es rentiert sich in jedem Fall. Der Glaube, Haushaltshilfen seien ein Luxus, ist eine überkommene und völlig falsche Vorstellung, die in eine moderne arbeitsteilige Gesellschaft einfach nicht mehr passt. Wenn Sie Ihre Energien in die sehr anstrengende Hausarbeit stecken, werden Sie nicht mehr genügend Kraft für die Karriere haben. Also werden Sie auch nicht genügend verdienen. So einfach ist das!

6. Schulden und der richtige Umgang mit ihnen

Möglicherweise tauchen in Ihrer Ausgabenübersicht Kreditraten auf. Das wäre nichts Ungewöhnliches. Schulden gehören unter Umständen sogar zu einem vernünftigen Vermögensmanagement, jedenfalls die intelligenten wie etwa Schulden für einen Hausbau. Etwas anderes gilt für dumme Schulden, besonders für Konsumschulden. Das Gefährliche an ihnen ist, dass sie Ihren Selbstwert zerstören. Konsumschulden sind das Ergebnis der Fun-orientierten Gesellschaft, in der die Befriedigung von Bedürfnissen immer sofort erfolgen muss. «Jetzt Freude erleben» ist das Motto, ohne dass erkannt wird, dass mit dem schnellen Konsum nur kurzfristig durch die Werbung erzeugte Bedürfnisse befriedigt werden. Die wesentlichen Bedürfnisse des Einzelnen werden dabei übergangen, und die Fähigkeit, sie wahrzunehmen, schwindet.

Da Schulden deshalb eine gefährliche Wirkung auf Ihr Selbstbewusstsein haben können, müssen Sie sich sofort um sie kümmern. Gehen Sie dabei wie folgt vor:

Nehmen Sie die Tabelle zur Hand, in der Sie Ihre variablen Kosten und Einsparpotenziale notiert haben. Miss MoneyMakers Regeln zum Ausgaben-Check und ihre Einkaufsmaxime gelten für Sie in ganz besonderem Maße. Legen Sie einen maximalen Betrag fest, den Sie täglich, wöchentlich, monatlich ausgeben wollen, und halten Sie ihn eisern ein. Üben Sie Verzicht, das wird Ihr Lebensgefühl sofort verbessern. Nehmen Sie sich jeden Morgen Zeit und stimmen Sie sich darauf ein: Es geht jetzt um <u>jeden Euro</u>!

Machen Sie dann einen langfristigen Tilgungsplan: Wandeln Sie zunächst Ihren Dispositionskredit in einen normalen Konsumentenkredit um. Handeln Sie unbedingt niedrige Raten aus! Es darf nicht

Ihr Ehrgeiz sein, die Schulden möglichst schnell abzutragen. Stattdessen sollten Sie gleichzeitig mit dem Vermögensaufbau beginnen. Sie dürfen unter keinen Umständen Miss MoneyMakers Regel, zehn Prozent Ihres Einkommens Gewinn bringend anzulegen, mit dem Argument außer Kraft setzen, dass Sie erst Ihre Schulden zurückzahlen. Das dauert viel zu lange! Sie müssen sofort etwas für Ihr Selbstwertgefühl tun und sehen, wie Ihr Geld wächst. Daher: Verhandeln Sie hart und bieten Sie dem Kreditgeber maximal die Hälfte des Betrages, den Sie monatlich zur Rückzahlung der Kredite zur Verfügung hätten; die andere Hälfte sparen Sie! Das schafft überdies eine zusätzliche Sicherheit, mit der Sie Ihre Gläubiger im Notfall beruhigen können. Vermeiden Sie Mitleid und gehen Sie mit voller Kraft daran, Ihren Finanz- samt Tilgungsplan umzusetzen.

Einige Menschen rutschen so tief in die roten Zahlen, dass es ihnen beinahe unmöglich erscheint, je wieder ein Leben ohne Schulden zu führen. Etwa 2,8 Millionen Haushalte in Deutschland sind überschuldet. Aber selbst eine auf den ersten Blick aussichtslose finanzielle Lage ist noch längst kein Grund, den Kopf in den Sand zu stecken. Ist Ihre Lage tatsächlich hoffnungslos, kann es besser sein, nach dem seit 1999 geltenden Insolvenzrecht als Privatmensch in die Insolvenz zu gehen, statt jahrelang aus kleinem Einkommen Schulden abzuzahlen, denn meist bleiben die Grundschulden erhalten, und Sie zahlen nur die Zinsen. Wirklich hilfreiche Informationen zum Thema Schulden finden Sie in der Broschüre «Was mache ich mit meinen Schulden?», die Sie beim Bundesministerium für Frauen, Senioren, Familie und Jugend, Taubenstr. 42/43 in 10117 Berlin (oder über Internet www.bmfsfj.de) anfordern können. Lassen Sie sich in einer der insgesamt rund 1160 von den Kirchen, Gemeinden und Wohlfahrtsverbänden finanzierten Schuldnerberatungsstellen kostenlos beraten. Die Adressen sind beim Sozialamt bekannt. Sie finden sie auch in der vom BMFSFJ herausgegebenen Broschüre. Mit dem neuen Insolvenzrecht haben auch Privatleute eine gute Perspektive, nach sieben Jahren wieder schwarze Zahlen zu schreiben.

7. Vertrauen Sie sich!

Es ist wie bei einem Spaziergang in unwegsamem Gelände: Sie brauchen Trittsicherheit, damit Sie sicher zum Gipfel kommen. Für Ihre Wanderung zum Geldberg sind besonders Ihr Selbstwertgefühl und Selbstbewusstsein entscheidend. Ein richtig verstandener, gesunder Egoismus ist gut und richtig und sollte zur Pflichtübung werden, doch die meisten Frauen glauben nicht wirklich an sich selbst.

Die Hürden zum Gipfel

Frauen sind abhängig von der Anerkennung ihrer äußeren Erscheinung und bestimmter als weiblich geltenden Eigenschaften. Frauen müssen hübsch und lieb sein, müssen gehorchen, funktionieren und Männern ständig sagen, wie großartig sie doch sind, um Geld und Geschenke zu erhalten. Ein nach außen erkennbares Zeichen, dass ein Mann im Leben einer Frau präsent ist, ihren Wert zu schätzen weiß und für sie sorgt, ist teurer Schmuck – oder können Sie sich vorstellen, dass eine Frau bei Cartier allein und für sich selbst einen Diamantenring kauft? Frauen mögen es, dass auf diese Weise ihr Wert nach außen – insbesondere für andere Frauen – erkennbar wird. Es gibt einen einfachen Grund, dass dies für alle Frauen gilt, auch für Sie, liebe Leserin: Millionen Jahre lang war dies das Überlebensprogramm für die Frau. Sie musste auch mit Kind vom angeblich stärkeren Mann versorgt werden. Die Schmuckindustrie lebt von diesem evolutionshistorischen Mechanismus. Selbst erfolgreiche, im Leben stehende Frauen träumen in ihrem Innersten davon, ihren persönlichen Richard Gere zu treffen, der sie zur Pretty Woman macht und ihr einen Diamanten an den Finger steckt. Miss MoneyMaker denkt auch gar nicht daran, Diamanten von Verehrern abzulehnen, wenn diese darauf bestehen, ihr welche zu schenken, aber sie weiß, welches Programm da abläuft, und erkennt, dass der Klunker nicht ihren Selbstwert erhöht, sondern ihr Vermögen.

Viel wirksamer und verlässlicher für das eigene Selbstvertrauen ist die eigene finanzielle Vorsorge. Achtung: Bauen Sie Ihr Leben und Ihre Lebensziele niemals auf wackelige Fundamente! Oder, falls Sie es schon getan haben – wie fast alle von uns –, satteln Sie rechtzeitig um. Konzentrieren Sie sich auf Zielinhalte, die sie langfristig zufrieden machen können. Sonst fallen Sie auf das alte Frauenprogramm herein.

Frauen fallen oft in ein Loch, sobald die Falten tief und die Kinder groß sind. Kein Problem, wenn sie bei einem Fürsten untergeschlüpft sind, der ihnen über den damit einhergehenden Frust mit dem notwendigen Kleingeld hinweghilft. Aber welche Eigenschaften schätzen Frauen und Mädchen am meisten an sich, und welche Stärken machen in ihren Augen den eigenen Wert aus? In meinen Persönlichkeitsseminaren stelle ich Männern und Frauen die Frage nach ihren zehn bedeutendsten Stärken. Während Männer problemlos lange Listen erstellen, zum Rednerpult drängen und mit geschwellter Brust so intensiv von sich berichten, dass sie nur mit Nachdruck auf ihre Redezeit beschränkt werden können, werden selbst gestandene Managerinnen plötzlich unsicher im Auftreten und vage in ihren Formulierungen. Es ist nicht nur die Sorge um den Gestank des Eigenlobs, sondern ein viel tiefer verankertes Problem. Und vor allem: Fehlt die Fähigkeit, sich zu den eigenen Stärken zu bekennen, steigt die Gefahr, in emotionale und finanzielle Abhängigkeit zu geraten. Umgekehrt gilt dasselbe: Bin ich mir meiner Stärken nicht bewusst, misslingt die Zielformulierung (dazu im Einzelnen im Kapitel «Wie Sie Ihr Ziel ins Visier nehmen»).

Meine Erfahrungen sind auf breiter Basis belegbar: Die American Association of University Women führte 1990 eine Erhebung zum Selbstwertgefühl bei Mädchen durch. Nur halb so viele Mädchen wie

Jungen an High Schools äußerten sich überhaupt zu ihren besonderen Talenten. Von den Mädchen, die etwas an sich schätzten, gaben die meisten an, dies sei ihre äußere Erscheinung. Die Jungen hatten größere Träume als Mädchen, und sie glaubten eher daran, dass ihre Träume wahr werden könnten.

Wandeln Sie nicht auf falschen Pfaden

Viele ziehen ihr Selbstbewusstsein aus Leistungen, weil Selbstbewusstsein oft mit Leistungsbewusstsein gleichgesetzt wird. Aber die Leistungsbewusste macht ihren Wert von Leistung abhängig. Die Meinung anderer über ihre Leistung beeinflusst ihr Selbstwertgefühl. Wenn andere sie loben, hat sie ein starkes Ego. Tun sie es nicht, fällt das Ego in sich zusammen. Das ist kein echtes Selbstwertgefühl, sondern ein Leistungswertgefühl. Das Bewusstsein für das Selbst hat nichts mit anderen zu tun und ist davon losgelöst.

Miss MoneyMakers Tipp: Ihr Denken hat immer etwas mit Ihrem Selbstwertgefühl zu tun. In dem Augenblick, in dem Sie davon überzeugt sind, viel Geld zu besitzen, werden Sie es auch bekommen. Sie sind sich bewusst, dieses Geld besitzen zu dürfen (Selbstbewusstsein). Menschen mit einem zu geringen Selbstbewusstsein können sich aber nicht vorstellen, jemals reich zu werden. Sie arbeiten oft nur zu Tariflöhnen, übersehen die Botschaften des Lebens und verpassen eine gute Chance nach der anderen. Jedes Einkommen hängt unmittelbar mit Ihrem Selbstbewusstsein zusammen: Wenn Sie sich Ihrer Leistungen und Ihrer Fähigkeiten bewusst sind, sind Sie auch in der Lage, sich und den Wert Ihrer Leistungen bestmöglich zu

 verkaufen. Jeder Angestellte verkauft sich und seine Leistung als Produkt gegenüber dem Arbeitgeber. Jeder hat es also in der Hand zu entscheiden, ob er ein Markenprodukt ist oder eine Billigmarke. Deshalb gilt: Erkenne dich und deine Fähigkeiten. Die Anlagen dazu besitzen Sie: «Man kann niemanden jemals versklaven, der sich seiner selbst bewusst ist» (Sokrates).

Wie steht's um Ihren Selbstwert?

Ein gesundes Selbstwertgefühl drückt sich in Klarheit darüber aus, was Sie wollen und was Sie nicht wollen, was Ihnen gut tut und was Ihnen nicht gut tut. Was Ihnen gut tut, entspricht Ihrem Selbst und erhöht Ihr Selbstwertgefühl; was Ihnen nicht gut tut, schwächt Ihr Selbst und Ihr Selbstwertgefühl, weil es Ihrer Persönlichkeit nicht gerecht wird. Finden Sie über alles, was Sie in Ihrem Leben tun, heraus, ob es Ihren Selbstwert stärkt oder schwächt. Denken Sie über die folgenden Fragen nach:

Was fühle ich? _____

    Was würde ich gerne fühlen: _____

Was denke ich? _____

    Was würde ich gerne denken: _____

Was tue ich? _____

    Was würde ich gerne tun: _____

Was habe ich finanziell erreicht? _____

Was möchte ich gerne finanziell erreichen: _____

_____

Was habe ich in Menschen/der Familie/der Gesellschaft bewirkt?

_____

Was möchte ich gerne in Menschen/der Familie/der Gesellschaft bewirken: _____

_____

Welche Ziele habe ich bisher verfolgt? _____

_____

Welche Ziele möchte ich gerne verfolgen: _____

_____

Lesen Sie dazu unbedingt das Grundlagenwerk «Die sieben geistigen Gesetze des Erfolgs» von US-Guru Deepak Chopra.

Miss MoneyMakers kleine Rechnung: Ihr Selbstwertgefühl entspricht der Schnittmenge zwischen dem, was Sie gerne machen würden, und dem, was Sie tatsächlich tun. Ist beides zu hundert Prozent deckungsgleich, haben Sie ein ideales Selbstwertgefühl, das kaum zu verbessern ist.

Teil III
Die Familie der Finanzprodukte

1. Aktien, Optionen, Fonds und Konsorten

Miss MoneyMaker hat Ihnen nun beigebracht, den Fluss des Geldes anzuhalten und dafür zu sorgen, dass es Ihnen nicht durch die Finger rinnt. Denn nur wenn Sie Geld nicht permanent in Konsumartikel eintauschen, wird es frei für Investitionen, und Sie können es vermehren. Und natürlich gelingt es einfacher, Geld zu behalten, wenn Sie vor jeder Geldausgabe innehalten und sich fragen: Brauche ich diese Sache wirklich, ginge es auch anders, kaufe ich ein Gefühl, welche Konsequenzen hat der Kauf für mein Budget? Es ist viel leichter, das eigene Geld zu vermehren, wenn Sie ein konkret messbares Ziel damit verfolgen. Neben einem Anlageziel (dazu im Einzelnen später) kann es auch hilfreich sein, sich vorzustellen, was Sie mit dem Geld alles machen könnten.

Mit diesem Ziel vor Augen können Sie das Projekt Geldvermehrung angehen. Alle weiteren Grundvoraussetzungen bringen Sie schon mit, denn Sie haben gelernt, wie Sie die richtige Einstellung zu Geld entwickeln können, die Ihnen hilft, die notwendigen Mittel für Ihre wahren Bedürfnisse und die Investitionen in die Zukunft festzuhalten. Nun müssen Sie nur noch wissen, wie Sie vorgehen müssen, damit sich das festgehaltene Geld optimal vermehrt und zu einem beträchtlichen Sümmchen anwächst. Keine Angst: Sie müssen dafür nicht in ein Studium aller Anlageformen einsteigen – obwohl Sie das vielleicht sogar tun werden, wenn Sie einmal auf den Geschmack kommen. Es gibt unterschiedliche Formen, Geld anzulegen. Die Literatur dazu ist unüberschaubar. Zunächst kommt es für Sie nur darauf an, im ersten Schritt

› die wesentlichen Prinzipien der Geldvermehrung kennen zu lernen,

> einen Überblick über die Anlageformen zu gewinnen und
> die Kriterien einer vernünftigen Anlageentscheidung auf Ihren speziellen Fall anzuwenden, um die für Sie passende Anlageform herauszufinden.

Das erste Ziel Ihres Plans zur Geldvermehrung muss die Zufriedenheit sein, die Sie empfinden, wenn sich Ihr Geld vermehrt. Neben der Vermehrung von Geld und Reichtum geht es darum, dass Sie einen Lebensstil pflegen können, der Ihren Werten und Ihrer Persönlichkeit vollkommen entspricht. Erst die Möglichkeit, sich selbst zu leben, wird Ihr Leben reich machen. Auch wenn viele Finanzratgeber Ihnen vorrechnen, wie schnell Ihr Geld wachsen kann – seien Sie nicht gierig, sondern geduldig. Denken Sie an Ihre Sinne und Gefühle. Was viele Finanzberater raten, ist nicht unbedingt auch für Sie am besten geeignet. Das für Sie Beste können nur Sie bestimmen. Kombinieren Sie Miss MoneyMakers Grundwissen aus dem Bereich der Finanzwelt mit Ihrer mittlerweile trainierten Wahrnehmung der Welt und der Dinge. Miss MoneyMaker zeigt Ihnen, welches Wissen aus dem Finanzbereich Sie wirklich benötigen, und lädt Sie ein, Ihr schönstes und erfolgreichstes Projekt in Angriff zu nehmen: MoneyMaking!

Die Prinzipien der Geldvermehrung

Geld ist wie eine Pflanze: Sein Wachstum kann gefördert oder gebremst werden. Das Geheimnis des Geldwachstums liegt in der richtigen Mischung und Intensität der Einflüsse, denen man es aussetzt. Die entscheidenden Faktoren sind die Geldentwertung (Inflation), die Zeit der Anlage (Anlagedauer) und der Ertrag (Rendite). Diese drei Faktoren muss man in ihrer Beziehung zueinander berücksichtigen, wenn es um die Auswahl des richtigen Gewächshauses für Ihre Geldpflänzchen geht.

Inflation – das Problem, mit dem Sie rechnen müssen

Inflation bedeutet und hat zur Folge, dass Sie im Laufe der Zeit für alles immer mehr Geld ausgeben müssen, weil Geld immer weniger wert wird. Für Brötchen, die Sie als Kind noch für 5 Pfennig das Stück gekauft haben, bezahlen Sie heute 20 Cent (also mehr als 40 Pfennig). Der Preis eines Grundstücks kann sich in 20 Jahren verdoppeln. Die Finanzierung Ihres Lebens wird im Rentenalter mehr Geld verschlingen als heute. In 25 Jahren steht Ihnen zwar die Summe all Ihrer Sparbemühungen zur Verfügung; wenn Sie aber die über Jahre andauernde Inflation in Ihren Anlageüberlegungen nicht berücksichtigen, fehlt es Ihnen entsprechend an Geld, um Ihre Vorhaben zu verwirklichen. Auf lange Sicht wird Ihr Geld geradezu vernichtet. 500 000 Euro haben bei einer Inflationsrate von nur 2 % in 35 Jahren, gemessen an der heutigen Kaufkraft, nur noch einen Gegenwert von knapp 250 000 Euro. Wenn Sie bei der Geldanlage nicht aufpassen, sind Sie am Ende die Dumme!

Beispiel: Angenommen, Sie legen 5000 Euro sicher – wie Sie meinen – bei der Bank an. Ihre Bank zahlt Ihnen 2,5 % Zinsen jährlich. Die Inflation liegt aber statistisch gesehen bei einem langfristigen Durchschnitt von 3 %. Nach einem Jahr haben sie 125 Euro erhalten und 150 Euro Kaufkraft verloren. Effektiv besitzen Sie nur noch 4975 Euro. Wenn Sie dann noch auf Ihre Zinsen Steuern zahlen müssen, verschlechtert sich Ihr Ergebnis noch weiter. Angenommen, Sie zahlen auf Ihre Zinsen Steuern in Höhe von 30 %. Dann verringert sich Ihr Geldbestand noch einmal um 37,50 Euro (30 % von 125 Euro Zinsertrag). Ihnen bleiben 4937,50 Euro. Ein Verlust von 62,50 Euro in nur zwölf Monaten! Nach 15 Jahren addiert sich Ihr Verlust – trotz Zinsen! – auf fast 940 Euro; damit haben Sie bereits fast 1/5 des Ersparten verloren.

Wie können Sie dem Gespenst der Inflation das böse Spiel verderben, das es mit Ihrem Geld treibt? Als Anlegerin können Sie auf die Inflation keinen unmittelbaren Einfluss nehmen. Sie können nicht mehr tun, als Ihrem Anlageplan eine vernünftig prognostizierte Inflationsrate als Durchschnittswert zugrunde zu legen. Um den damit zusammenhängenden Wertverfall Ihres Geldes zu kompensieren, müssen Sie dafür sorgen, dass die Zinsen, die Sie für Ihr Geld bekommen, mindestens so hoch sind wie die voraussichtliche Inflationsrate. Fachleute bezeichnen den Zinssatz, der den Wertverlust kompensiert, als «kritischen Zinssatz».

Beispiel: Um den Verlust aus dem oben genannten Beispiel zu kompensieren, benötigen Sie einen Zins, der Ihnen zusätzlich zu den 2,5% Zinsen genau 62,50 Euro einbringt. Sie müssen also Ihr Geld um weitere 1,25% (62,50 Euro sind 1,25% von 5000 Euro) verzinsen. Statt der 2,5% beträgt Ihr kritischer Zinssatz somit 3,75%. Erzielen Sie mit Ihrer Wertanlage 3,75%, bleibt der Wert Ihrer Ersparnisse stabil. Von Geldvermehrung kann aber noch lange nicht gesprochen werden. Genau das müssen Sie sich klar machen, wenn Sie für Ihre Geldanlage eine lukrative Verzinsung finden wollen.

Der Zins ist auch deshalb ein entscheidender Einflussfaktor, weil er praktisch die Geschwindigkeit bestimmt, in der sich Ihr Geld vermehrt. Je mehr der Zinssatz, den Sie mit Ihrem Geld erwirtschaften, den kritischen Zinssatz (oder die Inflationsrate) übersteigt, desto höher ist am Ende Ihr Gewinn.

Rendite

Für alles, was wächst, schrumpft oder sich sonst wie bewegt, gibt es Maßeinheiten. Längen werden in Zentimeter gemessen, Temperaturen in Grad Celsius. Genauso verhält es sich mit dem Geld. Die Maßeinheit für die Wachstumsrate Ihres Vermögens ist die Rendite.

Sie wird in Prozent gemessen und bezieht sich in der Regel auf einen Zeitraum von einem Jahr (per annum oder p. a.). Sie alle kennen die Rendite, mit der Sie rechnen können, wenn Sie Ihr Geld auf einem Sparkonto parken: Der Sparzins p. a. dafür ist die jährliche Rendite dieser Geldanlage. Wie Sie jetzt wissen, kommt es darauf an, dass Sie am Ende Ihrer Sparanstrengungen nach Inflation und Steuern noch etwas mit Ihrem Geld verdient haben. Sie müssen also einen Mindestzins, den kritischen Zins, mit Ihrem Geld erzielen, damit Sie am Ende wirklich gewinnen. Diese Nettorendite (nach Steuern) ist für Sie relevant. Nur sie trägt zum Wachstum Ihres Vermögens bei. Wenn Sie mit Ihrem Sparplan einen bestimmten Betrag erzielen möchten, werden Sie mit einer höheren Rendite mit geringerem monatlichen Sparbetrag bald am Ziel sein. Der Einfluss der Rendite auf den Sparbetrag zeigt folgende Tabelle:

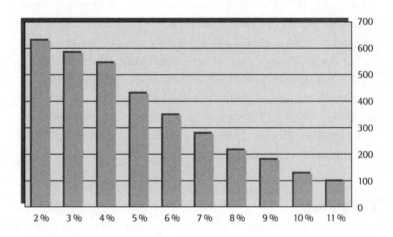

■ Monatlicher Anlagebetrag, der bei unterschiedlichen Rendite-Prozentsätzen nach 35 Jahren Anlagedauer zu einem angesparten Betrag von 500 000 Euro führt.

Um bei der Wahl Ihrer Geldanlage auf eine gute Verzinsung zielen zu können, müssen Sie sich von Ihrer Bank oder Ihrem Berater stets die Rendite eines Geldprodukts ausrechnen lassen. Lassen Sie sich nicht von Schlagworten verführen, die Ähnliches andeuten, aber nicht dasselbe sind, wie etwa Performance, Wertentwicklung oder Wertzuwachs. Passen Sie auf: Mit diesen Begriffen werden ahnungslose Kunden gezielt gelockt. So werden Sie bei Aktien- oder anderen Investmentfonds insbesondere mit den Zahlen zum «Wertzuwachs» oder dem «durchschnittlichen jährlichen Wertzuwachs» angelockt. Der Wertzuwachs ist nicht mit Rendite gleichzusetzen und liegt immer etwas höher, denn er bezieht sich immer auf eine historische Größe zu Beginn der Rechnung, wie etwa den Emissionspreis einer Aktie oder eines Fonds. Er schließt – abweichend zur Rendite – den Zinseszinseffekt mit ein.

Sie müssen nicht selbst ausrechnen, wie hoch die Rendite eines Fonds ist. Es genügt zu wissen, dass sich Wertzuwachs oder Performance ganz erheblich von der Rendite unterscheiden. Lassen Sie sich also stets nur die Rendite berechnen!

Zeit – der sicherste Dünger

Der für Sie wichtigste Faktor, der immer für Sie arbeitet, ist die Zeit, die Sie Ihrem Geld gönnen können. Je länger die Anlage Ihres Geldes dauert, desto stärker können Sie den Vorteil für sich nutzen, der wie Dünger für Ihr Geldwachstum wirkt: der Zinseszinseffekt. Der Zinseszinseffekt entfaltet umso stärker seine Wirkung, je früher Sie ihm die Chance dazu geben. Das folgende Beispiel zeigt, wie lohnend es sein kann, möglichst früh mit dem Sparen zu beginnen:

Eltern legen für ihr Kind von der Geburt an 20 Jahre lang monatlich 50 Euro zurück. Nach dieser Zeit spart das Kind selbst 100 Euro im Monat weiter. Mit 65 lässt sich das «Kind» das Ersparte auszahlen.

Betrachten Sie das Ergebnis bei unterschiedlichen Zinssätzen:

6%	ergeben	600 000 Euro
8%	ergeben	1 603 000 Euro
10%	ergeben	4 440 000 Euro
12%	ergeben	13 000 000 Euro
14%	ergeben	39 000 000 Euro

Aber selbst wenn Sie nicht von Geburt an gespart haben, lohnt sich der frühe Einstieg:

Angenommen, Sie haben mit dem 20. Lebensjahr begonnen, monatlich 250 Euro über 15 Jahre mit einer durchschnittlichen Verzinsung von 11% zu sparen. Mit 35 lassen Sie Ihr angesammeltes Vermögen einfach liegen.

Insgesamt zahlen Sie in Ihren Sparplan ein: 45 000 Euro
Ihr Vermögen (mit 65 Jahren) beträgt: 2,5 Mio. Euro

Jedes Jahr, das Sie für die Geldanlage verschenken, ist nur dadurch wieder aufzuholen, dass Sie sehr hohe monatliche Beträge aufwenden.

Wenn Sie bis zum 35. Lebensjahr gar nicht sparen, dann jedoch bis zum 65. Lebensjahr monatlich 500 Euro, stellt sich Ihre Vermögensanlage wie folgt dar:

Insgesamt zahlen Sie in Ihren Sparplan ein: 180 000 Euro
Ihr Vermögen (mit 65 Jahren) beträgt: 1,5 Mio. Euro

Je früher Sie also beginnen, Geld anzulegen, desto schneller haben Sie Ihre erste Million beisammen. Beginnen Sie spät, können Sie diesen Nachteil dadurch etwas ausgleichen, dass Sie Ihr Anfangskapital mit bereits Gespartem auffüllen.

2. Finanzprodukte im Überblick

Die Geldanlage ist betriebswirtschaftlich betrachtet wie die Geldausgabe eine Form der Geldverwendung (erinnern Sie sich an die Cashflow-Rechnung?). Der Unterschied: Wenn Sie Geld ausgeben, ist es weg; Sie erhalten Güter im Austausch. Anders bei der Geldanlage: Hier geben Sie Ihr Geld nicht endgültig aus der Hand, sondern nur vorübergehend. Sie verleihen es, damit jemand mit Ihrem Geld einen Mehrwert erzielt. Für die Erlaubnis, mit Ihrem Geld zu arbeiten, zahlt er Ihnen ein Entgelt, ähnlich wie Zinsen für ein Darlehen. Da Sie mit Ihrer Geldanlage die Vermehrung Ihres Geldes beabsichtigen, handelt es sich um eine Investition.

Geld- und Sachanlagen ♦ Je nachdem, ob Sie darauf vertrauen, dass Ihr Schuldner das Geld zurückzahlt (Geld gegen Geld), oder ob Sie – quasi zur Sicherheit – eine Sache im Gegenzug erhalten, kann man zwischen den beiden Anlageformen «Geldanlagen» und «Sachanlagen» unterscheiden. Sie kennen das klassische Beispiel für eine Geldanlage: die Einzahlung auf das Sparkonto der Bank. In der Terminologie des Finanzmarkts handelt es sich bei dieser Spareinlage um eine Geldanlage im Bereich des Bankengeldmarktes, denn Sie geben einer Bank Geld (Bankengeldmarkt) und erhalten Geld (Geldanlage) zurück. Erhalten Sie für Ihr Geld Sachgüter, die in der Regel im Wert steigen, handelt es sich um Sachanlagen. Zu den Sachanlagen gehört der Erwerb eines Hauses ebenso wie der Kauf von Antiquitäten oder Gold. Sehr beliebte Sachanlagen sind auch Aktien und andere Beteiligungen. Alle anderen Formen der Geldanlage sind nur Variationen der Geld- und Sachanlagen und von ihnen abgeleitet. Daher bezeichnet man diese dritte Gruppe auch als Derivate (lateinisch derivare = ableiten). Derivate – dazu gehören Termingeschäfte, Optionen und Optionsscheine – spielen für die Planung Ihrer Vermögenswerte zunächst keine Rolle. Sie werden hier nur der Vollständigkeit halber genannt.

Beteiligungen und Direktanlagen ◆ Die Banken nehmen Ihr Geld (Sparkonto!) und verleihen es an Unternehmen weiter. Die Unternehmen arbeiten mit dem Geld und schaffen damit einen Mehrwert. Dieser Mehrwert spiegelt sich in der Wertsteigerung der Anteile an dem Unternehmen wider. Daher kaufen die Banken sehr viele Anteile. Ein Grund, weshalb das Thema «Macht der Banken» immer wieder heiß diskutiert wird, ist der große Einfluss der Banken auf die Unternehmen aufgrund ihrer Beteiligungen. Statt es nun der Bank zu überlassen, Anteile an Unternehmen zu kaufen, können Sie das auch selbst tun und die damit verbundene Gewinnchance für sich nutzen. Sie können also Aktien an einer Gesellschaft erwerben. In diesem Fall überlassen Sie Ihr Geld ohne den Umweg über die Bank einem Unternehmen. Sie erhalten dann keinen Anspruch auf Rückzahlung des Geldes, sondern eine Beteiligung, also eine Sachanlage. Damit besitzen Sie quasi ein Stück vom gesamten Unternehmen. Sie sind also Miteigentümer, ähnlich wie bei einer Eigentumswohnung. Das Haus ist schließlich ebenso unteilbar wie das Unternehmen.

Sobald Sie jedoch wie bei einem Haus, Gold, Münzen oder Diamanten als Einzige und komplett für sich Eigentum erwerben, handelt es sich in der Finanzsprache – im Gegensatz zu einer Beteiligung – um eine Direktanlage.

Die dritte Gruppe neben den Direktanlagen bilden die Investmentfonds. Investmentfonds können sowohl Geldanlagen als auch Sachanlagen enthalten. Ein bekanntes Beispiel dafür sind Aktienfonds: Statt Aktien an einzelnen Aktiengesellschaften zu erwerben, können Sie auch Anteile an einem Pool (Fonds) von Aktien erwerben (Aktienfonds); das spart Ihnen die Mühe, die Aktien zu verwalten. Sie tragen außerdem ein geringeres Risiko (dazu später mehr). Hier ein zusammenfassender Überblick über alle Anlageformen:

	Geldanlagen	Sachanlagen	Derivate
Direktanlagen	Girokonten, Sparbücher, Tagesgeldkonto	Grundstücke, Gold, Münzen, Diamanten	z. B. Erwerb eines Containers (Schiffsladung) zu einem bestimmten Termin
Beteiligungen	Festverzinsliche Wertpapiere (Renten, Anleihen, Bonds)	Anteile an Unternehmen, insbesondere Aktien	Termingeschäfte, Optionen, Optionsscheine
Investmentfonds	Rentenfonds, Geldmarktfonds	Aktienfonds, Immobilienfonds	Optionsscheinfonds

Im Dschungel der Anlageformen

Die Finanzwelt ist erfinderisch, und der Dschungel der Finanzprodukte wird immer dichter. Die Kunst der effizienten Geldanlage liegt darin, diejenigen Anlageformen zu kennen, die den optimalen Mix von Rendite und Risiko bieten. Die Produkte sind außerdem nach der Dauer auszuwählen, auf die Sie Ihr Geld verleihen möchten.

Girokonten ♦ Neuerdings bieten die Banken auch für Girokonten Zinsen an. Bevor Sie sich locken lassen, achten Sie auf den Zinssatz: Der ist in der Regel erst dann hoch genug (wegen der Inflation sollte er mindestens 4% betragen), wenn Sie ein ordentliches Sümmchen auf dem Konto haben. Sonst liegt der Zinssatz niedriger, und Ihr Girokonto eignet sich weiterhin nur dazu, Ihre täglichen Geldgeschäfte zu verwalten (Gutschriften, Überweisungen, EC-Geldverkehr). Wenn Sie einen regelmäßigen Gehaltseingang auf Ihrem Konto verbuchen können oder immer ein bestimmtes Guthaben ohne Aufwand verfügbar haben möchten, offerieren Direktbanken meist die attraktiveren Zinsen. Die attraktivsten Konditionen dienen jedoch oft nur der schnellen Kundengewinnung und werden später nach unten angepasst. Wenn Sie sich ausschließlich wegen der günstigen Zinskonditionen für einen Bankwechsel entscheiden, sollten Sie daher den Zinssatz regelmäßig überprüfen. Achten Sie zudem auf eine monatliche Zinsgutschrift, um vom Zinseszins umfassend zu profitieren.

Miss MoneyMakers Tipp: Nutzen Sie das Girokonto nur für das Verwalten der bargeldlosen Geldtransaktionen des täglichen Lebens. Für das vorübergehende Parken von höheren Summen sind Girokonten nicht geeignet; dafür empfehlen sich Tagesgeldkonten oder Geldmarktfonds.

Sparbücher ♦ Fast alle Mädchen besitzen – teilweise von Geburt an – ein Sparbuch. Das ist kein Fehler, denn es dient dem guten Zweck, schon Kindern zu zeigen, dass Geld von allein wachsen kann. Und tatsächlich kommt es ja gerade auf den frühen Beginn des regelmäßigen Sparens an. Entscheidend ist aber, den richtigen Moment abzupassen, um sich anderen Anlageformen zuzuwenden, die gewinnbringender sind. Dieser Punkt liegt bei einer Summe von 500 Euro. Denn die Banken zahlen für Einlagen auf einem Sparkonto mit 1,5% p.a. oder 2% p.a. viel zu wenig. Dieser Zinssatz deckt noch nicht einmal die Inflationsrate. Die eingeschränkte Verfügbarkeit Ihres Geldes – 1500 Euro im Monat, egal wie hoch Ihr Kontostand ist – ist außerdem geradezu eine Zumutung und grenzt an Abzockerei! Auf die mit dem Sparbuch verbundene Sicherheit müssen Sie nicht verzichten, aber bitte zu einem höheren Entgelt (Zinssatz)! Schon ein paar Prozent mehr bringen beispielsweise für eine Summe von 5114 Euro innerhalb von fünf Jahren

Sparbuch zu 1,5%	5509 Euro
Tagesgeld zu 4,5%	6373 Euro
Festverzinsliches Wertpapier zu 6%	6843 Euro

Miss MoneyMakers Tipp: Sparbücher sind enorm günstig, aber nicht für Sie, sondern nur für die Banken. Hören Sie auf, Ihr Geld zu verschenken, sonst werden Sie nie genug davon haben! Nehmen Sie Ihr Geld vom Sparkonto, denn jeder Cent ist verloren, wenn er zu lange dort liegt. Legen Sie alle Beträge, die 500 Euro überschreiten, zu höheren Zinssätzen an. Auch wenn Sie nur Geld parken oder eine sichere Reserve haben wollen, mit der Sie jederzeit flüssig sind, bleiben Sparbücher die falsche Wahl. Es gibt bessere Möglichkeiten der Geldanlage, etwa Tagesgeldkonten oder Geldmarktfonds.

Tagesgeldkonten ♦ Tagesgeldkonten sind eine Mischform aus Sparbuch und Girokonto. Sie bieten bei kostenloser Kontoführung ebenso wie das Girokonto tägliche Verfügbarkeit, aber interessantere Zinsen. Überweisungen, Daueraufträge und Lastschriften können darüber jedoch nicht abgewickelt werden. Meist werden Tagesgeldkonten zu attraktiven Bedingungen von Direktbanken angeboten (siehe S. 189).

Termingeld oder Festgeld ♦ Diese Form der Wertanlage erfreut sich deshalb so großer Beliebtheit, weil sie eine sehr einfache Möglichkeit der Geldanlage ist. Sie überlassen Ihrer Bank einen festen Anlagebetrag. Üblich sind Zeiträume von einem, drei, sechs oder zwölf Monaten. Auch längere Bindungen sind im Einzelfall möglich. Sprechen Sie mit Ihrer Bank und fragen Sie gezielt nach. Ein Mindestanlagebetrag von 5000 Euro ist üblich.

Miss MoneyMakers Tipp: Wählen Sie eine Termingeld- oder Festgeldanlage, wenn Sie in Kürze die Umschichtung Ihrer Anlagegelder in ein anderes Produkt oder den Kauf einer Immobilie planen oder

 wenn Sie Geld parken möchten, weil Ihnen die Anlagemärkte vorübergehend zu unberechenbar sind. Vergessen Sie aber nicht die Kündigungsfristen! In der Regel müssen Sie den Vertrag zwei bis drei Tage vor der Ablaufzeit kündigen, sonst verlängert Ihre Bank die Termingelder automatisch. Für eine langfristige Geldanlage sind die Renditen der Fest- oder Termingeldanlage jedoch zu gering.

Festverzinsliche Wertpapiere ◆ Die verschiedenen Formen der festverzinslichen Wertpapiere («Festverzinsliche») unterscheiden sich kaum voneinander. Allen gemeinsam ist, dass Laufzeit und Zins von Ihnen als Anlegerin beim Kauf fest gewählt werden können. Das ermöglicht Ihnen die Kalkulation mit festen Zinseinkünften. Festverzinsliche Wertpapiere sind juristisch gesehen verbriefte Ansprüche auf die Rückzahlung eines Darlehens, das eine fest vereinbarte Laufzeit und Verzinsung (fest oder variabel) hat. Für festverzinsliche Wertpapiere gibt es in der Finanzsprache eine Reihe verschiedener Begriffe wie Renten, Anleihen, Bonds, Obligationen oder Schuldverschreibungen. Der Sachverhalt ist stets derselbe: Die öffentliche Hand (Staaten, Bundesländer oder Kommunen) oder Unternehmen im In- und Ausland benötigen Kapital. Sie suchen Kreditgeber, die ihnen gegen Zahlung von Zinsen ein Darlehen geben, das nach einer bestimmten Laufzeit zurückgezahlt wird.

Im Grunde handelt es sich also um einen Kreditvertrag, nur nicht mit einem einzelnen, sondern mit einer sehr großen Zahl von Kreditgebern (die Anleger). Daher weicht das Verfahren zum Vertragsschluss von dem für einen klassischen Kreditvertrag, wie Sie ihn etwa mit Ihrer Bank abschließen würden, ab. Der Kreditnehmer (z. B. ein Unternehmer) gibt (emittiert) Urkunden an den Kreditgeber (Anleger). Diese Urkunde (auch [Wert-]Papier genannt) verbrieft das, was der Kreditnehmer schuldet. Daher wird dieses Papier auch als Schuldverschreibung bezeichnet. Aus der Urkunde gehen neben dem Dar-

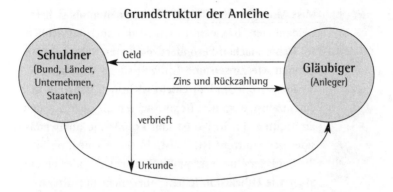

lehensbetrag (auch als Nennbetrag oder Nennwert bezeichnet) die Ausgabebedingungen (Emissionsbedingungen) oder Anleihebedingungen hervor, aus denen sich die Merkmale der Anlage (Zins, Tilgung usw.) ergeben. Der für das Darlehen zu zahlende Zins kann fest oder variabel sein. Er wird meist jährlich und nachträglich gezahlt. Anleihen haben feste Laufzeiten. Dabei sind kurzfristige (Laufzeit bis zu rund vier Jahren) und mittelfristige (Laufzeit bis rund 12 Jahren) üblich.

Die Rechte aus der Urkunde kann entweder eine namentlich auf der Urkunde genannte Person geltend machen, oder sie kann einfach auf den Inhaber ausgestellt sein. So wird das Wertpapier «fungibel», d.h. es kann leichter übertragen werden.

Nicht alle festverzinslichen Wertpapiere werden an der Börse gehandelt. Bundesschatzbriefe etwa bringen daher keine Chance zur Kurssteigerung, aber auch kein Kursrisiko mit sich. Der Markt, den festverzinsliche Wertpapiere bilden, nennt man Rentenmarkt. Festverzinsliche werden deshalb als Rentenpapiere bezeichnet, weil Sie im Voraus wissen, welchen Zins Sie bekommen.

Miss MoneyMakers Tipp: Anleihen gelten als sichere Geldanlagen. In vielen Fällen ist das auch tatsächlich so. Dabei machen besonders die festen Rahmenbedingungen wie Zinsen und Laufzeit sie zu einer zuverlässigen Größe und zu einem wichtigen Baustein in einem ausgewogenen Depot. Achten Sie aber auf den Emittenten: Ihr Risiko ist umso größer, je unzuverlässiger der Emittent ist. Es ist ein Unterschied, ob Sie Ihr Geld der Bundesrepublik Deutschland oder einem Staat wie Usbekistan leihen. Aber nicht nur die Zuverlässigkeit des Schuldners spielt eine Rolle, sondern auch die Währung oder die Tatsache, ob das Wertpapier an der Börse gehandelt wird und sein Preis schwankt. Für Anleihen, soweit sie zum Handel an der Börse zugelassen sind, existiert ein Börsenkurs, der sich während der Laufzeit verändern kann. Sie können auch während der Laufzeit gehandelt werden und werden dann mit der Restlaufzeit erworben. Kaufen Sie ein verzinsliches Wertpapier zwischen den Zinsterminen, zahlen Sie dem Verkäufer allerdings die ihm anteilig bereits zustehenden Zinsen (Stückzinsen), denn Sie erhalten beim nächsten Zinstermin auch den Ertrag für die gesamte zurückliegende Zinsperiode – einen so genannten «vollen Kupon».

Wertpapiere des Bundes ♦ Die Bundesrepublik Deutschland hat Schulden. Sie braucht also immer wieder Geld, daher nimmt Sie immer wieder neue Schulden auf (Neuverschuldung). Zu diesem Zweck stellt der Bund eine Vielzahl unterschiedlicher Wertpapiere aus, die Sie bei jeder Bank erwerben können. Interessant für Sie sind Bundesschatzbriefe, Finanzierungsschätze, Bundesobligationen und Bundesanleihen. Der entscheidende Vorteil einer Anleihe des Bundes: Die Bonität des Staates als Schuldner ist über jeden Zweifel erhaben.

Unter den Bundeswertpapieren sind Bundesschatzbriefe besonders beliebt. Sie sind für Sie unter Umständen eine interessante Anlageform. Mit dem Erwerb eines Bundesschatzbriefes haben Sie eine indirekte offene Forderung gegenüber der Bundesrepublik Deutschland. Der Grund für die Beliebtheit von Bundesschatzbriefen liegt darin, dass sie schon ab einem Betrag von 50 Euro angespart werden können und die bei anderen Anleihen übliche Kursschwankung entfällt. Sie können bei Bundesschatzbriefen zwischen zwei Formen wählen:

> Typ A hat eine Laufzeit von sechs Jahren, und der Anleger bekommt jährlich Zinsen.

> Typ B hat eine Laufzeit von sieben Jahren, und die Zinsen werden am Ende der Laufzeit ausgeschüttet. Typ B sollten Sie daher vor allem dann kaufen, wenn Sie Zinsgewinne in eine spätere Zeit verlagern wollen.

Bei Typ B erfolgt die Zinszahlung – im Gegensatz zu Typ A – also erst zum Ende der Laufzeit mit Beendigung des Vertrages. Typ B ist daher oft aus steuerlichen Gründen unvorteilhaft: Wegen des niedrigen Sparerfreibetrages fallen wegen der Zinsansammlung bei vorzeitiger Rückgabe oder Fälligkeit schnell steuerpflichtige Erträge an. Schon ab einem Nennwert von 10 000 Euro wird er zur Steuerfalle!

Die Zinsen der Bundesschatzbriefe sind zunächst niedrig, steigen dann aber Jahr für Jahr an (siehe Tabelle Seite 122).

Die aktuellen Zinsen für neue Bundesschatzbriefe erfahren Sie beim:
Informationsdienst für Bundeswertpapiere
Postfach 10 12 50
60012 Frankfurt am Main
Telefonansage: (0 69) 1 97 18
Faxabruf: (0 69) 2 57 02 00 10

Bundesschatzbriefe - Ausgabe ab 10.8.1999

Jahr	Zins in %	Rendite Typ A	Rendite Typ B
1	2,25	2,25	2,25
2	3,25	2,74	2,75
3	4,00	3,15	3,16
4	4,50	3,47	3,50
5	4,75	3,70	3,75
6	5,25	3,94	4,00
7	5,25	–	4,17

Bundesschatzbriefe werden nicht an der Börse gehandelt; man kann sie aber dennoch nach Ablauf eines Jahres, gerechnet ab Ausgabezeitpunkt, zurückgeben (bis zu einem Betrag von insgesamt 5000 Euro im Monat). Für den Kauf von Bundesschatzbriefen berechnet Ihre Hausbank keine Gebühren. Für die Verwaltung der Papiere fallen aber Depotgebühren an. Diese können Sie dadurch sparen, dass Sie die Papiere gleich bei Vertragsabschluss in das Bundesschuldenbuch der Bundesschuldenverwaltung (Adresse siehe unten) eintragen und dort verwalten lassen. Viele Kreditinstitute informieren ihre Kunden nur auf Anfrage über diese Aufbewahrungsmöglichkeit.

Bundesschuldenverwaltung
Postfach 12 45
61282 Bad Homburg v. d. H.
Tel. (0 61 72) 10 80
Automatischer Telefonservice: (0 61 72) 10 89 30
Fax (0 61 72) 10 84 50 - Internet: www.bsv.de

Verkaufen Sie die Bundesschatzbriefe vor Fälligkeit, dann fallen 0,5 Promille vom Nennwert als Gebühren an.

Neben Bundesschatzbriefen sind Finanzierungsschätze als Anlageform interessant. Finanzierungsschätze sind Schatzanweisungen des

Bundes. Sie haben eine Laufzeit von ein oder zwei Jahren. Der Verkaufspreis liegt dabei unter dem Rückzahlungskurs (Abzinsungspapiere). Die Zinsen ergeben sich aus dem Differenzbetrag von Aus- und Rückgabepreis. Die Rendite für Finanzierungsschätze beträgt im Moment drei Prozent.

Beispiel: Im Moment werden die Papiere mit 97,001 Prozent ausgegeben. Das heißt, wenn Sie 9701 Euro zahlen, bekommen Sie nach einem Jahr 10 000 Euro zurück.

Finanzierungsschätze werden monatlich neu aufgelegt und der Ausgabekurs laufend der aktuellen Zinslage angepasst. Sie werden nicht an der Börse gehandelt und können auch nicht vorzeitig zurückgegeben werden. Es gibt daher keinerlei Kursrisiken, aber auch keine Kurschancen.

Ankaufs- und Einlösegebühren dürfen von den Kreditinstituten nicht erhoben werden. Die Papiere werden jedoch wie alle anderen Wertpapiere im Wertpapierdepot aufbewahrt. Die Gebühren dafür können Sie sparen, wenn Sie die Finanzierungsschätze bei der Bundesschuldenverwaltung in Bad Homburg verwalten lassen (siehe oben).

Miss MoneyMakers Tipp: Wertpapiere des Bundes vermitteln das gute Gefühl, eine fast vollkommen sichere Anlageform gewählt zu haben. Insbesondere Bundesschatzbriefe (Typ A) eignen sich daher für eher risikoscheue Anlegerinnen, die eine sichere mittelfristige Anlageform (6 Jahre) benötigen. Für nicht ganz so große Angsthasen bieten andere Arten festverzinslicher Wertpapiere eine höhere Rendite. Für Anleger, die jetzt schon wissen, dass Sie das Geld vor Ablauf der Laufzeit zurückhaben möchten, sind Bundesschatzbriefe nicht zu empfehlen. Denn diese Anleger bekommen dann nur den geringen Zinssatz des ersten Jahres, im Moment also nur 2,25 Prozent.

Pfandbriefe ◆ Pfandbriefe sind festverzinsliche Wertpapiere, die von Hypothekenbanken ausgegeben werden. Diese Banken finanzieren mit dem eingenommenen Geld Hypothekendarlehen im Wohnungsbau. Grundstücke und Gebäude sind die Sicherheiten für die Rückzahlung dieser Kredite. Die Laufzeiten für Pfandbriefe betragen im Moment zwischen einem Jahr und zehn Jahren. Die Zinsen werden dabei jährlich gezahlt und liegen in der Regel 0,2 bis 0,5 Prozent höher als bei den Wertpapieren des Bundes. Im Moment liegen sie bei etwa 3,3 Prozent.

Miss MoneyMakers Tipp: Pfandbriefe sind relativ sichere Anlagen mit einer etwas besseren Rendite als die Wertpapiere des Bundes. Dieser Zinsvorteil kann aber vor allem bei kürzeren Laufzeiten schnell durch die zu zahlenden Gebühren verloren gehen. Kaufen Sie beispielsweise Papiere an der Börse, dann werden Ihnen in der Regel etwa 0,5 Prozent Provision berechnet. Bei einer einjährigen Laufzeit reduziert sich die Rendite dann auf 2,8 Prozent. Somit lohnen sich Pfandbriefe nur für sehr risikoscheue Anlegerinnen. Drei Hypothekenbanken bieten für hauseigene Pfandbriefe ein kostenloses Depot: Die DG Hyp (www.dghyp.de) verlangt keine Mindestsumme im Depot, bei der Berliner Hyp (www.berlinhyp.com) beträgt sie 500 Euro, bei der Depfa (www.depfa.com) 5000 Euro.

Andere verbreitete Formen festverzinslicher Wertpapiere ◆ Die Auswahl an anderen Formen festverzinslicher Wertpapiere ist sehr groß. Eines ist ihnen allen gemein: Am Ende der Laufzeit erhalten Sie den von Ihnen ursprünglich investierten Betrag zurück, vorausgesetzt, Ihr Schuldner (Emittent) ist solvent geblieben. Sie haben aber auch die Möglichkeit, Ihr Papier vor Ende der Laufzeit zu veräußern, und können es – genau wie die Aktie – an der Börse verkaufen. Den Auftrag zum Verkauf erteilen Sie Ihrer Bank. Die Höhe des Preises, den Sie erzielen können, hängt davon ab, wie hoch der aktuelle Marktzins zum Zeitpunkt des geplanten Verkaufs ist. Liegt der aktuelle Marktzins zu diesem Zeitpunkt unter dem Zinssatz, den Sie bei Kauf des Wertpapiers vereinbaren konnten, steigt der Preis Ihrer Anleihe. Der Käufer ist bereit, einen höheren Preis zu zahlen, da er mit Ihrer Anleihe – im Gegensatz zu den Anleihen, die aktuell auf den Markt kommen – einen höheren Zins erhält und damit eine höhere Rendite erwirtschaften kann. Denn die Verpflichtung zur Zahlung des ursprünglich zugesicherten Zinssatzes, den der Emittent des Wertpapiers bei Ausgabe Ihnen versprochen hat, gilt auch gegenüber dem Käufer. Diesen Vorteil verkaufen Sie mit Ihrem Wertpapier und können daher bei vorzeitigem Verkauf einen Gewinn erzielen, wenn die Zinsen am Markt gesunken sind. Steigen die Zinsen, nachdem Sie Ihre Anleihe erworben haben, sieht es jedoch genau umgekehrt aus: Um in diesem Fall einen Kaufinteressenten zu finden, der bereit ist, Ihre Anleihe zu erwerben, müssen Sie den Preis so weit senken, dass es für den potenziellen Käufer – trotz des niedrigen Zinssatzes – interessant ist, Ihr Papier zu erwerben. Da der niedrige Zinssatz, den Sie bei Kauf der Anleihe vereinbart haben, bis zum Ende der Laufzeit unverrückbar feststeht, können Sie nur den Verkaufspreis des Wertpapiers senken. Für Sie wird das Wertpapier dann verkäuflich, wenn Sie dem Interessenten wie folgt entgegenkommen: Angenommen, Ihre Anleihe (Nennbetrag 10 000 Euro bei einer Laufzeit von 10 Jahren) hat einen festgelegten Zinssatz von 6 %. Die Zinsen am Markt sind im zweiten Jahr gestiegen und betragen, sagen wir, 6,5 %. Da Ihre Anleihe noch eine Restlaufzeit von 9 Jahren hat, entstünde dem Käufer ein Nachteil von 0,5 %, wenn er sich dafür entscheidet, Ihnen Ihre Papiere abzukaufen. Bei einem hier angenommenen Nennbetrag von 10 000 Euro, gerechnet auf die verbleibenden 9 Jahre, wäre das ein Zinsverlust von 450 Euro (ohne Berücksichtigung des Zinseszinses). Um diesen Nachteil auszugleichen, müssen Sie dem Interessenten Ihr Papier demnach um 450 Euro billiger anbieten. Die Anleihe, für die Sie vor einem Jahr 10 000 Euro bezahlt haben, müssen Sie jetzt zu einem Preis von 9550 Euro anbieten, damit Sie einen Käufer finden. Entsprechend der Entwicklung des Marktzinses entwickelt sich also der Kurs Ihrer Anleihe, und zwar gegenläufig dazu.

Verschiedene Formen der «Festverzinslichen» im Überblick

Schuldverschreibungen der Banken werden bei einer einjährigen Laufzeit derzeit mit einem Zinssatz von bis zu 3,4 Prozent angeboten. Auch hier sollten Sie darauf achten, dass dieser gute Zinssatz nicht durch hohe Gebühren wieder angeknabbert wird. Verkauft die Bank Schuldverschreibungen, die sie selbst herausgegeben hat, können Sie oft die Gebühren sparen. Danach sollten Sie unbedingt fragen.

Unternehmensanleihen (auch Industrieanleihen genannt) gewinnen zunehmend an Bedeutung. Vor der Einführung des Euro als Währung zu Beginn des Jahres 1999 war der Markt für Unternehmensanleihen in den Mitgliedsstaaten der Europäischen Währungsunion von untergeordneter Bedeutung. Seitdem entfällt für Anleger das Wechselkursrisiko bei Anlagen im Euro-Raum, und Unternehmensanleihen sind nicht zuletzt wegen der deutlich über Marktniveau liegenden Zinsen schwer im Kommen. Je solventer das Schuldnerunternehmen ist, desto weniger groß ist die Abweichung vom Marktniveau. Denn ein erhöhtes Risiko führt zu einem höheren Risikoabschlag und damit zu höherem Zins. Zur Orientierung können Bewertungen von Rating-Agenturen hilfreich sein (weltweit bekannt sind beispielsweise die Agenturen Moody's oder Standard & Poors). Sie vergeben Noten für die Kreditwürdigkeit von Ländern und Unternehmen. Solche Benotungen werden in der Finanzwelt als Ratings bezeichnet. Länder und Unternehmen mit «guten Noten» müssen weniger Zinsen zahlen. Solche mit «schlechten Noten» müssen sich dagegen anstrengen und erhalten nur Geld von Anlegern, wenn sie das höhere Risiko mit einem höheren Zins kompensieren. Es handelt sich also um eine Art Risikoaufschlag. Erkundigen Sie sich bei Kauf einer Anleihe bei Ihrer Bankberaterin nach der jeweiligen Benotung des Emittenten desjenigen Wertpapiers, das Sie kaufen wollen. Im Laufe der Zeit kann sich Ihr Schuldner verbessern: Erhält er eine bessere Note, bedeutet das in der Sprache der Finanzwelt Uprating; eine Verschlechterung führt dagegen zu einem Downrating.

Hier eine Übersicht über die verschiedenen Ratings:

Rating	Schuldnerqualität
AAA	sehr gut
AA	gut
A	befriedigend
BBB	ausreichend
BB	schwach ausreichend
B	mangelhaft
CCC	ungenügend

In Anleihen von Unternehmen mit dem Rating BBB oder schlechter sollten Sie nicht investieren. Außerdem sollte das Papier an einer Börse gehandelt werden.

Festverzinsliche Papiere aus dem Euro-Gebiet (Euro-Papiere), beispielsweise aus Italien oder aus Spanien, werden im Moment mit ca. 3,2 Prozent verzinst. Da sind deutsche Pfandbriefe sogar noch günstiger. Außerdem zahlen Sie beim Kauf ausländischer Papiere in der Regel Gebühren. Für ein Jahr Anlagedauer ist das also keine Alternative, auch wenn Papiere aus dem Euro-Gebiet als relativ sicher gelten.

Bei festverzinslichen Wertpapieren aus Nicht-Euroländern sollten Sie ausgesprochen vorsichtig sein. In diesem Bereich gibt es Angebote mit zweistelligen Zinssätzen, beispielsweise aus Russland oder der Ukraine. Sie laufen jedoch Gefahr, bei solchen Anlagen alles zu verlieren. Denn grundsätzlich kann man sagen: Eine höhere Rendite geht immer zu Lasten der Sicherheit. Es wird Ihnen nichts geschenkt!

Aufpassen müssen Sie hier auf Folgendes: Läuft die Anlage nicht in Euro, sondern in der jeweiligen Landeswährung, zum Beispiel in russischen Rubel, dann schlägt der Wertverlust dieser Währung natürlich voll zu Buche. Verliert eine Landeswährung beispielsweise während der Laufzeit 30 Prozent ihres Wertes gegenüber dem Euro, dann verlieren Sie auch 30 Prozent Ihrer Anlage. Anleihen in Fremdwährung sind daher nur etwas für Spieler; verwenden Sie für diese Anlage nur Geld, auf das Sie im Notfall gut verzichten können.

Miss MoneyMakers Tipp: Die Gewissheit, gleich bleibende Zinseinkünfte zu einem genau festgelegten Zeitpunkt zu erhalten, haben festverzinsliche Wertpapiere bei vorsichtig agierenden Anlegerinnen beliebt gemacht. Gegenüber den festverzinslichen Wertpapieren des Bundes bieten Anleihen anderer Staaten oder Unternehmensanleihen eine viel höhere Rendite. Die Schuldner locken mit den hohen Zinsen, damit Sie als Investorin bereit sind, das entsprechend höhere Risiko einzugehen. Achten Sie hier unbedingt auf die Bonität des Schuldners! Es kann nämlich durchaus reizvoll wirken, gelegentlich kurz laufende Anleihen (bis zu 3 Jahren) von Schuldnern zu erwerben, deren Bonität nicht optimal ist. Länder wie Ekuador, Russland und die Ukraine gehören dazu. Wenn Sie aber Staatsanleihen von diesen Ländern kaufen, dann besteht das Risiko, dass Sie Ihr Geld am Ende

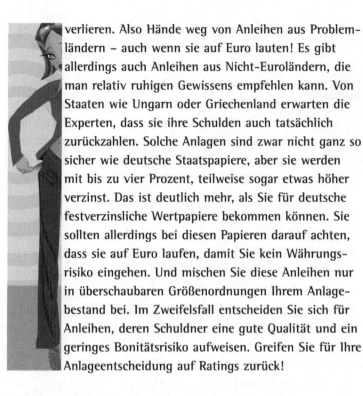

verlieren. Also Hände weg von Anleihen aus Problemländern – auch wenn sie auf Euro lauten! Es gibt allerdings auch Anleihen aus Nicht-Euroländern, die man relativ ruhigen Gewissens empfehlen kann. Von Staaten wie Ungarn oder Griechenland erwarten die Experten, dass sie ihre Schulden auch tatsächlich zurückzahlen. Solche Anlagen sind zwar nicht ganz so sicher wie deutsche Staatspapiere, aber sie werden mit bis zu vier Prozent, teilweise sogar etwas höher verzinst. Das ist deutlich mehr, als Sie für deutsche festverzinsliche Wertpapiere bekommen können. Sie sollten allerdings bei diesen Papieren darauf achten, dass sie auf Euro laufen, damit Sie kein Währungsrisiko eingehen. Und mischen Sie diese Anleihen nur in überschaubaren Größenordnungen Ihrem Anlagebestand bei. Im Zweifelsfall entscheiden Sie sich für Anleihen, deren Schuldner eine gute Qualität und ein geringes Bonitätsrisiko aufweisen. Greifen Sie für Ihre Anlageentscheidung auf Ratings zurück!

Nullkupon-Anleihen oder Zero-Bonds ♦ Bei Nullkupon-Anleihen oder Zero-Bonds handelt es sich um börsennotierte Anleihen, für die Sie keine – null – Zinsen erhalten. Stattdessen ermäßigt der Emittent den Preis für die Anleihe und Sie erhalten das Papier mit einem Abschlag. Dies spiegelt sich – soweit das Papier an der Börse gehandelt wird – in seinem Kurs wider, der weit unter dem Nennwert liegt. Da bei Fälligkeit der Nennwert voll zurückgezahlt wird, ergibt sich Ihr Ertrag aus der Differenz zwischen der Höhe des ursprünglichen Kaufpreises und dem Nennwert oder zwischen Kaufpreis und dem aktuellen Börsenkurs bei vorzeitigem Verkauf. Wie weit der Kurs unter dem Nennwert liegt, ist unter anderem abhängig von der Laufzeit der Anleihe und der Bonität des Schuldners.

Miss MoneyMakers Tipp: Zero-Bonds sind nur etwas für nervenstarke Typen. Bei ihnen müssen Sie mit stärkeren Kursschwankungen rechnen als bei herkömmlichen Anleihen, da im Kurs Zinsen und Zinseszinsen für die gesamte Laufzeit enthalten sind. Da Zero-Bonds häufig eine lange Laufzeit haben, reagieren sie überproportional stark auf Veränderungen am Kapitalmarkt. Ein Zero-Bond ist nur dann attraktiv, wenn die Marktzinsen fallen.

Achtung: Für alle Formen von Anleihen gilt: Sie werden gerne für einen längeren Zeitraum (5 bis 10 Jahre) gekauft. Daher ist ein zu niedriger Zins hier sehr schmerzhaft. Sie sollten unbedingt Ihren kritischen Zinssatz unter Berücksichtigung Ihres persönlichen Steuersatzes ausrechnen. Dazu legen Sie eine Inflationsrate zugrunde und dividieren diesen Wert durch Ihren Steuersatz, den Sie durch 100 teilen und von dem Wert 1 abziehen. Das sieht so aus:

$$\frac{\text{Inflationsrate (in Prozent)}}{1 - (\text{Steuersatz} : 100)}$$

Beispiel: Ausgehend von einer realistischen Inflationsrate von 3 Prozent und einem Steuersatz von 20 Prozent sieht Ihre Rechnung wie folgt aus:

$$\frac{3}{1-(20:100)} \rightarrow \frac{3}{1-0{,}20} \rightarrow \frac{3}{0{,}80} \rightarrow 3{,}75\,\%$$

Daraus folgt: Wenn Sie für Ihr Geld weniger als 3,75 Prozent Rendite (Zinsen, Dividende etc.) erhalten, verlieren Sie Stück für Stück Ihr Vermögen.

Generell gilt: Die Gefahr, sich mit der Anlage in Festverzinsliche arm zu sparen, ist groß. Insbesondere bei einem hohen individuellen Steuersatz ist die Rendite nach Steuern bei anderen, ebenfalls sicheren Formen der Geldanlage, wie etwa Aktienfonds, deutlich höher. Daher sollten Sie Ihr Geld in Anleihen und anderen Formen festverzinslicher Wertpapiere nur vorübergehend oder nur zu einem geringen Teil investieren.

Direkte Anlage in Sachwerte ◆ Die direkte Anlage in Sachwerte wird von Anlageberatern mit Hinweis auf die schlechte Rendite in der Regel nicht empfohlen. Dazu gehört auch die Warnung vor dem Hauskauf. Diesen Hinweisen sollte man aber nicht blindlings folgen. Es kommt darauf an, was Ihnen ganz persönlich wichtig ist, und diese Entscheidung können nur Sie selbst treffen. Die Anlage Ihres Geldes in Sachwerte ist nicht allein eine Frage von Inflation, Rendite und Anlagedauer. Wichtig ist, ob Sie die Lust verspüren, Ihre Sinne zu befriedigen oder Ihren Werten Raum zu geben. Der Bau oder Kauf eines Hauses zur Eigennutzung mag unter Renditegesichtspunkten problematisch sein. Sie erhalten jedoch einen Wert, der Ihnen emotional so wichtig sein kann, dass der Renditeverlust ein guter und nicht allzu hoher Preis dafür ist. Dasselbe gilt für den Kauf von Diamanten. Ein Diamant kann ein sehr wichtiges Symbol sein, das Sie sich mit Freude selbst schenken möchten. Sie sollten es tun, ohne sich von Renditegedanken beschränken zu lassen. Für Kunstfreunde kann etwa die Investition eines überschaubaren Betrages in Kunst ein Vergnügen sein. Allerdings sollten Sie nicht schon zu Beginn Ihres Vermögensaufbaus in Häuser, Kunstwerke oder Diamanten investieren, sondern erst zu einem späteren Zeitpunkt.

 Miss MoneyMakers Tipp: Bei der Investition in Sachwerte bilden rein wirtschaftliche Gesichtspunkte nur eine beschränkte Entscheidungshilfe, denn die direkten Sachanlagen bieten zwar den Vorteil des Werter-

 halts, sodass Sie auch bei sehr hoher Inflation davor geschützt sind, dass Ihr Vermögen schrumpft. Die Renditechancen sind aber sehr gering. Diese Form der Sachanlagen kann nicht dazu beitragen, dass sich Ihr Geld vermehrt. Eine allgemeine Regel sollten Sie aber immer beachten: Nicht früh, sondern billig zu kaufen, verschafft Ihnen finanzielle Vorteile. Investieren Sie also in junge Künstler mit einem sicheren Gefühl für deren Aufstieg, oder kaufen Sie Diamanten und Gold preiswert ein.

Aktien ◆ Immer attraktiv ist die Investition in Unternehmen. Schon lange bevor es Börsen gab, erkannten unternehmungslustige Händler die Möglichkeit, ihren Handel mit Hilfe Dritter zu erweitern. Sie brachten andere Menschen dazu, sich an ihren Unternehmungen zu beteiligen, um dadurch zu expandieren. Erste Projekte dieser Art waren der Bau von Handelsschiffen und die damit einhergehende erste «Globalisierung» wirtschaftlicher Aktivitäten. Um Investoren einen Anreiz dafür zu geben, ihnen ihr Geld zu überlassen, stellten die Händler den Geldgebern in Aussicht, sie an dem mit der Unternehmung erwirtschafteten Gewinn teilhaben zu lassen. Früher war eine solche Beteiligung sehr aufwendig: Man gab Geld, damit ein Schiff gebaut und Waren verschifft werden konnten. Das Handelsschiff machte sich auf in ferne Länder. Erst nach langem Warten auf die Rückkehr wurde die Geduld belohnt und der Erlös der Unternehmung unter den Investoren geteilt: Jeder bekam seinen Anteil genau im Verhältnis zu dem Betrag, den er zu Beginn eingebracht hatte. Heute geht das alles viel leichter: Unternehmungen sind heute nicht mehr ausschließlich auf den Handel ausgerichtet, sondern auch auf Produktion oder Dienstleistung. Sie sind auch nicht mehr auf einzelne Projekte beschränkt (jedenfalls nicht von vornherein) und oft in Form einer Kapitalgesellschaft organisiert. Kapitalgesellschaften besitzen ein bestimmtes Kapital, das in gleich große Teile (Anteile)

eingeteilt ist. Für Sie interessant sind nur Aktiengesellschaften, deren Anteile Sie jederzeit ohne großen Aufwand kaufen und verkaufen können. Daneben gibt es auch Gesellschaften mit beschränkter Haftung (GmbH). Eine GmbH ist aber nur in Ausnahmefällen für die Geldvermehrung von Vorteil, denn die Übertragung der Geschäftsanteile einer GmbH ist aufwendig, man braucht dafür einen notariellen Vertrag. Bei den Anteilen einer Aktiengesellschaft ist das anders. Sie können jederzeit durch einen Vertrag, der auch mündlich geschlossen werden kann, gekauft und verkauft werden. Die Anteile an einer Aktiengesellschaft heißen Aktien und stellen ein Stück wirtschaftliches Eigentum an einer Aktiengesellschaft dar. Wer viele Aktien hält, darf auch entsprechend mehr mitbestimmen. Dieses Eigentum ist ein Sachwert, daher wird der Kauf von Aktien als Sachanlage bezeichnet.

Was ist eine Aktie?

Aktien stellen ein Stück wirtschaftliches Eigentum an einer Aktiengesellschaft dar. Mit einer Aktie besitzen Sie einen Teil des gesamten Kapitals der Aktiengesellschaft (so genanntes Grundkapital). Wie groß Ihr Anteil am Grundkapital ist, hängt von der Anzahl der Aktien ab, die Sie halten, und vom Wert, den die einzelne Aktie repräsentiert. Früher war die Ausgabe von Aktienurkunden üblich, auf denen der Betrag stand (Nennbetrag), mit dem der Inhaber der Aktie am Kapital der Gesellschaft beteiligt war. Heute sind Aktienurkunden, Nennbetragsaktien und Inhaberaktien aus der Mode gekommen. Meist wird eine so genannte Sammelurkunde für den gesamten Aktienbestand einer Gesellschaft ausgestellt und bei einer Bank zentral hinterlegt. Wenn Sie Aktien kaufen, bekommen Sie also keine Urkunde (effektive Stücke) ausgehändigt, sondern Sie erwerben ein Stück Miteigentum an dieser Urkunde. Dieser Anspruch wird dann bei Ihrer Bank verbucht, und zwar in Ihrem Depot. Regelmäßig erhalten Sie eine Übersicht über Ihre Miteigentumsanteile, den Depotauszug (dazu im Einzelnen später mehr). Auch Nennbetragsaktien, also Aktien, die einen festen Betrag am Grundkapital repräsentieren, sind selten geworden. Der Wert einer Aktie bemisst sich heute meist rein rechnerisch, indem der Gesamtbetrag des Grundkapitals der Aktiengesellschaft durch die Anzahl der Aktien der Gesellschaft geteilt wird. Der rechnerische Anteil, also das Stück am Grundkapital dieser so genannten Stückaktien, ist häufig ein oder fünf Euro. Daneben unterscheidet man noch zwei Aktiengattungen: Stammaktien verbriefen die üblichen Rechte laut Aktiengesetz (AktG), vor allem das Stimmrecht. Vorzugsaktien dagegen verbriefen kein Stimmrecht, gewähren aber zum Ausgleich den Vorzug einer höheren Dividende. In der Kurstabelle sind Vorzugsaktien mit der Abkürzung «Vz» gekennzeichnet.

Die früher verbreitete Inhaberaktie ist weitgehend durch die so genannte Namensaktie verdrängt worden. Bei der Namensaktie lautet die Aktie auf den Namen jedes Aktionärs, der im Aktienbuch der Gesellschaft vermerkt ist. Die Gesellschaften bevorzugen Namensaktien deshalb, weil sie so die Daten ihrer Aktionäre kennen. Dies ermöglicht den Gesellschaften eine bessere Pflege der Beziehungen zu den Anlegern (Investor Relations).

Die mit einer Aktie verbundenen Rechte

Neben diesem Besitz vermittelt Ihnen die Aktie eine Reihe von Rechten als Aktionär. Dazu gehören Mitverwaltungsrechte, die Sie in der Hauptversammlung der Gesellschaft ausüben können. Als Aktionärin haben Sie das Recht zur Teilnahme an der Hauptversammlung sowie das Rede- und Fragerecht zu rechtlichen und geschäftlichen Angelegenheiten der Gesellschaft. Die Hauptversammlung ist rechtlich das oberste Organ der Gesellschaft und eine Versammlung der Anteilseigner. Die Hauptversammlung bestellt den Vorstand und stimmt ab, ist aber in die Leitung der Gesellschaft nicht eingebunden. Lediglich wesentliche Strukturentscheidungen für das Unternehmen trifft die Hauptversammlung. Sie tagt meist einmal im Jahr. Bei den meisten Aktionären, die sich auf den Weg zu einer Hauptversammlung machen, überwiegt die Freude am Ausschank das Interesse an der Auskunft – schließlich sind Kanapees, Keks und Kaffee (all) inclusive. Die Besuche von Hauptversammlungen sind insbesondere für Aktionäre im Rentenalter eine abwechslungsreiche Freizeitbeschäftigung. Die meisten Aktionäre sind an dem Besuch der Hauptversammlung aber nicht interessiert; für sie besteht die Möglichkeit, sich durch Freunde oder Bekannte (auch durch ihre Depotbank) vertreten zu lassen. Es kann auch sinnvoll sein, einer Interessenvereinigung wie der DSW oder der SdK die Stimmausübung zu übertragen. Noch nicht in die Praxis umgesetzt ist die Möglichkeit, direkt per Internet seine Stimme abzugeben.

Neben den Mitverwaltungsrechten steht Ihnen das <u>Dividendenrecht</u> zu: Für den Fall, dass das Unternehmen einen Gewinn erwirtschaftet, haben Sie Anspruch auf Auszahlung Ihres Anteils am Bilanzgewinn pro Aktie. Für die Anlageentscheidung ist die Dividende meist irrelevant; sie wird lediglich als «Bonbon» verstanden. Die entscheidende Rendite resultiert aus den langfristig steigenden Kursen der Aktie (Kursgewinn).

Schließlich haben Sie als Aktionärin ein <u>Bezugsrecht</u> auf neue Aktien in dem Fall, dass die Gesellschaft ihr Kapital erhöht und neue Aktien schafft, etwa durch Fremdfinanzierung von Banken (Kredite) oder Investoren. Das Grundkapital der Aktiengesellschaft, das in der Satzung der Gesellschaft festgelegt ist, kann durch Beschluss der Hauptversammlung aufgestockt werden. Ihnen als Altaktionärin steht in diesem Fall das gesetzliche Recht zu, im Verhältnis zu Ihrer Aktienbeteiligung neue Aktien zu erwerben. Sie erhalten von Ihrer depotführenden Bank eine Mitteilung, aus der hervorgeht, wie viele neue Aktien je alte Aktie Sie erhalten können. Daraus können Sie überdies den Bezugspreis und die Frist ersehen, in der Sie das Bezugsrecht ausüben können. Sie teilen der Bank dann mit, ob Sie

Ihr Bezugsrecht ausüben und die neuen Aktien erwerben wollen. Ein Formular liegt in der Regel bei. Sie können aber auch auf die Ausübung des Bezugsrechts verzichten. Bezugsrechte sind während der Bezugsfrist frei handelbar und entwickeln einen eigenen Börsenkurs. Wenn Sie Ihr Bezugsrecht nicht ausüben, verkauft Ihre depotführende Bank das Recht zu den besten Konditionen am letzten Handelstag. Anschließend erhalten Sie den Erlös. Wenn Sie besonders an Aktien Ihrer Gesellschaft interessiert sind, können Sie natürlich auch fremde Bezugsrechte kaufen, um darüber zusätzliche junge Aktien der Gesellschaft zu erwerben und Ihren Anteilsbesitz auszubauen.

Wann ist eine Aktie billig?

Lassen Sie sich nicht von Emissionspreis oder Aktienkurs täuschen. Für viele ist eine Aktie für 4 Euro billig und eine Aktie für 100 Euro teuer. Das ist ein Denkfehler! Schauen Sie nicht nur auf den reinen Preis. Er spiegelt nie den inneren Wert der Aktie wider. Um beurteilen zu können, ob eine Aktie wertvoll ist, muss man abschätzen, welchen Wert das Unternehmen hat. Ein guter Indikator für den inneren Wert einer Aktie ist das so genannte Kurs-Gewinn-Verhältnis (KGV). Dabei wird der Gewinn, den ein Unternehmen im Jahr macht oder zu erzielen beabsichtigt, durch die Anzahl der existierenden Aktien der Gesellschaft geteilt. Dieser Quotient indiziert die Bewertung des Unternehmens: Ein KGV von 12 bedeutet, dass Sie 12-mal den Gewinn pro Aktie bezahlen müssen, um eine Aktie der Gesellschaft zu erhalten. Ein Unternehmen ist für den Anleger günstig, also niedrig bewertet, je niedriger das KGV ist. Denn wenn der Gewinn pro Aktie beispielsweise nur acht beträgt, haben Sie als Anlegerin den Preis der Aktie durch Ihren projizierten Gewinnanteil (in Form von Gewinnausschüttungen oder Wertanstieg) – theoretisch – innerhalb eines Zeitraums von acht Jahren wieder eingefahren. Je kürzer also der Zeitraum, desto günstiger ist für Sie die Aktie.

 Miss MoneyMakers Tipp: Eine erfolgreiche Aktienanlage ist relativ aufwendig. Wenn Sie sich aber dennoch mit Aktien beschäftigen wollen, sollten Sie Ihre Wahl durch eine rationale Analyse absichern. Sonst ist das Risiko Ihrer Aktienanlage schwer abschätzbar. Den Aufwand, der damit verbunden ist, sollten Sie nur leisten, wenn es Ihnen wirklich Spaß macht, sich mit Aktien zu beschäftigen. Die Voraussetzungen dafür bringen Sie mit. Jeder normale Mensch, der seinen gesunden Verstand nutzt, kann günstige Aktien auswählen; dazu muss man kein Wallstreet-Experte sein. Sie sollten aber folgende Grundregeln immer beachten:

1. Investieren Sie nur mit eigenem Geld und niemals auf Kredit!
2. Legen Sie nur Geld in Aktien an, auf das Sie langfristig verzichten können. Rechnen Sie immer mit einer langfristigen Anlage ohne zeitliches Limit.
3. Setzen Sie nicht alles auf eine Karte, sondern investieren Sie in verschiedene Unternehmen. Kaufen Sie nicht zu viele unterschiedliche Papiere, denn Sie müssen den Überblick behalten: optimal sind maximal zehn verschiedene Unternehmen.
4. Kaufen Sie nicht unter Zeitdruck, sondern überschlafen Sie immer Ihre Entscheidung.
5. Kaufen Sie nie, ohne von dem Besonderen überzeugt zu sein, das das gewählte Unternehmen, in das Sie investieren wollen, zu bieten hat. Überprüfen Sie regelmäßig, ob die Gründe, die für Ihre Investition gesprochen haben, noch zutreffen.
6. Halten Sie einen Teil des Geldes, das Sie investieren möchten, zurück. Damit können Sie nachkaufen, falls der Kurs überraschenderweise doch sinken sollte.
7. Kaufen Sie zu günstigen Kursen, denn damit können Sie Gewinne erzielen. Verkaufen Sie zu hohen Kursen, aber warten Sie

nicht auf den höchsten Kurs, denn den abzupassen ist schwer und führt oft zu Verlusten. Legen Sie stattdessen vor dem Kauf fest, zu welchem Kurs Sie verkaufen wollen.

Achtung! Bequemer und mit weniger Risiko können Sie Ihr Geld anlegen, wenn Sie statt in Aktien in Aktienfonds investieren (siehe dazu weiter unten).

Neuemissionen (IPOs)

Wenn Sie bei Ihrer Bank nachfragen, welche Aktien man dort empfiehlt, werden Ihnen oft so genannte Neuemissionen genannt. Neuemissionen sind neue Aktien alter Unternehmen oder Aktien von Gesellschaften, die neu an die Börse kommen und erstmalig ihre Aktien öffentlich anbieten (englisch «Initial Public Offering» oder IPO). Prominente Beispiele eines IPO waren der Börsengang der Deutschen Post AG oder der Telekom-Tochter T-Online. Ein IPO erfolgt in mehreren Phasen. Für Sie als Anlegerin relevant ist die letzte Phase, die mit der Bekanntgabe der Preisspanne für die Aktie beginnt. Die Preisspanne wird in einem Verfahren ermittelt, in dem das Angebot an Aktien der Nachfrage, die professionelle Anleger bekunden, gegenübergestellt wird. Früher konnten sich diese institutionellen Anleger in Bücher eintragen, daher heißt dieses Verfahren auch heute noch Bookbuilding-Verfahren. Wenn Sie die Preisspanne kennen, können Sie im Rahmen der vorgegebenen Bedingungen über Ihre Bank Kaufaufträge für die neue Aktie abgeben. Aus der Summe der Angebote wird dann ein marktgerechter Preis – der Emissionspreis – festgelegt. Einen Tag vor der ersten Börsennotierung werden die Aktien denjenigen zugeteilt, die Kaufaufträge erteilt haben. Besonders Kleinanleger kommen dabei oft schlecht weg. Ausnahmsweise – wie bei dem Telekom-Börsengang im Jahr 2000 – werden Mindestmengen für Kleinanleger garantiert.

Miss MoneyMakers Tipp: Zunächst einmal gilt: Wer neue Aktien anbietet, braucht Geld, will die Eigenkapitalbasis stärken oder – bei Familienunternehmen ist dies oft der Fall – einfach Kasse machen. Ob sich eine Neuemission zu einem echten Renner entwickelt oder zu einem Flop, ist zunächst schwer absehbar. Investieren Sie nur, wenn Sie ein wirklich gutes Gefühl haben, weil Sie die Produkte der Gesellschaft überzeugen und wenn Sie nach dem Studium des Börsenprospekts davon überzeugt sind, ein wachstumsträchtiges Papier zu erwerben. Schauen Sie sich den Prospekt genau an. Meist hat das Unternehmen eine Vergangenheit, an der Sie sich orientieren können. Lesen Sie das Kapitel Geschäftstätigkeit und Strategie. Wie sind dort Produkt oder Dienstleistung und die Marktposition zu beurteilen? Nutzen Sie auch den Geschäftsbericht oder Pressemitteilungen als Informationsquellen. Verlassen Sie sich keinesfalls allein auf die Einschätzung Ihrer Bank! Es gab schon Fälle, in denen Banken ihre Kunden anriefen und ihnen junge Aktien quasi aufdrängten. Verfolgen Sie das Bookbuilding-Verfahren. Liegt der Emissionspreis am oberen Ende der Spanne, sollte der Börsenstart gelingen können. Wenn Sie bei der Zuteilung nicht zum Zuge gekommen sind und nachkaufen wollen, kann es klug sein, die ersten Verkäufe abzuwarten. Oft gehen die Kurse bald wieder herunter. Das kann dann die passende Gelegenheit sein, sich einzudecken.

Mischformen von Anleihen und Aktien

Wandelanleihen/Convertible Bonds
Wandelanleihen sind verzinsliche Wertpapiere, die von Aktiengesellschaften ausgegeben werden. Sie bieten über den Anspruch auf Verzinsung und Rückzahlung des eingesetzten Kapitals hinaus ein Umtauschrecht bzw. ein Recht zum Bezug von Aktien. Die Bedingungen für das Wandlungsrecht finden Sie in den Anleihebedingungen.

Die wichtigsten Eckpunkte sind
> Wandlungsfrist: die Zeit, in der Sie Ihren Anspruch auf Rückzahlung in den Anspruch auf Lieferung von Aktien umwandeln können;
> Wandlungsverhältnis: Verhältnis der eingetauschten Anleihen zu den bezogenen Aktien;
> Sperrfristen: Zeitfenster, in denen das Wandlungsrecht nicht ausgeübt werden kann;
> Wandlungspreis: Kurs, zu dem Sie Ihr Wandlungsrecht ausüben und Aktien beziehen können.

Nehmen Sie Ihr Wandlungsrecht wahr, sind Sie nicht mehr Geldgeberin, sondern Aktionärin, also Miteigentümerin des Unternehmens. Tauschen Sie Ihre Anleihe nicht gegen Aktien, haben Sie weiterhin ein verzinsliches Wertpapier mit in der Regel jährlichen Zinszahlungen und einer Rückzahlung zum Nennwert am Ende der Laufzeit. Aus diesem Grund nehmen Wandelanleihen eine Zwischenstellung zwischen Anleihe und Aktie ein. Dem Käufer einer Wandelanleihe steht es frei, ob er sein Wertpapier in Aktien umtauschen will. Wenn er von seinem Wandlungsrecht Gebrauch macht, geht die Wandelanleihe unter, und er besitzt dafür Aktien. Macht er von seinem Wandlungsrecht keinen Gebrauch, so erhält er bei Fälligkeit der Anleihe sein Kapital zurück. Wandelanleihen können an der Börse gehandelt und vor Fälligkeit zum aktuellen Kurs verkauft werden. Der Kurs der Wandelanleihe ist in der Zwischenzeit nicht nur von der

Zinsentwicklung, sondern auch von der Kursentwicklung der zugrunde liegenden Aktie abhängig. Liegt der Kurs der der Anleihe zugrunde liegenden Aktie deutlich unter dem Wandlungspreis, entwickelt sich die Anleihe wie vergleichbare Anleihen am Markt. Liegt der Aktienkurs dagegen über dem Wandlungspreis, folgt die Anleihe dem Kurs der Aktie.

Miss MoneyMakers Tipp: Der Vorteil von Wandelanleihen, nämlich die Option, bei guter Kursentwicklung der Aktien von diesem Wertzuwachs zu profitieren, kostet natürlich etwas. Wegen des Umtauschrechts liegt daher der Zins, mit dem Wandelanleihen ausgestattet sind, gewöhnlich unter den marktüblichen Sätzen für festverzinsliche Wertpapiere. Wandelanleihen bieten somit die Möglichkeit, an steigenden Aktienkursen teilzuhaben, ohne auf den Schutz gegen Kursrisiken zu verzichten. Bei einem Kursrückgang der Aktie fällt der Kurs der Anleihe nicht ins Uferlose, sondern wird sich dort einpendeln, wo sich vergleichbare Anleihen (mit ähnlicher Laufzeit und Zins) am Markt bewegen. Wandelanleihen sind daher für Sicherheitsorientierte interessant, die feste Erträge vorziehen und sich gleichzeitig die Vorteile steigender Aktienkurse sichern wollen. Achten Sie aber auf die Anleihebedingungen! Wandelanleihen sind sehr unterschiedlich ausgestattet, was die Auswahl erschwert.

Optionsanleihen und Optionsscheine (Warrants) ◆ Optionsanleihen sind wie normale verzinsliche Wertpapiere ausgestattet. Wie bei Wandelanleihen haben Sie als Anlegerin neben Zins- und Rückzahlungsanspruch das Recht, während einer bestimmten Optionsfrist eine festgelegte Anzahl von Aktien des Emittenten der Optionsanleihe zu einem vereinbarten Preis zu beziehen. Im Unterschied zu Wandelanleihen besteht aber das verzinsliche Wertpapier weiter, auch wenn Sie von Ihrem Wandlungsrecht Gebrauch machen. Das Wandlungsrecht wird bei der Optionsanleihe von der Anleihe getrennt, und neben den Zinsscheinen werden Optionsscheine oder Optionen (Warrants) mitgeliefert. Das sind eigenständige Wertpapiere, die separat an der Börse gehandelt werden. Mit einer Option erwerben Sie das Recht, nicht aber die Pflicht, eine Aktie zu einem bestimmten Termin (Verfallstag) zu einem bestimmten, bereits feststehenden Preis (Basispreis) zu erwerben. Eine solche Kaufoption nennt man auch Call. Das Gegenstück dazu, die Option, eine Aktie zu verkaufen, heißt Put. Die Option kostet sehr viel weniger als die zugrunde liegende Aktie. Sie wird ebenfalls täglich gehandelt, aber die Kursschwankungen sind – bezogen auf ihren eigenen Preis – um ein Vielfaches höher als bei der Aktie. An der Deutschen Terminbörse (DTB) werden Aktienoptionen in so genannten «Kontrakten» zu je 50 Stück gehandelt. Neben solchen Optionen an der Terminbörse werden auch Optionsscheine von Banken gehandelt. Sie haben gegenüber den Optionen an der Terminbörse den Vorteil, dass ihre Laufzeit nicht nur einige Monate beträgt, sondern ein bis fünf Jahre. Dafür sind sie im Vergleich zu DTB-Optionen teurer, denn mehr Zeit bedeutet auch immer mehr Geld.

Ausgehend von dem beschriebenen Grundkonzept hat sich der Optionsscheinmarkt ständig weiterentwickelt. Optionen können sich – je nach Ausgestaltung – nicht nur auf eine Aktie beziehen, sondern auch auf andere Gegenstände wie etwa eine Anleihe, einen Index, eine Währung oder einen Rohstoff. Diese Bezugsgrößen bilden die Basis der jeweiligen Option. Sie werden daher als Basiswerte bezeichnet. Es gibt auch Optionsscheine, die ursprünglich nicht an eine Optionsanleihe gebunden sind – die so genannten nackten Optionsscheine («Naked Warrants»); sie werden meist von Banken ausgegeben und nicht von Aktiengesellschaften.

Miss MoneyMakers Tipp: Optionsscheine sind Spekulationspapiere. Erfahrene Anleger kennen die Hebelwirkung bei Optionsscheinen und die damit verbundenen Gefahren und Chancen. Börsenneulinge stellen sich die Gewinnmöglichkeit häufig zu einfach vor. Weil eine Option einen «Zeitwert» hat, der mit Näherrücken des Verfallstermins abnimmt, verlieren Käufer von Optionen schon dann, wenn sich die zugrunde liegende Aktie weder aufwärts noch abwärts bewegt. Aus diesem Grunde enden im Durchschnitt rund 70% aller Optionen mit schwerem Verlust. Diese hochspekulativen Risikopapiere sollten nur bei erfahrenen Anlegerinnen und mit höchstens 5% des Anlagekapitals im Portfolio vorhanden sein. Aber auch erfahrene Anlegerinnen sollten sich für diese Anlageform nur dann entscheiden, wenn sie bereit sind, im schlimmsten Fall wie im Spielkasino sehr schnell den gesamten Einsatz zu verlieren. Informieren Sie sich sehr genau über die Vor- und Nachteile von Optionsscheinen sowie über die anfallenden Kosten, wenn Sie sich für diesen Anlagebereich interessieren. Die Bank wird von Ihnen die Termingeschäftsfähigkeit verlangen, d. h., Sie erhalten Broschüren und bestätigen dem Kreditinstitut schriftlich, dass Sie ausreichend informiert sind und genügend Erfahrung mit dieser Anlageform haben.

Genussscheine ◆ Unter dem Begriff Genussscheine sind am Markt eine Vielzahl von Papieren zu finden, die nicht nur von Aktiengesellschaften herausgegeben werden. Sie repräsentieren Vermögensrechte, die sehr unterschiedlich ausgestattet sein können. Im Gegensatz zur Aktie umfassen Genussscheine keine Mitverwaltungsrechte am Unternehmen, sodass Ihnen kein Recht zur Teilnahme an einer

Hauptversammlung oder ein Stimmrecht zusteht. Je nach Ausstattung ähnelt der Genussschein eher einer Anleihe (feste jährliche Ausschüttung/Grundverzinsung) oder der Aktie (Orientierung des Ertrags an der Gewinnentwicklung des Unternehmens). Genussscheine haben in der Regel keinen bestimmten Nennwert, aber eine feste Laufzeit. Sie werden überwiegend an der Börse gehandelt. Der Kurs von Genussscheinen bewegt sich in der Regel bis zur Hauptversammlung des Unternehmens nach oben, da sich die zu erwartenden Zinsen im Kurs widerspiegeln. Wie bei einer Dividendenausschüttung erhalten Inhaber von Genussscheinen die Zinsen nach der Hauptversammlung. Die Kurse der Genussscheine fallen daher am Tag der Ausschüttung.

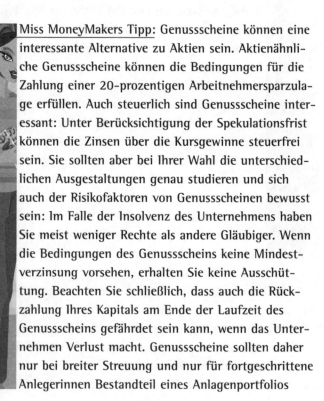

Miss MoneyMakers Tipp: Genussscheine können eine interessante Alternative zu Aktien sein. Aktienähnliche Genussscheine können die Bedingungen für die Zahlung einer 20-prozentigen Arbeitnehmersparzulage erfüllen. Auch steuerlich sind Genussscheine interessant: Unter Berücksichtigung der Spekulationsfrist können die Zinsen über die Kursgewinne steuerfrei sein. Sie sollten aber bei Ihrer Wahl die unterschiedlichen Ausgestaltungen genau studieren und sich auch der Risikofaktoren von Genussscheinen bewusst sein: Im Falle der Insolvenz des Unternehmens haben Sie meist weniger Rechte als andere Gläubiger. Wenn die Bedingungen des Genussscheins keine Mindestverzinsung vorsehen, erhalten Sie keine Ausschüttung. Beachten Sie schließlich, dass auch die Rückzahlung Ihres Kapitals am Ende der Laufzeit des Genussscheins gefährdet sein kann, wenn das Unternehmen Verlust macht. Genussscheine sollten daher nur bei breiter Streuung und nur für fortgeschrittene Anlegerinnen Bestandteil eines Anlagenportfolios sein. Sie müssen auch hier bereit sein, überdurchschnittlich viel Zeit in die Anlageentscheidung zu investieren.

Aktienanleihen/Reverse Convertible Bonds ◆ Bei Aktienanleihen handelt es sich um Papiere mit kurzen Laufzeiten (meist zwischen sechs Monaten und einem Jahr). Während dieser Zeit garantieren Aktienanleihen – wie Anleihen – einen festen Zinsanspruch, oft deutlich über 10 Prozent. Bei Ende der Laufzeit hat aber im Gegensatz zur Wandelanleihe der Emittent der Anleihe (nicht Sie als Anlegerin!) die Wahl, das Kapital an Sie zurückzuzahlen oder stattdessen eine von vornherein bestimmte Stückzahl von Aktien des Unternehmens zu übertragen.

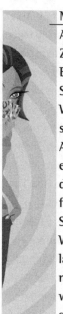Miss MoneyMakers Tipp: Vorsicht! Die Risiken einer Aktienanleihe scheinen angesichts oft zweistelliger Zinssätze minimal zu sein. Aber auch wenn der Begriff «Anleihe» Sicherheit suggeriert, ist höchste Sorgfalt geboten. Die Koppelung von verzinslichem Wertpapier mit der Möglichkeit für den Emittenten, statt der Rückzahlung des Anleihe-Nennbetrages Aktien an Sie zu liefern, macht die Aktienanleihe zu einer spekulativen Anlageform. Sinkt der Kurs der dem Geschäft zugrunde liegenden Aktien unter den festgelegten Preis, werden Sie Aktien erhalten, und Sie können nur noch auf steigende Kurse hoffen. Wegen des spekulativen Charakters der Aktienanleihe lassen sich viele Banken von den Anlegern die Termingeschäftsfähigkeit schriftlich bestätigen, ebenso wie es bei Geschäften mit Optionen und Optionsscheinen vorgeschrieben ist.

Investmentfonds – Von allem nur das Beste

Gehören Sie zu denjenigen, die die Notwendigkeit erkannt haben, ein ausgewogenes Wertpapierportfolio zu besitzen, aber weder Lust, Zeit oder Nerven haben, sich mit Aktien, festverzinslichen Wertpapieren oder Immobilien zu beschäftigen? Dann gibt es eine ideale Lösung: Investmentfonds. Sie versprechen einen langfristigen Gewinn bei geringem Risiko, und sie sind genauso spannend wie Aktien.

Warum Investmentfonds so erfolgreich sind

Investmentfonds (abgekürzt Fonds) bieten die Möglichkeit, mit geringem Aufwand einen bunten Strauß unterschiedlichster Wertpapiere zu kaufen. Diese Fonds sind deshalb so beliebt, weil Sie Ihre Anlagesumme ganz flexibel bestimmen können. Entweder Sie zahlen einen einmaligen Betrag ein, den Sie problemlos erhöhen oder reduzieren können, gerade so, wie Sie Geld zur Verfügung haben. Oder Sie können monatlich schon ab 50 Euro Sparverträge abschließen und so stetig ein Vermögen aufbauen. Sie können jederzeit das Segment wechseln, in das Sie investieren, und Ihr Geld in Fonds mit anderen Anlageschwerpunkten anlegen. Brauchen Sie Bares, können Sie Ihre Anteile verkaufen. Das Prinzip, nach dem ein Fonds funktioniert, ist einfach: Viele Anleger legen kleinere Beträge zusammen in einen Topf (Fonds). Dieser Topf wird von einem Management verwaltet (Fondsmanagement). Mit dem Geld aus diesem Topf erwirbt das Management nach dem Prinzip der Risikomischung verschiedene Vermögenswerte wie Aktien (Aktienfonds) oder Immobilien (Immobilienfonds). Was in dem einzelnen Fonds enthalten ist, hängt von der Zielrichtung, also der Anlagepolitik ab. Diese Anlagegrundsätze – und damit die für Sie als Anlegerin entstehenden Risiken – können stark variieren. Doch der Vorteil liegt auf der Hand: Statt mit dem Kauf einer Aktie oder eines anderen Vermögenswertes ein großes Risiko einzugehen, verteilt der Fondsbesitzer sein Risiko auf viele Aktien. So können Sie schon mit relativ geringen Beträgen Vorteile nutzen, die sonst nur Großanlegern zugute kommen. Daher können Aktienfonds langfristig nur gewinnen. Die Streuung des Fondsvermögens wird dadurch gewährleistet, dass Wertpapiere eines Emittenten nicht mehr als 5 Prozent, in Ausnahmefällen 10 Prozent des Fondsvermögens ausmachen dürfen. Mindestens 51 Prozent des Anlagevolumens müssen entsprechend dem Anlageschwerpunkt investiert werden. Die für Ihren Fonds geltende Anlagepolitik können Sie dem Verkaufsprospekt entnehmen, der Ihnen beim Fondsverkauf ausgehändigt werden muss. Ein weiterer Vorteil: Ihr Kapital bleibt jederzeit verfügbar, denn bis auf wenige Ausnahmen können Sie Fondsanteile täglich an- und verkaufen. So profitieren Sie von einer hohen Liquidität.

Fonds werden von Fondsgesellschaften gegründet. Die ersten Fondsgesellschaften gab es in der Schweiz und in England. Die größte Erfahrung aufgrund des gewaltigen Fondsvolumens haben allerdings mittlerweile Fondsgesellschaften in den USA. Zu den erfolgreichsten US-amerikanischen Gesellschaften zählen:
> Pioneer
> Templeton
> Mercury

Während in den USA selbständige Fondsgesellschaften das Rückgrat der Investment-Branche bilden, sind es in Deutschland die Investmenttöchter der Banken. Die älteste dieser Gesellschaften ist die Allgemeine Deutsche Investment Gesellschaft, kurz ADIG, die Ende 1949 von der Bayerischen Staatsbank, der Bayerischen Hypotheken- und Wechselbank, der Jüdischen Wiedergutmachungsbank und dem Bankhaus Seiler & Co. gegründet wurde (später stießen noch die Bayerische Vereinsbank, die Commerzbank und die Bank für Gemeinwirtschaft hinzu). Weitere Fondsgesellschaften in Deutschland sind:
> DIT Deutsche Investmenttrust Gesellschaft für Wertpapieranlage mbH – Dresdner Bank

> Union Investment Gesellschaft mbH – Privat- und Genossenschaftsbanken
> DWS Deutsche Gesellschaft für Wertpapiersparen mbH – Deutsche Bank
> Deka Immobilien Investment GmbH

Das Interesse der Banken in Deutschland, mit breit angelegten Werbekampagnen möglichst viele Anleger in ihre Fonds zu locken, ist nicht allzu groß. Schließlich würden sie damit das für sie weitaus einträglichere Geschäft mit den Spareinlagen gefährden.
Die Fondsgesellschaft legt einen Fonds auf, indem Sie ein Sondervermögen gründet. Damit es bei der Anlage eines Fonds mit rechten Dingen zugeht, müssen Fondsgesellschaften bestimmte Regeln einhalten. In Deutschland gilt beispielsweise das Gesetz über Kapitalanlagegesellschaften (KAGG); in den USA gilt der Investment Company Act. Das KAGG sieht bestimmte Vorgaben für die Zusammensetzung des Fonds vor. Die Fondsgesellschaften müssen Fondsanteile zu jedem Zeitpunkt zurücknehmen und in bar auszahlen; so bleiben Sie als Anlegerin jederzeit flüssig. Schließlich gelten Fondsgesellschaften offiziell als Kreditinstitute und unterliegen damit der Bankenaufsicht. Das ist gut für Sie, denn es verhindert, dass Ihr Vermögen im Insolvenzfall einfach verschwindet. Die Fondsgesellschaft hat überdies keinen direkten Zugriff auf das Fondsvermögen, denn es wird von einer durch die Bankenaufsicht genehmigten Depotbank auf einem Sperrkonto verwahrt. Die Depotbank ist es auch, die täglich den Wert der Fondsanteile berechnet, sodass Anleger vor geschönten Zahlen sicher sind. Seit das Auslandsinvestment-Gesetz in Deutschland gilt, müssen Fondsgesellschaften aus dem Ausland im Prinzip dieselben Anforderungen erfüllen, wenn sie ihren Fonds in Deutschland verkaufen wollen. Seit der EG-Harmonisierung, die eine Erleichterung für die Zulassung von Fonds im EG-Bereich brachte, ist die Zahl der Auslandsfonds von 23 im Jahre 1985 auf mittlerweile ca. 2700 gestie-

gen. Insgesamt werden über 6000 Fonds in Deutschland angeboten.

Die Fondsgesellschaft fasst nun die Gelder der Anleger zusammen und kauft Vermögenswerte, und zwar solche, die dem Anleger im Anlageprospekt, der die Anleger über diesen speziellen Fonds informieren soll, vorgestellt worden sind. Haben Sie sich zum Kauf eines Rentenfonds entschlossen, dürfen keine anderen Wertpapiere als Anleihen in diesem Fonds enthalten sein. Legt dieser Fonds in Euro an, so dürfen andere Währungen vom Fondsmanager nicht gekauft werden.

Was passiert nun, nachdem so ein Fonds aufgelegt worden ist? Stellen Sie sich vor, Sie erwerben eine Eigentumswohnung in einer Wohnanlage mit insgesamt sechs Wohnungen. Sie ist aber noch nicht gebaut. Ihnen gehört ein Sechstel des Grundstücks, auf dem die neue Wohnanlage entstehen wird. Aber erst muss das Fundament gelegt werden, auf dem die Wände hochgezogen werden. Es folgen das Dach und die Fenster, der Innenausbau mit Sanitär- und Heizungsanlagen. Von allem, was im Laufe des Jahres an Baumaterial angeliefert wird, gehört Ihnen ein Sechstel. Bei einem Fonds ist es ähnlich. Ihnen gehört ein Teil des Fondsvermögens, und mit dem Anwachsen des Fonds wächst auch Ihr Vermögen. Sie profitieren von der Kurssteigerung der einzelnen Werte, in die der Fonds investiert hat, und erhalten einmal im Jahr eine Ausschüttung, die Zinsen. Sie ergeben sich aus den Dividenden oder – sofern es sich um einen Rentenfonds handelt – aus den Zinszahlungen. Sie sollten von vornherein darauf achten, dass Ihr Fonds die Gewinne nicht ausschüttet, sondern sofort wieder anlegt (thesaurierende Fonds). Sie können auch Ihre Anteile auf einem Anlagekonto der Investmentgesellschaft statt bei einem Kreditinstitut deponieren, dort erfolgt die Wiederanlage von Ausschüttungen automatisch und kostenlos. Nur so können Sie den für Sie wichtigen Zinseszinseffekt nutzen und die Kosten einer Neuanlage sparen.

Das Fondsmanagement überwacht die Entwicklung des Fonds wie der Bauleiter den Bau eines Hauses. Sie müssen lediglich zu

Beginn den Grundriss Ihrer Anlage festlegen. Um Kleinigkeiten müssen Sie sich nicht mehr kümmern. Um im Bild zu bleiben: Sie entscheiden, ob Sie grundsätzlich mit Ihrer Wohnung zufrieden sind oder lieber in eine andere Wohnanlage investieren wollen.

Die wichtigsten Fondstypen

Es gibt unterschiedliche Arten von Fonds. Man unterscheidet sie danach, in welche Werte das Fondsmanagement investiert und wie sich das Fondsvermögen zusammensetzt. Zu den wichtigsten Fondsarten zählen:
> Aktienfonds
> Rentenfonds
> Immobilienfonds
> Mischfonds aus Aktien und Renten
> Geldmarktfonds (Termingelder oder kurzfristige Anleihen)
> Regionen- und Länder-Fonds
> Branchenfonds (z. B. Automobilaktien)
> Themenfonds (z. B. «ökologische Verträglichkeit»)
> Indexfonds (aus Aktien eines Aktienindexes, z. B. Dow Jones, DAX)
> Dachfonds (Fonds verschiedener Kapitalanlagegesellschaften).

Die drei Hauptgruppen sind Aktienfonds, Rentenfonds und offene Immobilienfonds.

Fondstyp	Anlageziel	Renditechance	Renditeschwankung
Aktienfonds	Geldvermehrung	groß	hoch
Rentenfonds	Vermögenserhalt	mittel	mittel
Offene Immobilienfonds	Vermögenserhalt	klein	gering

Aktienfonds

Der größte Vorteil von Aktienfonds: Sie kombinieren die Sicherheit, die ein Sachwert bietet, mit den hohen Renditechancen einer Geldanlage. Unabhängig, ob die Inflation künftig hoch oder niedrig ist: Sachwerte behalten ihren Wert. Bei hoher Inflation bieten sie die Gewähr dafür, dass Ihr Vermögen nicht schrumpft. Ist die Inflation künftig niedriger als erwartet, haben Sie trotzdem mit der Wahl eines renditestarken Aktienfonds im Vergleich zur Sachwertanlage Immobilie die bessere Entscheidung getroffen. Bei einer Geldanlage in offene Immobilienfonds ist Ihr Geld zwar auch in Sachwerte investiert und jederzeit verfügbar, doch die Rendite ist im Vergleich zu den Chancen mit Aktienfonds mager. Zwischen dem 31. Juli 1979 und dem 31. Juli 1999 haben sich Aktienfonds durchschnittlich pro Jahr wie folgt aufwärts entwickelt:

> Aktienfonds Deutschland   12,29 %
> Aktienfonds Europa   11,75 %
> Aktienfonds Nordamerika   13,42 %
> Aktienfonds weltweit   12,45 %

In den Jahren zwischen 1995 und 2000 erzielten offene Immobilienfonds dagegen lediglich Renditen zwischen drei und sechs Prozent jährlich. Und bei einer Geldanlage in einzelne Immobilien ist Ihr Geld zunächst fest gebunden. Aktienfonds stellen also unter allen Sach- bzw. Substanzwerten ein kaum zu übertreffendes und einzigartiges Mischprodukt dar.

Miss MoneyMakers Tipp: Investieren Sie in Aktienfonds und tun Sie das möglichst bald; dann kommt Ihnen der Zinseszinseffekt zugute. Aktienfondssparen ist der effektivste Weg der Geldvermehrung. Kalkulieren Sie in einen Aktienfondssparplan aber stets das einzig verbleibende Risiko eines Aktienfonds ein: Es

 kann jederzeit im letzten Jahr einer eventuellen Laufzeit zu einem Kursverlust kommen, sodass es nachteilig für Sie sein kann, die Fondsanteile zum Laufzeitende Ihres Sparplans zu verkaufen. Also sollten Sie nicht auf einen festen Zeitpunkt sparen, sondern einen Zeitpuffer zur Sicherheit einkalkulieren. Er sollte bei einer Anlagedauer von zehn Jahren bis zu fünf Jahre betragen; bei einem auf mindestens 30 Jahre angelegten Fondssparplan genügen dagegen schon zwei Jahre. Sie können das Risiko, bei einem Aktienfondssparplan mit einem schlechteren als dem erwarteten Ergebnis abzuschneiden, durch eine langfristige Anlagedauer zusätzlich minimieren.

Aktienfonds gibt es mit unterschiedlichen Anlageschwerpunkten. Hier die wichtigsten Kategorien von Aktienfonds:

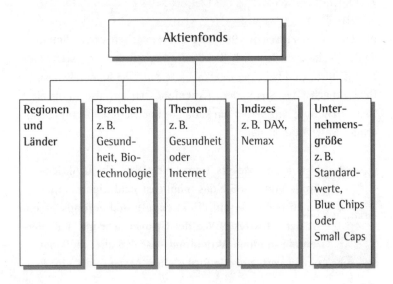

Aktienfonds				
Regionen und Länder	Branchen z. B. Gesundheit, Biotechnologie	Themen z. B. Gesundheit oder Internet	Indizes z. B. DAX, Nemax	Unternehmensgröße z. B. Standardwerte, Blue Chips oder Small Caps

Regionen- und Länderfonds ◆ Wie der Name schon sagt, legen diese Fonds ihr Vermögen in bestimmten Regionen und Ländern an. Die Anteile dieser Fonds unterliegen naturgemäß größeren Schwankungen als Fonds, die weltweit Anteile kaufen. Zu den Kursrisiken kommt ein nicht zu unterschätzendes Wechselkursrisiko. Für Länderfonds gelten die Risiken in noch stärkerem Maße. Bei den Regionen stehen Ihnen folgende Schwerpunkte zur Verfügung:
> Nordamerika (USA und Kanada)
> Westeuropa
> Osteuropa
> Lateinamerika
> Südostasien
> Australien
> Afrika

Miss MoneyMakers Tipp: Die Gewinnchancen in diesen Spezialfonds sind groß; ebenso groß ist aber auch das mit ihnen verbundene Risiko. Regionenfonds sind daher etwas für Fortgeschrittene, vor allem für solche, die sich mit der wirtschaftlichen Entwicklung einer Region oder eines Landes besonders gut auskennen oder die Zeit haben, die Entwicklungen genau zu verfolgen. Fondsanteile dieser Art sind pflegebedürftig. Der Erfolg dieser Anlage hängt entscheidend vom richtigen Zeitpunkt der Investition ab. Regionen- und Länderfonds können aber für risikofreudige Anlegerinnen ein wichtiger Baustein innerhalb eines vernünftig strukturierten Fondsdepots sein. Länderfonds eignen sich dagegen nur für sehr hartgesottene Spekulantinnen. Dasselbe gilt für Schwellenländerfonds; sie bieten ein sehr hohes Renditepotenzial, vor allem nach Börsencrashs oder beim Übergang eines Landes vom Schwellenland zur Industrienation.

Regionen- und (Schwellen-)Länderfonds bieten nur dann eine ausreichende Sicherheit, wenn Sie Ihre Anteile mehr als zehn Jahre lang halten können.

Branchen- und Themenfonds ◆ Sie können Fonds auch ausschließlich aus einer Branche kaufen, etwa Automobilwerte oder solche aus den Bereichen Stahl, Medien, Pharma/Gesundheit, Chemie. Branchenfonds haben in der Vergangenheit eine Berg-und-Tal-Fahrt ihrer Wertentwicklung erlebt. Trotz dieser Unberechenbarkeiten setzt die Investmentbranche seit einigen Jahren verstärkt auf diesen Fondstyp – und das mit Recht. Denn zukünftig wird der Sitz eines Unternehmens gegenüber der Frage, mit welchem Produkt oder welcher Dienstleistung es am Markt antritt, an Bedeutung verlieren. Mittlerweile werden neben Rohstoff- und Technologiefonds Fonds aus den Bereichen Gesundheit, Pharma oder Biomedizin ebenso angeboten wie Fonds, die sich auf den Freizeitsektor spezialisiert haben. Es gibt Neue-Märkte-Fonds, die sich auf junge, vorwiegend in Wachstumsmärkten wie dem Internet tätige Existenzgründer spezialisiert haben, deren Unternehmen am Neuen Markt der Frankfurter Börse oder an der Nasdaq in New York gelistet sind. Interessant sind Fonds, die das Einfangen von Megatrends zum Thema haben. Die Deutsche-Bank-Tochter DWS legte Anfang 1997 den «Top 50 Welt» auf, der international in diejenigen Unternehmen investiert, die mit den Herausforderungen des globalen Wandels am besten zurechtkommen und nach Ansicht des Fondsmanagements von den fünf Megatrends profitieren: weltweites Bevölkerungswachstum, steigende Lebenserwartung in den Industrieländern, steigende Energiepreise, rasante Verbreitung der Informationstechnologie und wachsendes Marktbewusstsein.

 Miss MoneyMakers Tipp: Wenn Sie Ihre Anlagestrategie darauf ausrichten, Ihr Geld angemessen stark und schnell zu vermehren, kommen Sie um Branchen-

und Themenfonds nicht herum. Sie benötigen dafür aber etwas stärkere Nerven, da diese Anteile in der Regel stärker schwanken als herkömmliche Aktienfonds. Branchen- und Themenfonds können die eine oder andere Durststrecke durchlaufen (die Erfahrungen des Neuen Marktes und der Nasdaq im Herbst 2000 haben dies deutlich gemacht). Verzichten Sie auf die Anlage in Fonds, die sich bei ihren Investitionen von ethischen oder moralischen Gesichtspunkten leiten lassen. Es lässt sich beispielsweise nur ganz schwer einschätzen, wie ökologisch verträglich das Geschäftsgebaren eines Unternehmens wirklich ist; leider gibt es sehr negative Beispiele in der Vergangenheit. In Deutschland existieren derzeit keine Fonds, die ihre Anlageentscheidung nach ethischen Gesichtspunkten treffen; eine Zulassung durch die Bankenaufsicht haben solche Fonds bisher nicht erhalten, weil die Gefahr des Missbrauchs zu groß ist. Allerdings gibt es Fonds, die sich auf Bereiche wie Umwelttechnik spezialisieren. Damit gehören sie zu der Gruppe der Branchenfonds. Eine Anlage in solche Fonds kann sinnvoll sein, wenn Sie von der Anlagestrategie überzeugt sind und das gute Gefühl, bestimmte Wirtschaftsbereiche zu fördern, im Vergleich zu Ihren Renditeerwägungen überwiegt.

Indexfonds ♦ Ein Index ist ein Stimmungsbarometer für den Aktienmarkt. Jeder Index fasst Wertpapiere bestimmter Unternehmen zusammen, die regelmäßig festgelegt werden. Indexfonds bestehen nur aus Aktien, die auch im jeweiligen Index enthalten sind. Die folgenden Indizes sollten Sie kennen:

Deutschland
DAX | Deutscher Aktienindex – umfasst die größten deutschen Unternehmen
MDAX | ausgewählte mittelgroße Unternehmen
SMAX | ausgewählte kleine Werte
NEMAX | Unternehmen des Neuen Marktes

USA
Dow Jones | Dow Jones Industrial Average Index – die 30 umsatzstärksten Aktien der New Yorker Börse
Nasdaq | Werte der Technologiebörse
S & P 500 Index | Standard & Poor's 500 – Index der größten US-amerikanischen Werte

Großbritannien
FTSE 100 | Index der größten britischen Werte

Frankreich
CAC 40 | Index der größten französischen Werte
Marché Nouveau | Index der Technologiebörse in Paris

Europa
Eurostoxx | Index der größten europäischen Werte
Stoxx 50-Index | Amerikanischer Index der größten europäischen Werte

Japan
Nikkei 300 | Index der größten japanischen Werte

Miss MoneyMakers Tipp: Ein Indexfonds ist nur eingeschränkt zu empfehlen. Der Fondsmanager ist gesetzlich gehalten, breit anzulegen, und wird daher zwangsläufig Aktien von Unternehmen halten müssen, die einem Aufwärtstrend nicht folgen (sog. Underperformer). Nach einem Kursrutsch können Indexfonds dagegen attraktiv sein, denn der zu erwartende Aufwärtstrend wird aller Erfahrung nach in diesem Fall breit sein und viele Unternehmen mitziehen. Umgekehrt sind Indexfonds bei einem Kursrutsch besonders gefährdet. Achtung! Sie sollten darauf achten, dass Ihr Index die Dividendenzahlung berücksichtigt, sodass der Vergleich mit anderen Anlagen möglich wird (so genannter Performance-Index; z. B. DAX).

Deutsche und Internationale Aktienfonds ◆ Deutsche Aktienfonds investieren ihr Vermögen in erstklassige deutsche Qualitätsaktien, also in Aktien großer deutscher Gesellschaften (Standardwerte oder «Blue Chips»), während internationale Aktienfonds ihr Vermögen – der Name verrät es – international breit in Blue Chips streuen. Der Vorteil: Manager internationaler Fonds können die Konjunktur und Kursschwankungen in verschiedenen Ländern ausgleichen.

Miss MoneyMakers Tipp: Internationale Aktienfonds sollten den Kern Ihres Anlageportfolios bilden. Wenn Sie hier streuen und mehrere Fonds über einen Zeitraum von zehn Jahren halten, werden Sie aller Voraussicht nach durchschnittlich mindestens 12 Prozent Rendite erzielen können. Sie sollten sich von zwischenzeitlichen Schwankungen nicht beunruhigen lassen, bisher konnten meist die Verluste in der Vergangenheit nach zwei Jahren wieder aufgeholt und

Gewinne verzeichnet werden. Die Renditechancen deutscher Aktienfonds sind auf Deutschland begrenzt. Die Chancen, die positive Aktientrends im Ausland bieten, können hier nicht wahrgenommen werden. Umgekehrt wirken sich aber internationale Entwicklungen, auch die Risiken, vor allem diejenigen an der Wall Street, in der Regel auf die deutschen Werte aus. Daher können Sie auch gleich in internationale Aktienfonds investieren und sich so auch die Vorteile aller Aufwärtstrends im Ausland sichern. Generell gilt: Internationale Aktienfonds sind selbst für eine vorsichtige, sehr auf Sicherheit bedachte Anlegerin ein Muss. In keinem anderen Produkt finden Sie ein günstigeres Verhältnis von Rendite und Sicherheit. Mit dieser Wahl schaffen Sie sich eine solide Grundlage für das gesunde und stetige Wachstum Ihres Vermögens.

Small-Cap-Fonds ◆ Nicht die großen Standardwerte der Wirtschaft («Blue Chips») sind das Ziel der Small-Cap-Fonds, sondern Aktien von Nebenwerten, also Gesellschaften mit geringer Börsenkapitalisierung, denen hohe Wachstumschancen prophezeit werden. In solche Börsenzwerge – in Deutschland gehören dazu traditionelle Familienunternehmen oder andere Unternehmen des Mittelstands – wird Fondsvermögen investiert, wenn ihre Wachstumsprognosen positiv sind; etwa weil sie herausragende Produkte herstellen oder innovative Dienstleistungskonzepte entwickeln. In diesen Fällen bergen sie ein großes Renditepotenzial. Nebenwerte waren bei deutschen Anlegern bisher dennoch nicht allzu beliebt; sie bevorzugen vor allem die in den gängigen Indizes vertretenen Standardwerte.

Miss MoneyMakers Tipp: Aktien kleinerer Unternehmen sind in gewissen Börsensituationen eher zu meiden, so etwa bei zu erwartenden Hochzinsphasen. Viele Unternehmen müssen unter den hohen Zinsen, die sie für Bankkredite zahlen müssen, leiden. Dennoch können sich Small-Cap-Fonds wie Branchen- oder Themenfonds als echter Rendite-Turbo erweisen. Sie sollten aber immer nur ein Teil eines ausgewogenen Fondsdepots sein. Wenn Sie sich für einen Aktienfonds entscheiden, der weltweit das Fondsvermögen in Aktien kleinerer Unternehmen anlegt, und Sie Ihre Anteile langfristig (etwa zehn Jahre) halten können, bieten auch diese internationalen Small-Cap-Fonds eine gute Sicherheit bei einer ausgezeichneten Rendite, die etwas höher liegt als bei internationalen oder europäischen Aktienfonds.

Rentenfonds

Rentenfonds legen das Geld der Anleger und Anlegerinnen ausschließlich in Bundesanleihen und anderen festverzinslichen Wertpapieren an. Die erfolgreiche Verwaltung eines Rentenfonds ist außerordentlich schwierig. In Zeiten fallender Zinsen verzeichnen Rentenfonds attraktive Zuwachsraten. In Zeiten steigender Zinsen fallen die Kurse der im Fonds enthaltenen Papiere. Die Fonds erfolgreich zu verwalten, ist außerordentlich schwer: Zum einen kann das beste Management nicht genau vorhersehen, wann sich ein Zinstrend umkehrt. Zum anderen verwalten Rentenfonds zum Teil etliche Milliarden, deren kurzfristige Umschichtung nicht so ohne weiteres möglich ist.

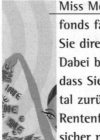
Miss MoneyMakers Tipp: Mit dem Kauf eines Rentenfonds fahren Sie im Prinzip nicht anders, als wenn Sie direkt in festverzinsliche Wertpapiere investieren. Dabei bietet Ihnen die Direktanlage die Sicherheit, dass Sie am Ende der Laufzeit Ihr eingezahltes Kapital zurückbekommen. Diese Gewähr können Ihnen Rentenfonds nicht bieten. Fazit: Rentenfonds sind sicher nicht die beste Entscheidung.

Offene Immobilienfonds

Die Manager dieses Fondstyps investieren hauptsächlich in gewerblich genutzte Immobilien wie Bürohäuser oder Einkaufszentren. Bei einem offenen Immobilienfonds können Sie Ihre Anteile jederzeit wieder verkaufen; die Rückgabemöglichkeit Ihres Fondsanteils ist garantiert. Daher wird rund ein Drittel des Vermögens in Rentenpapiere investiert. Bei einem geschlossenen Immobilienfonds gehören Sie zu einem geschlossenen Kreis der Immobilienbesitzer; sie müssen bereit sein, Ihr Kapital für einen längeren Zeitraum fest anzulegen.

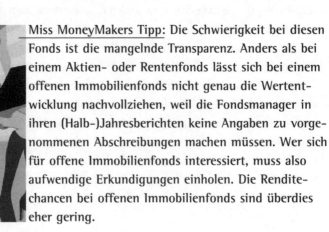
Miss MoneyMakers Tipp: Die Schwierigkeit bei diesen Fonds ist die mangelnde Transparenz. Anders als bei einem Aktien- oder Rentenfonds lässt sich bei einem offenen Immobilienfonds nicht genau die Wertentwicklung nachvollziehen, weil die Fondsmanager in ihren (Halb-)Jahresberichten keine Angaben zu vorgenommenen Abschreibungen machen müssen. Wer sich für offene Immobilienfonds interessiert, muss also aufwendige Erkundigungen einholen. Die Renditechancen bei offenen Immobilienfonds sind überdies eher gering.

Mischfonds

Mischfonds investieren sowohl in Aktien als auch in Anleihen. Anders als bei Aktien- und Rentenfonds gelten hinsichtlich der Struktur des Fondsvermögens keine Vorgaben (bestimmter Mindestanteil des Bestands an Aktien, Anleihen etc.). Das ermöglicht es dem Fondsmanager, sehr flexibel auf die Marktentwicklungen zu reagieren. Was sich in der Theorie gut anhört, zeitigte allerdings in der Praxis bisher keine überzeugenden Ergebnisse.

 Miss MoneyMakers Tipp: Meiden Sie diese Anlageform. Die Vermischung von Sach- und Geldwerten geht auf Kosten der Rendite.

Geldmarktfonds

Die Manager dieser Fonds kaufen für ihre Kunden ausschließlich Wertpapiere mit einer Restlaufzeit von weniger als zwölf Monaten. Daher besteht so gut wie kein Kursrisiko. Außerdem sind die Gebühren beim Kauf eines Geldmarktfonds niedrig. Die deutsche Kreditwirtschaft wehrte sich lange Zeit vehement gegen Geldmarktfonds, denn sie fürchtete um die Existenz ihrer profitabelsten Einnahmequelle – des Sparbuchs. Doch die damalige Bundesregierung gab dem Drängen der Investmentbranche nach und ließ nach Verabschiedung des 2. Finanzmarktförderungsgesetzes Geldmarktfonds zu.

 **Miss MoneyMakers Tipp:** Parken Sie Ihr Geld in Geldmarktfonds oder geldmarktnahen Fonds auf Euro-Basis oder legen Sie Geld, das kurzfristig verfügbar bleiben soll, in Geldmarktfonds an. Diese Fonds sind sehr sicher. Bei nur geringen Renditen bieten sie höchste Sicherheit ohne nennenswertes Risiko. Aber

in Hochzinsphasen springt eine fast dreimal so hohe Rendite heraus wie bei einem Sparbuch, und die investierte Summe ist jederzeit verfügbar! Da viele Anbieter für «reinrassige» Geldmarktfonds eine Mindestanlagesumme von 5000 Euro erwarten, bleiben für niedrigere Anlagesummen auf Euro lautende geldmarktnahe Fonds, die im Prinzip denselben Zweck erfüllen.

Garantiefonds ♦ Garantiefonds haben eine begrenzte Laufzeit. Dem Anleger wird für das Ende der Laufzeit die Rückzahlung eines garantierten Kapitals garantiert.

Miss MoneyMakers Tipp: Vorsicht ist geboten; oft werden die Anleger an möglichen Kursgewinnen nicht zu 100 Prozent beteiligt, damit das Fondsmanagement im Hinblick auf die Garantie abgesichert ist. Denken Sie daran, dass die Garantie sich bei diesem Fondstyp immer auf das Laufzeitende bezieht. Wenn Sie vorher Fondsanteile verkaufen wollen, sind Verluste möglich. Fazit: Lieber nicht kaufen!

Dachfonds: Der Fonds der Fonds

Der Dachfonds ist eine interessante Möglichkeit für Sie, Ihre Anlagerisiken weiter zu reduzieren. Die Idee ist einfach: Statt in nur einen investieren Dachfonds in viele verschiedene Investmentfonds. Damit verteilt sich das Risiko auf mehrere. Die Gelder seiner Anleger platziert ein guter Fondsmanager eines Dachfonds in denjenigen Fondsgesellschaften, die in der Vergangenheit bewiesen haben, dass sie in der jeweiligen Branche gute und beständige Erträge erzielen können, unabhängig von der Gesellschaft, zu der er selbst gehört. Bei einem

Angebot von insgesamt mehr als 5000 Fonds ist eine solche Vorgehensweise durchaus von Vorteil für den Anleger. Der Fondsmanager kauft dann Anteile an den ausgewählten Fonds (<u>Ziel- oder Unterfonds</u>). Man unterscheidet drei Kategorien von **Dachfonds**:

Kategorie A: sicherheitsorientiert
Anlage in Aktienfonds meist nur bis zu 20 Prozent; der Rest wird in Rentenfonds angelegt

Kategorie B: ausgewogen
Anlage in Aktienfonds und Rentenfonds etwa zu gleichen Teilen

Kategorie C: renditeorientiert
Aktienfonds überwiegen; kaum Anlage in Rentenfonds

Miss MoneyMakers Tipp: Wenn Sie als Anlegerin Ihren Zeitaufwand weiter minimieren wollen, dann entscheiden Sie sich für Dachfonds. Sie müssen dann nicht einmal mehr die Märkte beurteilen oder zwischen verschiedenen Fonds wechseln. All das erledigt der Fondsmanager für Sie: Er vergleicht in regelmäßigen Abständen die Fonds und ihre Entwicklung miteinander und tauscht sie, wenn nötig, aus. Sie behalten überdies leichter den Überblick über Ihre Fondsanlagen; so wird Ihr Vermögensmanagement einfacher. Ein weiterer Vorteil: Leistungsstarke Dachfonds bieten günstige Gebührenstrukturen. Anleger, die ihr Vermögen statt über verschiedene einzeln ausgewählte Fonds in einen Dachfonds investieren, sparen der Bank Zeit und Geld.

Aber Vorsicht: Verschaffen Sie sich Klarheit über die Kosten; lassen Sie sich ausdrücklich alle Gebühren nennen, die bei einer Geldanlage in Dachfonds fällig werden. Vergewissern Sie sich gegebenenfalls selbst im Prospekt! Achten Sie darauf, dass der Dachfonds auch Fonds fremder Gesellschaften enthält, denn nur selten wird eine Fondsgesellschaft in allen Kategorien die besten Fonds haben. Sie sollten vor dem Kauf bei verschiedenen Banken nachfragen, ob die jeweils angebotenen Dachfonds unabhängig vom Interesse der hauseigenen Fondsgesellschaft tatsächlich die besten Fonds auswählt.

Wo bekommen Sie Fondsanteile?

Aber wo gibt es die erfolgreichsten Fonds, die Stars der Fonds-Hitlisten? Wenn Sie zu Ihrer Sparkasse an der Ecke gehen und dort nach dem internationalen Aktienfonds fragen, der – Anlageschwerpunkt USA – im Dreijahres- und Fünfjahresvergleich unangefochten Rang 1 der einschlägigen Listen einnimmt, wird man Ihnen dort höchstwahrscheinlich nicht weiterhelfen können. Dasselbe gilt auch für andere Hausbanken. Natürlich empfiehlt man Ihnen Fonds, aber nicht unbedingt die besten und nicht unbedingt die für Sie passenden. Jede Bank verkauft am liebsten die Fonds der eigenen Investment-Tochter. Das ist für Sie nicht immer die beste Lösung.

Sie erwerben Anteile an einem Fonds über eine Bank oder direkt bei der Gesellschaft, die den Fonds ins Leben ruft (auflegt). Sie erhalten Anteilsscheine in der Höhe, die Sie investieren möchten. Diese Anteilsscheine, auch Investmentzertifikate oder Fondsanteile genannt, sind Wertpapiere, die Ihre Ansprüche gegenüber dem Fonds verbriefen – ähnlich wie bei den Anleihen. Ihnen steht nach Erwerb des Anteils ein Bruchteil an dem Topf, dem Fondsvermögen, zu. Diese Anteile am Fonds können Sie frei handeln.

Die Fondsanlage ist nicht umsonst: Schmerzhaft spürbar ist in der Regel die Gebühr, die beim Kauf eines Anteils (oder Bruchteils eines Anteils) an einem Investmentfonds anfällt. Der Ausgabeaufschlag beträgt je nach Fondstyp, Anbieter und Anlagesumme zwischen 0,5% und 6,5% (bei Aktienfonds meist 5 bis 6 Prozent; bei Rentenfonds meist bis 3 Prozent). Am günstigsten ist in der Regel der Kauf über Direktbanken und Discountbroker. Wer genau weiß, welche Fonds er kaufen will, und auf die ansonsten bei Banken oder Anlageberatern übliche Beratung verzichten kann, gewinnt zusätzlich. Vergleicht man die Zahlen bei einer allerdings extrem langen Anlagedauer von 40 Jahren, so ist der Unterschied zwischen einem Sparplan mit sechs Prozent Ausgabeaufschlag und dem mit drei oder null Prozent sehr groß. Sie sparen an Gebühren und erhalten bei gleichen Voraussetzungen bis zu 23 000 Euro mehr an Vermögen am Ende der Laufzeit, weil sich über diesen Zeitraum der Zinseszinseffekt stark bemerkbar macht. Aber Vorsicht auch bei Investmentfonds ohne Ausgabeaufschlag (so genannte No-Load-Fonds): Der bei No-Load-Fonds fehlende Verdienst durch den Ausgabeaufschlag wird oft über höhere **Management-Fees** (Verwaltungskosten, siehe unten) wieder hereingeholt; das reduziert das Ergebnis des Fonds. Fazit: No-Load-Fonds eignen sich, wenn Sie nur vorübergehend auf eigene Faust eine Anlage in einen Fonds wagen wollen. Wenn Sie dagegen langfristig Ihr Geld anlegen, sollten Sie sich niemals nach der Höhe des Ausgabeaufschlags orientieren, sondern allein danach, ob ein Fonds zur Spitzengruppe der von Ihnen gewählten Kategorie zählt.

Ein Teil der Kosten entsteht im Fonds direkt, etwa als Vergütung für das Fondsmanagement (so genannte Management-Fee oder Verwaltungsgebühr). Diese Gebühr ist eine beträchtliche Einnahmequelle der Fondsgesellschaften. Je nach Größe des Fonds und unabhängig vom Fondsvolumen belaufen sich die Verwaltungsgebühren auf ein- bis dreistellige Millionenbeträge (bei Aktienfonds meist 0,5 bis 3 Prozent; Rentenfonds meist 0,2 bis 1,5 Prozent). Die Höhe der Gebühr ist im Prospekt genannt. Sie spüren diese Kosten nicht direkt, sondern sie reduzieren das Ergebnis, das der Fonds erwirtschaftet. Achten Sie darauf, dass mit der Verwaltungsgebühr alle Managementleistungen bezahlt sind und nicht noch zusätzliche Management-Fees erhoben werden. Lesen Sie im Prospekt nach! Denn für ihre Tätigkeit als Depotbank erhält diese noch eine – vergleichsweise geringe – Gebühr, meist 0,1 Prozent des durchschnittlichen Fondsvermögens.

Schließlich kommt es vor, dass die Fondsgesellschaft von ihren Anlegern eine Gewinnbeteiligung fordert. Ihnen wird erklärt, der Anreiz zusätzlicher Vergütung steigere das Interesse des Fondsmanagements an guten Renditen. Das mag sein, aber das Argument bleibt zweifelhaft, solange das Management nicht auch an den Verlusten beteiligt wird. Achten Sie auf die Bedingungen im Einzelfall!

Der Wert eines Fondsanteils drückt sich in dem Preis aus, den Ihnen die Fondsgesellschaft bei Rücknahme des Anteils zahlt. Der Rücknahmepreis oder auch <u>Nettoinventarwert</u> resultiert aus dem börsentäglichen Kurswert aller im Fonds enthaltenen Vermögenswerte abzüglich der Verbindlichkeiten (Fondsvermögen). Das Ergebnis wird durch die Anzahl der sich im Umlauf befindlichen Anteilscheine dividiert. Rücknahmepreis und Ausgabepreis werden jeweils am folgenden Tag veröffentlicht. Sie finden in den Zeitungen hinter den Investmentfondsnamen in der Regel die Abkürzung «Rückn.» und «Ausg.».

Miss MoneyMakers Tipp: Lassen Sie sich von den extrem hohen absoluten Zahlen der Gebühren nicht schrecken: Rechnet man sie auf einen Fondsanteil um, ergeben sich nur Cent-Beträge. Investmentfonds bieten ausgezeichnete Renditechancen für einen geringen Preis. Verwenden sie nicht zu viel Zeit herauszufinden, welcher Fonds günstig zu haben ist. Investieren Sie diese Zeit lieber in das Aufspüren des für Ihre persönlichen Belange optimalen Fonds. Dazu gehen Sie die Anlagekriterien durch und folgen Sie den Hinweisen unten in dem Abschnitt «Der passende Fonds». Um Kosten zu sparen, empfiehlt sich die

Eröffnung eines Anlagekontos bei der jeweiligen Investmentgesellschaft. Viele Anbieter führen ihre Konten noch gebührenfrei. Zwar berechnen mittlerweile sowohl die DWS als auch DIT, Adig und Union Investment Kontoführungsgebühren, Sie fahren aber unterm Strich mit einem Anlagekonto günstig, weil dort alle Ausschüttungen direkt und kostenlos wieder in neue Anlagen angelegt werden. Von Ihrer Depotbank erhalten Sie – wenn überhaupt – nur einen Wiederanlagerabatt. Auch für Anlegerinnen, die von Zeit zu Zeit ihre Anlage umschichten möchten (switchen), lohnt ein Konto direkt an der Quelle: Bei häufigen Transaktionen sind die Kosten auf einem Anlagekonto niedriger als beim Discount-Broker.

Der passende Fonds

Es gibt zahlreiche Hilfestellungen für die Auswahl eines Fonds. Fondstabellen und Ranglisten werden immer wieder in Zeitschriften veröffentlicht. Die Zeitschrift «Finanztest» etwa bewertet in regelmäßigen Abständen Fonds nach Kriterien wie Stabilität der Wertentwicklung, Angaben zur Verlustphase und maximaler Verlust. Auch der Bundesverband Deutscher Investmentgesellschaften e.V. in Frankfurt (BVI) erstellt monatlich Wertentwicklungslisten. Interessenten können die Listen kostenlos abrufen oder im Internet (www.bvi.de) einsehen. Sie werden auch von Tageszeitungen auszugsweise veröffentlicht. Aber Achtung: Innerhalb eines definierten Zeitraums einfach nur die unterschiedlichen Rücknahmepreise eines Fonds zu vergleichen, ist zu wenig und führt zu einem schiefen Bild: Alle Fonds, die Ausschüttungen vornehmen, werden bei dieser Rechnung benachteiligt. Beachten Sie, dass die vom BVI erstellte Liste den Ausgabeaufschlag nicht berücksichtigt. Der BVI nennt aber die Formel, nach der sich seine eigenen

Angaben um den individuell gezahlten Ausgabeaufschlag bereinigen lassen. Der Vorteil anderer unabhängiger Fondsdatenbanken wie der bei Standard & Poor's (www.sundp.de), Feri Trust oder FCS Finanz-Computer Service ist der, dass sie alle in Deutschland zugelassenen Fonds auswerten, dabei also auch die ausländischen Gesellschaften einbeziehen. Beliebt bei Internetsurfern ist auch die Web-Site www.micropal.de. Hier finden Sie umfangreiche Datenbanken, in denen Sie die Wertentwicklungen aller gängigen Fondskategorien verfolgen können. Wenn neue Fonds aufgelegt werden, können Sie sich allerdings nicht auf bekannte Zahlen verlassen. In diesen Fällen sollten Sie nur dann kaufen, wenn Sie von der Anlageidee überzeugt sind (ist der Schwerpunkt der Anlage Ihrer Meinung nach richtig gesetzt?) und eine renommierte Fondsgesellschaft oder ein erfolgreiches Fondsmanagement-Team die Verwaltung des Fonds übernimmt.

Denken Sie daran: Die Auswahl der besten Fonds innerhalb einer Kategorie ist lange nicht so wichtig wie die Auswahl der Kategorie selbst. Worauf es ankommt, ist die Fähigkeit, die richtige Prognose zu treffen. Es geht darum, mit gesundem Menschenverstand zu erahnen, welche Branchen die Aktienmärkte in den nächsten zehn bis zwölf Jahren boomen lassen und in welchen Regionen ein überdurchschnittliches Wachstum zu erwarten ist. Die zukünftige Entwicklung der verschiedenen Aktienmärkte wie Nordamerika, Japan, Westeuropa, Osteuropa, Türkei, Asien und China, Russland, Lateinamerika oder der so genannten Emerging Markets ist für den Laien schwer einzuschätzen. Darin sollten Sie sich ausführlich beraten lassen. Leichter fällt es, Zukunftsbranchen auszumachen. Mit ein wenig Verstand und Allgemeinwissen können Sie die derzeitigen Megatrends ausmachen und ihre Auswirkungen auf bestimmte Branchen einschätzen.

Miss MoneyMakers Tipp: Ein Portfolio, das nicht mindestens auf fünf verschiedene Fondskategorien streut, ist nicht zu empfehlen.

3. In sieben Schritten zur richtigen Anlageform

Starten Sie sofort!

Wichtig ist: Beginnen Sie heute! Sie müssen nichts aufschieben oder warten, bis Sie einen bestimmten Geldbetrag gespart haben. Fondsanteile können Sie mit kleinen Beträgen kaufen, und auch Aktien erhalten Sie oft schon für einen Euro das Stück. So können Sie schon mit 50 Euro an der Börse dabei sein. Eröffnen Sie sofort ein Depot! Wenn Sie über einen Internet-Anschluss verfügen, können Sie sich ein kostenloses Depot bei einer Direktbank einrichten. So müssen Sie keine Gebühren verschenken. Haben Sie keinen Computer zu Hause, gehen Sie einfach zu Ihrer Hausbank und eröffnen dort Ihr Depot. Jeder Tag, den Sie warten, kostet bares Geld. Sollten Sie später entdecken, dass Sie woanders bessere Konditionen erhalten, können Sie Ihr Depot immer noch wechseln. Jetzt kommt es zunächst nur darauf an, dass Sie etwas unternehmen. Der einzige echte Fehler, den Sie machen können, ist, untätig zu bleiben.

In der Bank sollten Sie einen Sparplan abschließen. Diese Form der Geldanlage ermöglicht mit wenig Startkapital einen gut konzipierten Vermögensaufbau: Sie investieren regelmäßig einen festen Betrag, egal ob die Börsenkurse steigen oder fallen. So kaufen Sie in «schwachen» Börsenzeiten mehr und bei hohen Kursen weniger Wertpapiere ein. Im Durchschnitt profitieren Sie so von niedrigeren Einstandspreisen mehr, als wenn Sie monatlich stets die gleiche Anzahl von Wertpapieren kaufen würden. Dieser Durchschnittskosteneffekt (oder Cost-Average-Effekt) kann ebenso wie der Zinseszinseffekt über die Jahre betrachtet enorm sein. Nach Ihrer eigenen Finanzanalyse aus dem ersten Teil des Buches können Sie entscheiden, ob Sie mehr als 25 Euro im Monat entbehren können: 50, 100 oder 200 Euro. Vergessen Sie nicht: Sie bezahlen sich durch Ihre monatliche Sparrate letztlich selbst. Sie haben es verdient, sich mit einem ordentlichen Betrag zu belohnen! Wenn Sie noch Einsteigerin sind, sollten Sie einen Fondssparplan abschließen. Wählen Sie einen internationalen Aktienfonds aus. Sie können dabei kaum etwas falsch machen, denn die Auswahl des Fonds hat nach statistischen Erhebungen auf Ihre Rendite nur einen Einfluss von weniger als 5 Prozent. Viel entscheidender (über 95 Prozent) ist die Auswahl der Branche und der Region, in die der Fondsmanager investiert. Mit internationalen Aktienfonds hat der Fondsmanager bei eine Krise in Europa immer noch die Chance, in den USA investieren zu können oder notfalls auch in Asien. Also wählen Sie im ersten Schritt einen internationalen Aktienfonds! Richten Sie einen Dauerauftrag ein und überweisen Sie den monatlichen Betrag, den Sie sich zu gönnen vorgenommen haben. Achten Sie aber darauf, dass Sie möglicherweise in Situationen kommen, in denen eine regelmäßige Zahlung schwierig sein kann (z. B. Babypause). Es gibt Fondssparpläne mit der Möglichkeit, für eine bestimmte Zeit mit den Zahlungen auszusetzen. Dies sollten Sie berücksichtigen und sich für einen passenden Sparplan entscheiden.

Sie müssen für die Unterzeichnung des ersten Sparplans nichts weiter berücksichtigen. Machen Sie sich noch keine Gedanken über die unterschiedliche Höhe von Ausgabeaufschlägen, Managementgebühren oder Sonstiges. Achten Sie nur darauf, dass Sie Ihren Sparplan leicht kündigen können, damit Sie bei fortgeschrittener Erfahrung und Kenntnis Ihr Geld anders anlegen können. Außerdem sollten Sie bei der Vertragsgestaltung darauf achten, dass Sie die Erträge aus dem Sparplan immer wieder anlegen. Nur so nutzen Sie den Zinseszinseffekt voll aus. Sie benötigen für diesen entscheidenden ersten Schritt in Ihre finanzielle Zukunft keine zwei Stunden. Wenn Sie ihn über das Internet abwickeln, geht es sogar noch schneller. Und Sie werden zufrieden mit sich sein, denn Sie haben nicht nur gelesen, wie wichtig es ist, Ihr Geld zu vermehren, nicht nur gespürt, dass Sie etwas Existenzielles in Ihrem Leben verändern können, sondern – und das kann geradezu berauschend wirken – Sie haben gehandelt!

Miss MoneyMakers Tipp: Wählen Sie, wenn möglich, einen dynamischen Sparplan mit halbjährlich oder jährlich steigenden monatlichen Sparraten. So stellen Sie sicher, dass von Ihrem steigenden Einkommen auch ein guter Teil in Ihre eigene Tasche fließt. Vergessen Sie nie, dass Sie mehr an sich und das Wachstum Ihrer Unabhängigkeit denken sollten als an das Wachstum von Boutiquen und Kosmetiksalons!

Seien Sie sportlich!

Wenn Sie den ersten Schritt getan und mit Ihrem Vermögensaufbau begonnen haben, sollten Sie bei einem Ihrer nächsten wöchentlichen Termine (haben Sie ihn als Jour fixe notiert?) Ihr Anlageziel konkretisieren. Dabei geht es um die Fragen: Wie viel Geld genau benötigen Sie, um Ihre Ziele zu verwirklichen? Wann soll es verfügbar sein? Seien Sie nicht zu vorsichtig: Nur durch ein sportlich formuliertes Ziel erreichen Sie Außergewöhnliches und setzen neue Energien frei.

Gehen Sie anhand der Sternformel die Schritte zur Zielformulierung noch einmal durch. Erinnern Sie sich, welche finanziellen Ziele Sie in 5, 10, 15 oder 30 Jahren erreichen wollen. Denken Sie über die folgenden Fragen nach:

Ihre finanzielle Ausgangssituation

Wenden Sie sich noch einmal der Übersicht zu, die Sie zu Beginn des Buches ergänzt haben. Jetzt geht es um genaue Angaben. Nutzen Sie Ihren Finanz-Jour-fixe für die sorgfältige Zusammenstellung Ihres Vermögens. Zur Vorbereitung sollten Sie Ihre Depotauszüge, Sparbücher und anderen Wertpapiere zusammentragen.

Ihr monatlicher Einkommensüberschuss _____
Ihr Vermögen _____

Vermögensgegenstände
Bargeld (Geldbörse, Taschen, Safe etc.) _____
Guthaben auf Ihrem Girokonto _____
Sparbücher _____
Sonstiges Bankguthaben (Sparbriefe etc.) _____
Rückkaufwert Lebensversicherungen _____
Aktien und Aktienfonds zu aktuellem Börsenkurs _____
Offene Forderungen (Geld verliehen) _____
Immobilien – geschätzter Verkaufspreis _____
Gold und sonstige Edelmetalle _____
Kunstobjekte und Antiquitäten _____
Auto – Restwert _____
Rentenansprüche _____
Summe Vermögensgegenstände _____

Schulden
Aktuelle Kontoüberziehungen _____
Konsumschulden (aktueller Stand) _____
Darlehen aus Baufinanzierung _____
Bauspardarlehen _____
Andere Darlehen (Eltern, Geschwister) _____
Arbeitgeberdarlehen _____
Summe Schulden _____

Summe Vermögensgegenstände _____
./. Summe Schulden _____
Summe Gesamtvermögen _____

– davon Immobilienanteil _____
– davon Geldvermögen _____

Ihre Ziele

Rekapitulieren Sie Ihre finanziellen Ziele anhand der STERN-Formel auf Seite 48. Wie wollen Sie wann leben? Wie viel Geld brauchen Sie dafür? Zu welchem Zeitpunkt wollen Sie Ihre finanzielle Unabhängigkeit erreicht haben?

Den meisten Frauen geht es darum,
> Vermögen aufzubauen zur Verwirklichung eines Wunsches, etwa eine Reise oder ein Haus,
> eine eiserne Reserve für Notfälle zu bilden oder
> für das Alter vorzusorgen.

Wichtig ist natürlich vor allem die Vorsorge für die nahe und ferne Zukunft. Jede Frau sollte ihren Lebensstandard auch für die Zukunft sichern. Vielleicht befinden Sie sich kurz vor der Lebensmitte in einer Phase, in der das Einkommensniveau über dem für die Lebenshaltung erforderlichen Betrag liegt? Dies ist genau der richtige Zeitpunkt, um Vermögen für die Zeit aufzubauen, in der das Einkommen nicht mehr wächst, sondern sogar zurückgeht: das Rentenalter. Sie müssen sich fragen, wie hoch der Betrag sein soll, der Ihnen dann zur Verfügung stehen soll.

 **Miss MoneyMakers Tipp:** Listen Sie all Ihre Wünsche auf. Schreiben Sie jeweils dazu, wie hoch der Preis dafür ist. Errechnen Sie die monatlichen Raten pro Anschaffung. Dann rechnen Sie die monatlichen laufenden Kosten hinzu, wie Sie sie in Ihrem Jour fixe festgestellt haben. So erhalten Sie Ihre Wunschzielrate.

Sie können wählen, ob Sie über eine bestimmte Summe oder einen monatlichen Betrag (z. B. als zusätzliche Rente) verfügen möchten. Beachten Sie, dass der notwendige monatliche Betrag, den Sie erzielen möchten, zunächst dem entsprechen muss, was Sie sich heute für diesen Betrag leisten können. Damit Sie sich aber im Alter auch tatsächlich dasselbe dafür kaufen können, müssen Sie den Zielbetrag, den Sie aus heutiger Sicht für angemessen halten, noch einmal entsprechend der zu erwartenden Inflation erhöhen; so erhalten Sie die tatsächliche Summe, die Sie ansparen müssen. Einige Werte hat Ihnen

Tabelle 1

Ihr monatlicher Zielbetrag/Rente aus heutiger Sicht	Der tatsächlich erforderliche Sparbetrag bei einer angenommenen Inflation von 3%				
in Euro	10,	15,	20,	25,	30 Jahre
250	336	390	452	524	607
500	672	779	903	1047	1214
750	1008	1169	1355	1571	1821
1000	1344	1558	1806	2094	2428
1250	1680	1948	2258	2618	3035
1500	2016	2337	2709	3141	3642
1750	2352	2727	3161	3665	4249
2000	2688	3116	3612	4188	4856
2250	3024	3506	4064	4712	5468
2500	3360	3895	4515	5235	6070
2750	3696	4285	4967	5759	6677
3000	4032	4674	5418	6282	7283
3250	4368	5064	5870	6806	7889
3500	4704	5453	6321	7329	8495
4000	5376	6232	7224	8376	9709
4500	6048	7011	8128	9423	10923
5000	6720	7790	9031	10470	12136
5500	7392	8569	9934	11517	13350
6000	8063	9348	10837	12564	14564

Miss MoneyMaker ausgerechnet, Sie können sie der Tabelle 1 entnehmen. Es wird eine durchschnittliche Inflation von 3 Prozent angenommen.

Haben Sie Ihre tatsächlich erforderliche monatliche Wunschziel-

Tabelle 2

Ihr monatlicher Wunschbetrag/Rente	Der Zielbetrag bei einer angenommenen Verzinsung von 7% und einer Rentendauer von folgenden Zeiträumen				
in Euro	10,	15,	20,	25,	30 Jahre
400	34451	44502	51593	56595	60123
500	43063	55628	64491	70743	75154
600	51676	66754	77390	84892	90185
700	60288	77879	90288	99041	105215
800	68901	89005	103186	113190	120246
900	77514	100130	116084	127338	135277
1000	86126	111256	128983	141487	150308
1200	103352	133507	154779	169784	180369
1400	120577	155758	180576	198082	210431
1600	137802	178010	206372	226379	240492
1800	155028	200261	232169	254676	270554
2000	172253	222512	257965	282974	300615
2500	215316	278140	322456	353717	375769
3000	258379	337768	386948	424461	450923
3500	301442	389396	451439	495204	526077
4000	344506	445024	515930	565948	601230
5000	430632	556280	644913	707435	751538
6000	516758	667536	773895	848921	901846
7000	602885	778792	902878	990408	1052153
8000	689011	850048	1031860	1131895	1202461
9000	775138	1001304	1160843	1273382	1352768
10000	861264	1112560	1289825	1414869	1503076

rate ermittelt, müssen Sie nun das für diese Rate erforderliche Kapital bestimmen, um sie zu finanzieren. Das erforderliche Kapital richtet sich nach der Anzahl der Jahre, in denen Sie Ihren monatlichen Wunschbetrag aus dem zukünftig angesparten Kapital entnehmen wollen (Rentendauer/Kapitalverzehr). Angenommen, Sie wollen mit 65 Jahren das erste Mal Ihren Wunschbetrag zur Verfügung haben und gehen davon aus, dass Sie ihn bis zum 90. Geburtstag benötigen, dann beträgt Ihre Rentendauer 25 Jahre. In Tabelle 2 können Sie beispielhaft die Beträge entnehmen, die sich bei verschiedenen Laufzeiten Ihrer eigenen Rente (10 bis 30 Jahre) ergeben.

Wollen Sie keinen Entnahmeplan, sondern von den Zinsen leben, berechnen Sie Ihr benötigtes Kapital wie folgt: Multiplizieren Sie Ihre Wunschzielrate (siehe oben: Summe aus monatlichen Raten zur Anschaffung Ihrer Wünsche und Ihrer derzeitigen monatlichen Kosten) mit der Zahl 150. Sie erhalten so den Betrag, den Sie benötigen, um von den Zinsen Ihre Wünsche zu finanzieren. Denn schon wenn Sie diesen Betrag mit einer Rendite von nur 8% p.a. anlegen, erhalten Sie monatlich genau den Betrag an Zinsen, den Sie benötigen.

Wenn Sie nun den Zielbetrag ermittelt haben, der erforderlich ist, um sich Ihre Wunschrate finanzieren zu können, ergibt sich daraus die Sparrate. In Tabelle 3 sind beispielhaft Sparraten für verschiedene Anlagezeiträume aufgeführt. Dabei ist eine Verzinsung von 10% zugrunde gelegt. Sie sehen, wie vorteilhaft es ist, früh mit dem Sparen zu beginnen! Dabei ist es besser, früh wenig Geld zu sparen als später viel. Der Zinseszinseffekt hat auf lange Sicht einen so großen Effekt, dass er selbst mit hohen monatlichen Sparraten kaum einzuholen ist. Natürlich ist Ihre persönliche Situation der Ausgangspunkt Ihrer Anlageentscheidung. Durch Ihr derzeitiges Lebensalter ist ein wichtiger Eckpunkt bereits vorgegeben (siehe Tabelle 3).

Sie wissen nun, welche Sparraten Sie benötigen, um Ihre finanziellen Ziele zu erreichen. Sie sehen auch, dass es günstig für Sie ist,

Geld langfristig anzulegen. Um einen wirklich großen Gewinn zu erzielen, müssen Sie bereit sein, Ihr Geld mindestens fünf bis zehn Jahre in Börsenwerte anzulegen.

Tabelle 3

Der Zielbetrag	Die erforderliche monatliche Sparrate bei einer angenommenen Verzinsung von 10% und den angegebenen Anlagezeiträumen				
in Euro	10,	15,	20,	25,	30 Jahre
30000	146	72	40	23	13
35000	171	84	46	26	15
40000	195	97	53	30	18
45000	220	109	59	34	20
50000	244	121	66	38	22
60000	293	145	79	45	27
70000	342	169	92	53	31
80000	391	193	105	60	35
90000	439	217	119	68	40
100000	488	241	132	75	44
150000	732	362	198	113	66
200000	976	483	263	151	88
300000	1465	724	395	226	133
400000	1953	965	527	301	177
500000	2441	1206	658	377	221
600000	2929	1448	790	452	265
700000	3417	1689	922	528	310
800000	3905	1930	1054	603	354
900000	4394	2171	1185	678	398
1000000	4882	2413	1317	754	442
1500000	7323	3619	1976	1131	663
2000000	9763	4825	2634	1508	884
2500000	12204	6032	3293	1885	1105

Seien Sie mutig!

Ihre persönliche Situation ist der Ausgangspunkt Ihrer Anlageentscheidung. Ob Sie Berufseinsteigerin sind, allein leben, gerade eine Familie gründen und zusätzlich einem Teilzeitjob nachgehen oder ob Sie eine Scheidung zu finanziellen Konsequenzen zwingt – für jeden Lebensabschnitt gibt es die passende Strategie. Daneben kommt es auf Ihre Anlage-Persönlichkeit an: Machen Ihnen Kursschwankungen nichts aus oder vertrauen Sie lieber auf sichere, regelmäßige Erträge? Sehen Sie anlagebedingte Risiken (z. B. Währungsrisiken) auch als Chance? All das müssen Sie bei Ihrer Anlageentscheidung beachten. Natürlich können Sie Ihre Investment-Persönlichkeit auch verändern. Risikobereitschaft kann man trainieren. Im Einzelfall sollten Sie schauen, wie groß das Risiko tatsächlich ist, das Sie eingehen. Beachten Sie auch, dass Sie bei einer langfristigen Anlage – Vergangenheitswerte zugrunde gelegt – auch bei so genannten Risikoanlagen im Grunde kein echtes Verlustrisiko eingehen. Beobachten Sie sich und überlegen Sie, welche der folgenden Beschreibungen am ehesten auf Sie zutrifft!

Welcher Anlagetyp sind Sie?

> Ich beschäftige mich schon lange mit Geldanlagen (C/D).
> Bei Wertschwankungen habe ich Angst, alles zu verlieren (A).
> Ich bin grundsätzlich ein eher konservativer Mensch.
> Risiken gehe ich lieber aus dem Wege (B).
> Die Schwankungen an der Börse sind eine echte Chance, eine gute Rendite zu erzielen (C).
> Risiken sind für mich Teil meines Lebens, ohne dass ich leichtsinnig wäre (C).
> Ich liebe das Auf und Ab an der Börse und den Reiz, viel aufs Spiel zu setzen (D).

› Größere Schwankungen kann ich bei einem Teil meines Geldes einigermaßen verkraften (B).
› Ich habe ein sehr stark ausgeprägtes Sicherheitsbedürfnis (A).
› Ich habe viel Zeit, um mich um meine Wertanlage zu kümmern (C).
› Mir ist vor allem wichtig, dass ich meine Geldanlage verstehe (B).

Beachten Sie, dass diese Fragen nur eine grobe Hilfe zur Bestimmung Ihrer Anlagepersönlichkeit sein können. Auch wenn Sie spüren, dass Sie eher ein vorsichtiger (A) und weniger ein realistischer (B) oder risikobereiter Typ (C) sind, werden Sie mit zunehmendem Informationsstand und wachsender Erfahrung möglicherweise Ihre Ängstlichkeit verlieren.

Diejenigen von Ihnen, die sich dem Typ D zuordnen, sind Spielernaturen; solange Sie nicht von dem Gefühl, mit dem Risiko zu leben, abhängig sind, bestehen für Sie gute Chancen, Ihr Geld rasch zu vermehren. Strukturieren Sie Ihrer Persönlichkeit entsprechend Ihr Portfolio. Wie das aussehen kann, erfahren Sie im nächsten Schritt.

Teilen Sie Ihr Geld auf!

Ihre Anlagestrategie können Sie gemäß Ihren finanziellen Zielen, Ihrem Anlagehorizont und Ihrem Anlagetyp verfeinern. Je nach Investment-Persönlichkeit gilt folgende grobe Struktur für Ihre Anlagestrategie. Der Immobilienanteil bezieht sich auf Ihr Gesamtvermögen, während sich die Geldanlagen-Prozentsätze auf die Gesamtsumme Ihres angelegten Geldes beziehen.

Anlagetyp A	Phase 1	Phase 2
Immobilien (max.)	0%	60%
Termingeld	55%	50%
Anleihen	30%	25%
Aktienfonds	15%	25%
Einzelaktien	0%	0%
Spezialfonds	0%	0%

Anlagetyp B	Phase 1	Phase 2
Immobilien (max.)	0%	50%
Termingeld	40%	25%
Anleihen	30%	25%
Internationale Aktien(-fonds)	30%	40%
Einzelaktien	0%	10%

Anlagetyp C	Phase 1	Phase 2
Immobilien (max.)	0%	40%
Termingeld	25%	20%
Anleihen	30%	20%
Internationale Aktien(-fonds)	35%	40%
Einzelaktien, Spezialfonds	10%	20%

Anlagetyp D	Phase 1	Phase 2
Immobilien (max.)	0%	30%
Termingeld	20%	20%
Anleihen	30%	20%
Internationale Aktien(-fonds)	35%	30%
Einzelaktien, Spezialfonds	15%	30%

Sie sehen, dass die Anlagestrategien in zwei Phasen aufgeteilt sind. Schließlich müssen Sie, ganz abgesehen von Ihrer Persönlichkeit, mit zunehmendem Alter den Anteil Ihrer Risikoanlagen stetig verringern. Je höher Ihr Anlagehorizont (10 bis 25 Jahre und mehr), desto höher kann jedoch der Anteil Ihrer Risikoanlagen sein.

Vergleichen Sie jetzt Ihre derzeitige Vermögensverteilung mit den verschiedenen Anlagestrategien. Rechnen Sie aus, wie viel jede Anlage – gemessen an Ihrem Gesamtvermögen – prozentual ausmacht.

Lfd. Nr.	Anlageprodukt/ Investment	Aktueller Wert	Risikoklasse	Anteil am Gesamtvermögen
1				
2				
3				
4				
5				

Jetzt haben Sie einen genauen Überblick über Ihre Anlagen. Sind sie für Sie optimal verteilt?

Im Zweifel breit streuen!

Die Strategie, jeweils voll auf einen bestimmten Markt zu setzen, sollte Anlegerinnen vorbehalten bleiben, die außer den zweifellos höheren Chancen auch die Risiken sehen und damit gut leben können. Da niemand auf Dauer die Spitzenreiter der Zukunft vorhersagen kann, sind Anlegerinnen, die sich nicht täglich mit den Kapitalmärkten beschäftigen, auf lange Sicht mit einer breiten und ausgewogenen Mischung besser bedient.

Gehen Sie Risiken ein!

Investieren Sie einen Teil Ihrer Anlagen bewusst risikoreich. Nehmen Sie dafür aber nur Geld, das Sie im Notfall entbehren könnten. Spielen ist ein Naturtrieb und tut einfach gut. Der schöne Nebeneffekt: Sie erzielen höhere Renditen. Nach der «72er Regel» von Tod Barnhart benötigen Sie bei einer Verzinsung oder Rendite von einem Prozent 72 Jahre, bis sich Ihr eingesetztes Kapital verdoppelt. Bei einer besseren, wenn auch risikoreicheren Rendite verkürzt sich die Zeit:

1%	72 Jahre
2%	36 Jahre
3%	24 Jahre
4%	18 Jahre
5%	14 Jahre und 6 Monate
6%	12 Jahre
7%	10 Jahre und vier Monate
8%	9 Jahre
9%	8 Jahre
10%	7 Jahre und drei Monate
11%	6 Jahre und sechs Monate
12%	6 Jahre
13%	5 Jahre und sechs Monate
14%	5 Jahre und zwei Monate

Der Anteil Ihres Portfolios für risikoreiche Anlagen (z. B. Spezialfonds) sollte 10 Prozent niemals übersteigen. Schon das setzt aber voraus, dass Sie mit Risiko entsprechend umgehen können. Es nützt Ihnen wenig, wenn Sie Ihre jährliche Rendite verdoppeln, aber dafür nachts vor Verlustangst nicht schlafen können. Vergessen Sie nicht: Geld und Vermögen sind kein Selbstzweck! Sie sollen Ihnen dienen und Ihnen Unabhängigkeit, Freiheit und ein sorgenfreies Leben ermöglichen. Opfern Sie niemals Ihre Lebensqualität!

Seien Sie kritisch!

Notieren Sie sich nicht nur die objektiven Eckpunkte Ihrer Geldanlagen, wie die investierte Summe (Kaufpreis) und die Renditeerwartung mit Laufzeit (oder bei Fonds/Aktien auch die Anzahl der gekauften Anteile), sondern immer auch ein Stichwort, das erklärt, warum Sie sparen. Das kann die frische Meeresbrise sein, die Ihre Haut streichelt, während Sie von Ihrer Liege auf dem Deck eines Kreuzfahrtschiffs über den Ozean blicken, oder der Lederduft in Ihrem neuen Cabrio. Und vergessen Sie nicht, die Wertentwicklung Ihrer Geldanlage zu verfolgen. Notieren Sie dafür den Kurs (oder Rückkaufwert) Ihrer Anlage an einem bestimmten Tag des Monats in einem zweimonatlichen Rhythmus wie in der Übersicht auf der folgenden Seite.

Einmal im Jahr sollten Sie wie jede ordentliche Kauffrau «Inventur» machen. Überprüfen Sie zuerst, wie sich Ihre Finanzen im letzten Jahr entwickelt haben. Planen Sie dann das nächste Jahr. Rechnen Sie hoch, wie sich Ihr Vermögen in dem letzten Jahr vermehrt hat, und errechnen Sie die zukünftige Entwicklung, wenn Sie annehmen, dass es so weitergeht. Denken Sie auch über neue Wünsche nach und errechnen Sie Ihre entsprechenden finanziellen Ziele. Prüfen Sie auch nach, ob sich Ihre Anlagepersönlichkeit in der Zwischenzeit verändert hat: Sind Sie risikofreudiger geworden? Oder spielt Sicherheit eine größere Rolle für Sie?

Genießen Sie Ihr Geld? Haben Sie das Gefühl der Befriedigung, der inneren Freude und Dankbarkeit über das Erreichte? Erinnern Sie sich an die Dinge, für die Sie dankbar sein konnten. Erinnern Sie sich an die Sinnesfreuden des letzten (Finanz-)Jahres. Wie viel Geld haben Sie gespendet und damit etwas für die Freude anderer getan?

Lfd. Nr.	Name der Anlage	Wertpapierkennnummer	Kaufpreis/ Monatl. Rate	Kaufdatum/ Beginn Sparplan	(bei Sachanlage:) Erhaltene Anteile	Risikoklasse	Renditeerwartung bei Laufzeit von	Verfolgtes finanzielles Ziel/ Sinnesbefriedigung	Kursstand/ Datum	Kursstand/ Datum	Kursstand/ Datum	Kursstand/ Datum	Kursstand/ Datum	Kursstand/ Datum	Kursstand/ Datum

4. Ihre Bank und andere Helfer

Während früher der Weg zu einer Geldanlage immer über die Hausbank, meist eine Sparkasse, führte, können Sie heute eine Vielzahl von Informationsquellen nutzen und verschiedene Wege gehen, um Ihr Geld vernünftig anzulegen. Der Beratungsqualität der Banken sind Grenzen gesetzt, wenn Sie zunächst nur einen kleinen Betrag anlegen wollen. Eine qualifizierte Vermögensberatung lohnt sich für sie erst ab einem sechsstelligen Anlagebetrag. Also entscheidet die Höhe des Anlagebetrages über die Qualität der Beratung, die Sie bekommen. Als «kleiner Kundin» werden Ihnen nur Standardprodukte angeboten. In den meisten Fällen handelt es sich um Produkte der eigenen Bank oder kooperierender Institute, denn nur so lassen sich gute Provisionen erzielen. In der Regel stellt Ihnen die Bank kaum Fragen zu Einkommen und Anlagedauer, obwohl dies Kriterien sind, ohne die ein geeignetes Finanzprodukt nicht ausgewählt werden kann.

Glauben Sie also nicht, dass Sie bei der Bank auf jeden Fall das erhalten, was Sie brauchen; Sie bekommen nur das, was die Bank gerade verkaufen will. Seien Sie kritisch gegenüber den Empfehlungen der Kundenberater Ihrer Hausbank; ausgerüstet mit Miss MoneyMakers Grundwissen dürfte dies für Sie kein Problem mehr sein. Sie sind informiert und vorbereitet! Wenn Sie gezielt fragen, wird Ihnen Ihr Berater weiterhelfen können. Holen Sie aber auf jeden Fall andere Angebote ein und vergleichen Sie!

Meine Hausbank – ein Bund fürs Leben?

Die richtige Bank sollte zu Ihnen passen, und Sie sollten sich nicht als Teil einer anonymen Kundenmasse empfinden. Unter bestimmten

Umständen kann es wichtig sein, dass Sie Ihrem Bankberater persönlich bekannt sind – etwa, wenn Sie sich selbständig machen wollen. Hier eine Liste von Kriterien, die die Hausbank erfüllen sollte:
> Ihre Bank sollte gut und schnell erreichbar sein, wenn Sie kein Online- oder Telefonbanking nutzen wollen.
> Sie sollte günstige Gebühren für die Führung Ihres Girokontos haben. Die Kosten für die Führung des Girokontos sollten 8 Euro im Monat nicht übersteigen.
> Bietet die Bank Ihnen in mindestens einer Hinsicht Sonderkonditionen, etwa bei einer Baufinanzierung, Kreditfinanzierung oder bei der Geldanlage?
> Die Mitarbeiter der Bank sollten kompetent, zuvorkommend und serviceorientiert sein. Spielen die Mitarbeiter dagegen «Wer als Erster hochguckt, hat verloren», sollten Sie die Bank wechseln. Das Gleiche gilt, wenn Ihnen und Ihren Bankgeschäften nicht mit angemessenem Respekt und der notwendigen Diskretion begegnet wird.
> Ihre Bank sollte über eine Terminplanung verfügen, um Wartezeiten zu vermeiden. Sie sollten nicht lange warten müssen. Protestieren Sie nur einmal und wechseln Sie beim zweiten Mal die Bank.
> Ihre Bank sollte ein flächendeckendes Netz an Geldautomaten anbieten, an denen Sie kostenlos Geld abheben können. Viele Banken bieten Ihren Kunden die kostenlose Nutzung von Geldautomaten anderer Kreditinstitute an.
> Sie sollten jederzeit kostenlos Kontoauszüge erhalten können.
> Am Ende eines Monats sollten Sie eine monatliche Übersicht über Ihren Finanzstatus und alle Kontobewegungen des zurückliegenden Monats erhalten. Der Finanzstatus sollte Ihnen in einem Überblick alle Konto- und Depotstände sowie alle Kredite auf einen Blick präsentieren.
> Mitarbeiter sollten Sie ansprechen, wenn die Beträge auf Ihrem Girokonto oder Sparbuch zu hoch sind und Sie mit dieser Anla-

geform Geld verschenken. Ihr Kundenberater sollte Sie auf bessere Anlageformen von sich aus aufmerksam machen.

> Fühlen Sie sich von Ihrer Bank gut beraten und werden Sie regelmäßig über neue Entwicklungen im Banken- und Finanzbereich informiert? Erhalten Sie eine eigene Informationsschrift?

Eine gute Wahl sind verzinste Girokonten mit mehreren Unterkonten. Dieses Cash Management bietet viele Vorteile: Sie können Ihre Geldausgaben besser sortieren, Ihre Rücklagen monatlich ordnen und den Überblick über das behalten, was wirklich übrig bleibt. Wenn Sie in einem Bereich zu viel ausgegeben haben, zahlen Sie nicht sofort hohe Zinsen für Ihren Dispo-Kredit, wenn Sie gleichzeitig hohe Rücklagen für den Urlaub angesammelt haben und Ihr Kontostand unterm Strich gar nicht negativ ist.

Wenn Sie über die Jahre gute Geschäftsbeziehungen zu Ihrer Bank aufgebaut haben und Sie immer mal wieder ihre Unterstützung benötigen, sollten Sie allerdings genau abwägen, ob ein Wechsel der Bank tatsächlich von Vorteil ist.

Wie man mit Bankern umgeht

Die adrette solide junge Dame aus der Nachbarschaft arbeitet in der Bank. Sie ist vertrauenswürdig und zuvorkommend. Von klein auf trugen wir unsere Ersparnisse zu ihr. Das Vertrauen in die Institution Bank ist über so lange Zeit so kritiklos geblieben, dass viele ihrer Sparkasse immer noch «blind» vertrauen.

Aber **Achtung**: Auch Ihre Bank ist ein Unternehmen, und sie will ihre Produkte verkaufen. Sie lebt davon. Auch hier zählt der Umsatz. Wenn der nicht stimmt, hat es auch der einzelne Mitarbeiter schwer.

Es gibt also keinen Bankberater, der völlig selbstlos handeln würde. Bewahren Sie sich ein gesundes Maß an Misstrauen, wenn Sie die für Sie optimalen Finanzprodukte erhalten wollen. Bitte verstehen Sie mich nicht falsch: Die überwiegende Zahl der Bankberater ist seriös, doch auch der seriöseste Bankberater steckt im Interessenkonflikt zwischen Bank und Kunde.

Fit für die Bank

Bereiten Sie sich vor ◆ Je weniger Geld Sie haben, desto schwieriger ist es, in einer Bank eine qualitativ hochwertige Beratung zu bekommen und eine zuvorkommende Behandlung zu erfahren. Dabei benötigen Sie gerade dann eine bessere Beratung, als wenn Sie viel Geld hätten, denn je weniger Geld zur Verfügung steht, desto größere Bedeutung kommt der Verwaltung des Vermögens zu. Denken Sie daran: Sie haben keinen Cent zu verschenken! Daher müssen Sie konzentriert und zielgerichtet vorgehen.

Dress for success ◆ Kleiden Sie sich gut. Versetzen Sie sich vorher in die Rolle des Kundenberaters und überlegen Sie, anhand welcher Merkmale Sie die für Sie interessanten Kunden erkennen würden. Nichts ist schlimmer, als schon im ersten Moment in eine Schublade einsortiert zu werden, die Sie dazu verdammt, eine oberflächliche Beratung zu erleiden. Der Berater muss vielmehr das Gefühl haben, eine interessante, respektable Persönlichkeit beraten zu dürfen. Es ist zwar so, dass Banken viel Geld investieren, um ihre Mitarbeiter darin zu schulen, jeden gleich gut zu behandeln, aber auf der anderen Seite handelt jeder Mensch, auch der Bankberater, nun einmal nach seinem eigenen Wertesystem und behandelt seine Kunden entsprechend unterschiedlich.

Sammeln Sie Know-how ◆ Lassen Sie den Bankberater zunächst einmal im Unklaren über Ihre wahre Vermögenslage. Tun Sie so, als ob Sie schon über den Betrag an Geld verfügten, den Sie in ein, zwei oder fünf Jahren besitzen wollen. Lassen Sie Ihren Berater Investitionspläne mit höheren Summen ausrechnen; damit trainieren Sie das Gefühl, wie es ist, mehr Geld zu haben. Wenn Sie ein Problem damit haben, tun Sie einfach so, als ließen Sie sich einen Finanzplan für die Zukunft ausrechnen. Es schadet nicht, schon heute zu wissen, was Sie später mit Ihrem Geld tun. Über die Tatsache, dass es sich für Sie (noch) um Zukunftsmusik handelt, müssen Sie Ihren Berater jetzt nicht aufklären. Sie haben nicht die Pflicht dazu.

Vertragsunterzeichnung ◆ Lassen Sie sich alles erklären, was Sie nicht wissen. Belohnen Sie eine wirklich gute Beratung: Bedanken Sie sich und schreiben Sie dem Vorgesetzten. Vielleicht bringen Sie auch mal eine Schachtel Pralinen als Dank mit: Sie werden sehen, Sie werden auf Dauer immer besser beraten.

Do it yourself: Direkt-Banken

Direktbanken vertreiben ihre Produkte von der Führung des Gehaltskontos bis hin zu Vermögensberatung und Fondsmanagement direkt und nicht über ein personalintensives Netz von Filialen. Das ist kostensparend, daher bieten sie ihre Dienstleistungen günstiger an als die klassischen Kreditinstitute. Teuer und umständlich ist dabei allerdings oft der Umgang mit Bargeld; daher sollten Sie darauf achten, dass die Bank die Nutzung eines flächendeckenden Netzes von Geldautomaten gewährleistet.

Da Direktbanken kein Filialnetz haben, gestaltet sich die Kontoeröffnung zunächst etwas mühselig über den Postweg. Auch die notwendige Legitimationsprüfung erfolgt über die Post – entweder durch eine Unterschrift in der Postfiliale oder per Einschreiben beim Briefträger. Der Kundenkontakt wird über Telefon oder PC hergestellt. Die Vorteile, die Direktbanken Ihnen bieten, sind niedrige Kosten bei Wertpapiergeschäften, eine schnelle Abwicklung, eine große Auswahl an Investmentfonds sowie innovative Angebote wie

Aktiensparpläne. Allerdings können Sie keine Beratung erwarten, und in manchen Fällen ist die Kostenstruktur unübersichtlich.

Miss MoneyMakers Tipp: Wenn Sie über einen Internetanschluss verfügen und sich zutrauen, sich angemessen selbst zu informieren, bietet ein Depot bei einer Direktbank für Sie überwiegend Vorteile. Nutzen Sie die kostenlose Depotführung und den Service rund um die Uhr. Über die Börsenentwicklung können Sie sich in den großen überregionalen Tageszeitungen informieren. Daneben sind eine Reihe Magazine auf dem Markt, unter denen «Euro am Sonntag», «Das Wertpapier», «Finanzen» oder «FINANZtest» zu empfehlen sind. Im Internet können Sie die Seiten der Banken, Direktbanken, Fondsgesellschaften oder Zeitungen zur Informationsbeschaffung nutzen. Fordern Sie alle anlageproduktbezogenen Informationen (kostenlos) an wie Verkaufsprospekte, Börsenzulassungsprospekte oder Jahres-, Halbjahres- oder Quartalsberichte der Unternehmen.

Vermögensberater und Vermögensmanagement

Für komplexe Vermögensverwaltungen können Sie sich auch eines Vermögensverwalters bedienen. Achten Sie möglichst auf eine erfolgsorientierte Provision. Vergewissern Sie sich, dass eine unabhängige Beratung stattfindet, in dem Sie sich die Unabhängigkeit von Kreditinstituten, Finanzdienstleistern oder Finanzinstituten schriftlich bestätigen lassen. Über ein Grundwissen sollten Sie in jedem Fall verfügen, wenn Sie sich tatsächlich bald über Ihr Geld freuen wollen.

5. Versicherungen: Bringen Sie Licht ins Dunkel

Wie viel Versicherung muss sein?

Die meisten Menschen sind unpassend oder überteuert versichert. Das soll Ihnen nicht passieren: Informieren Sie sich und schauen Sie genau auf den eigenen Bedarf. Seien Sie besonders vorsichtig mit speziellen Frauentarifen («Lady-Tarif»), denn mitunter handelt es sich dabei um ein neues Gewand für alte Kleider. Diese Versicherungen sind nicht zwingend günstiger als herkömmliche. Zunächst sollten Sie sich im Internet umschauen. Hier einige hilfreiche Adressen:

www.bundderversicherten.de
www.frauenfinanzseite.de
www.finanzberatung-fuer-frauen.de
www.womannet.ch
www.womwnweb.de
www.vz-nrw.de (Verbraucherzentrale NRW).

Sie können sich auch an einen Versicherungsmakler wenden, am besten natürlich an einen unabhängigen Versicherungsmakler. Er holt die besten Tarife ein und ist verpflichtet, für Ihr Wohl zu sorgen. Zudem muss er finanziell für seine Fehler haften. Aber Vorsicht: Nicht jeder Makler oder jede Maklerin ist so unabhängig, wie es scheint. Viele haben nur bestimmte Versicherungen im Angebot. Lassen Sie sich schriftlich geben, dass er oder sie nach bestem Wissen und Gewissen das optimale Angebot erstellt. Verlassen Sie sich aber nicht allzu sehr auf andere und seien Sie informiert. Direktversicherungen schlagen oft den Preis, den Sie für ein gutes Angebot beim Makler zahlen, auf ihre Tarife. Vergessen Sie nie: Es geht um Ihr Geld und Ihre Absicherung!

Natürlich ist der Abschluss bestimmter Versicherungen sehr wichtig. Es können immer Umstände eintreten, die Sie daran hindern, für sich selbst zu sorgen, etwa im Krankheitsfall. Dafür empfiehlt sich ein Basisschutz, der unentbehrlich ist. Dazu gehören eine Kranken- und eine Haftpflichtversicherung. Alles, was darüber hinausgeht, sollte jede Frau genau prüfen und darüber nachdenken, ob eine andere Form der Vorsorge nicht doch empfehlenswerter wäre. Das gilt besonders für die Altersvorsorge. Wenn Sie Ihren persönlichen Schutz zusammenstellen, gilt der Grundsatz: Klasse statt Masse. Es ist wichtig, dass Sie nur einige wesentliche Versicherungen abschließen und diesen Basisschutz je nach individueller Situation aufstocken. In den meisten Fällen wird das nicht einmal nötig sein. Die Kapitallebensversicherung etwa ist eine der beliebtesten Versicherungen, aber bei weitem nicht die effektivste. Versicherungsmakler verkaufen diese Police jedoch am liebsten, weil sie pro Vertragsabschluss einen Jahresbeitrag Provision erhalten. Da viele Frauen nicht allzu tief in die Materie einsteigen wollen, sagen sie zu schnell «ja» zu dieser Form der Versicherung, nur um das Gefühl zu haben, ihre Zukunft gesichert und im Todesfall für die Angehörigen gesorgt zu haben.

Niemand denkt gerne über Unfall, Krankheit oder Tod nach. Doch Miss MoneyMaker weiß, dass es sinnvoll ist, sich auf bestimmte Ereignisse vorzubereiten. Übergeben Sie die Verantwortung nicht an Ihren Versicherungsmakler! Er wird nicht für die Beratung, sondern für den Abschluss einer Police bezahlt.

Die Versicherungsbranche ist eine Branche wie jede andere. Versicherungsunternehmen sind darauf angewiesen, Gewinne zu erwirtschaften – und das tun sie mit Erfolg. Deshalb sollten sich alle Frauen vor Abschluss eines Versicherungsvertrages informieren. Dazu gehört die Überprüfung des eigenen Bedarfs und die Auflistung aller Kriterien, die für Sie wichtig sind. Folgende Fragen sollten Sie überdenken:

› Welche Versicherung ist für Sie wirklich wichtig?
› Passen Ihre Versicherungen noch in Ihre heutige Lebenssituation?
› Sollten Sie Ihre Versicherungen verändern oder ruhen lassen?

Versicherungen, die Sie kennen sollten

Die Kapitallebensversicherung ◆ Rund 46 Prozent der deutschen Haushalte (nach «Focus-Money» 16/2001) haben eine Kapitallebensversicherung. Eine Kapitallebensversicherung wird als Altersvorsorge eingesetzt und verkauft. Aber: Ihr tatsächlicher Wert geht keineswegs konform mit ihrer Beliebtheit. Diese Form der Versicherung wird von den Maklern so gern angeboten, weil ein Versicherungsmakler bei Abschluss dieser Police sofort einen Jahresbeitrag als Provision erhält, der übrigens aus Ihren Einlagen bezahlt wird. Kapitallebensversicherungen verbinden den Schutz für Hinterbliebene im Todesfall und eine Altersversorgung miteinander. Sie schließen also eine solche Versicherung ab und glauben, ein gutes Geschäft gemacht zu haben, denn schließlich bekommen Sie alle Beiträge, die Sie eingezahlt haben, mit einer entsprechenden Verzinsung zurück. Doch wenn Sie diese Struktur einmal durchrechnen, werden Sie feststellen, dass erstens nur ein Teil der Versicherung verzinst wird, und dass Sie zweitens mit anderen Anlageformen eine wesentlich höhere Rendite erwirtschaften könnten. Eine Kapitallebensversicherung ist letztlich eine Kombination aus Sparplan und Hinterbliebenenversorgung. Wenn der Vertrag ausläuft, können Sie sich entweder eine lebenslängliche Rente bezahlen lassen, oder man zahlt Ihnen alle bisher eingezahlten Beiträge auf einmal zurück, und zwar mit Verzinsung. Aber gerade dort wird es kritisch: Wie sieht die Verzinsung wirklich aus? Was kommt dabei heraus, und ist das Ergebnis wirklich günstiger als andere Anlageformen? Im Todesfall wird zwar ein vorher festgesetzter Betrag ausgezahlt, und im Alter bekommen Sie ebenfalls eine bestimmte Summe, doch diese lässt sich nicht genau ermitteln; die Versicherung garantiert Ihnen lediglich eine Mindestsumme. Der Grund liegt darin, dass die Versicherungsgesellschaften bei Abschluss einer solchen Versicherung nicht Ihren gesamten eingezahlten Beitrag ansparen. Im Todesfall muss sofort die gesamte vereinbarte Summe ausgezahlt werden, daher vereinnahmt Ihre Versicherung zunächst 40% des eingezahlten Betrages als Risikoprämie; hinzu kommen Verwaltungskosten und Provision für den Makler. Das heißt, nur 60% Ihrer eingezahlten Beiträge werden angelegt und verzinst. Dies ist den meisten Anlegerinnen nicht klar. Sie erhalten im Schnitt zwar 6% Zinsen, allerdings nur auf die eingesetzten 60%, sodass die reale Verzinsung bei nur rund 3% liegt (dies wird als Garantieanteil bezeichnet). Wenn Sie dann noch die Inflationsrate bedenken, die zwischen 1,5 und 3% schwankt, erhalten Sie sehr wenig für viel eingezahltes Geld. Aber es gibt noch weitere Nachteile. Da Frauen eine im Schnitt sieben Jahre höhere Lebenserwartung als Männer haben, fallen die ausgezahlten Beiträge für sie noch geringer aus als bei Männern. Und: Die ausgezahlten Rentenbeiträge sind nicht einmal steuerfrei! Denn auch der Ertragsanteil dieser Kapitallebensversicherung muss versteuert werden. Wenn Sie ab dem 60. Lebensjahr eine Zusatzrente beziehen, dann werden von dieser Summe 32% versteuert. Eine Kapitallebensversicherung ist also zur Altersvorsorge letztlich ungeeignet. Auch zur Abdeckung der mit Ihrem Tod verbundenen Risiken taugt sie nicht; dafür ist eine Risikolebensversicherung mit geringeren Beiträgen wesentlich effektiver.

Ehe Sie jetzt nervös werden und Ihre Kapitallebensversicherung sofort kündigen wollen, warten Sie einen Moment und beachten Sie das Kleingedruckte: Zwar können Sie Ihre Versicherungen jederzeit kündigen, doch Sie werden in den meisten Fällen einen hohen Verlust hinnehmen müssen. Denn der Rückkaufwert im Falle einer Kündigung ist niedrig; Sie erhalten in den ersten Jahren noch nicht einmal die Beiträge in voller Höhe zurück, die Sie eingezahlt haben, da Verwaltungskosten und die Provision den Wert reduzieren. Außerdem müssen Sie bei einer Kündigung innerhalb der vereinbarten zwölf Jahre mit Steuerzahlungen rechnen, denn auch die Erträge aus dieser Zeit müssen versteuert werden. Also nicht sofort kündigen, sondern stattdessen entweder Ihre Versicherung bis zum Ende der Laufzeit beitragsfrei stellen oder Ihre Versicherung ruhen lassen. Als möglicher Ausweg bleibt Ihnen, geringere Beiträge zu vereinbaren. Bitten Sie Ihre Versicherung, Ihnen die drei Möglichkeiten genau vorzurechnen, und vergleichen Sie sie miteinander.

Die Direktversicherung ◆ Wenn Sie auf eine Kapitallebensversicherung nicht verzichten wollen, sollten Sie sie als Direktversicherung abschließen, wenn Sie ein regelmäßiges Einkommen als Angestellte beziehen. Bei der Direktversicherung überweist der Arbeitgeber direkt die vereinbarten Beträge an die Versicherungsgesellschaft. Sie werden dann von Ihrem Bruttogehalt abgezogen und mit nur 20 Prozent (zuzüglich Solidaritätszuschlag und Kirchensteuer) versteuert. Also versteuern Sie nur ein geringeres Bruttogehalt. Die günstigste Variante ist es, Jahresbeiträge zu vereinbaren, die vom Weihnachtsgeld abgezogen werden. Direktversicherungen laufen bis zum 60. Lebensjahr und können nicht vorher gekündigt werden.

Risikolebensversicherung ◆ Im Gegensatz zur Kapitallebensversicherung erhalten Sie bei Abschluss einer Risikolebensversicherung keine Rente oder Auszahlung. Sie ist ein Instrument zur Versorgung Ihrer Angehörigen (oder wen Sie sonst begünstigen wollen), die Sie im Falle Ihres Todes zurücklassen. Im Todesfall wird die vereinbarte Versicherungssumme an denjenigen ausbezahlt, den Sie als Begünstigten bestimmt haben. Die Beiträge zu einer Risikolebensversicherung sind relativ niedrig. So zahlen Sie unter zehn Euro pro Monat für eine garantierte Auszahlungssumme von 40 000 Euro. Haben Sie Familie und Kinder, können Sie eine Risikolebensversicherung abschließen, wenn Sie zum Familieneinkommen beitragen. Falls Sie ohne eigenes Einkommen oder unverheiratet sind, können andere Anlageformen mit höheren Renditen als Alternative in Betracht kommen.

Die fondsgebundene Lebensversicherung ◆ Die fondsgebundene Lebensversicherung ist eine riskantere Form der Altersversorgung, die aber meist eine höhere Rendite bietet. Das funktioniert so: Die Versicherungsunternehmen investieren Ihren Beitrag in Investmentfonds. Der Schwerpunkt der Investitionen liegt auf der Anlage in Aktienfonds. Ihr Beitrag kann in mehrere Fonds aufgeteilt werden. Die Summe, die ausbezahlt wird, richtet sich nach dem aktuellen Kurswert. Es gibt also keine garantierte Mindestverzinsung! Bei Kurseinbrüchen können die Fondsanteile in das Wertpapierdepot übernommen werden. Eine fondsgebundene Lebensversicherung ist nach zwölf Jahren und mindestens fünf Jahresbeiträgen steuerfrei.

Die private Rentenversicherung ◆ Eine private Rentenversicherung ist eine Anlageform, in der Sie monatlich einen bestimmten Betrag ansparen. Im Jahr 2001 wurde im Bundestag ein Gesetz beschlossen, das es jedem Arbeitnehmer freistellt, einen Anteil seines Gehalts in eine private Rentenversicherung einzuzahlen; der Arbeitgeber zahlt häufig Beiträge dazu. Das Konzept des Altersvermögensgesetzes («Riester-Rente») sieht Folgendes vor: Bis zum Beginn des Rentenalters können Sie jährlich Beiträge in eine normale private Rentenversicherung einzahlen. Ihr Geld wird in diesem Fall von einer Versicherung verwaltet und fließt in einen konservativen Mix aus Anleihen, Immobilien und in maximal 30% Aktien. Alternativ können Sie einen Sparplan zur monatlichen Einzahlung in Investmentfonds abschließen (fondsgebundene Rentenversicherung). Damit bewahren Sie sich bei größerem Risiko die Chance auf eine höhere Rendite. In beiden Fällen wird ein Kapitalstock aufgebaut, mit dem später die Auszahlungen (Ihre Zusatzrente) finanziert wird. Die Einzahlungen können steuerlich geltend gemacht werden. Hinzu kommen geringe Zulagen. Wer die maximale staatliche Förderung in Anspruch nehmen möchte, muss zunächst ein Prozent seines Bruttogehaltes des Vorjahres einzahlen. Der Prozentsatz steigt in vier Stufen auf vier Prozent im Jahre 2008. Die Förderung ist nach oben hin auf 2100 Euro (ohne Zulagen) beschränkt. Eingezahlt werden muss in ein zertifiziertes Vorsorgeprodukt («Riester-Produkt»). Diese Form der Geldanlage schützt oft nicht Ihre Hinterbliebenen. Später bekommen Sie eine monatliche Rente, die dann steuerbegünstigt ist. Private Zusatzversorgungen können auch noch in höherem Alter abgeschlossen werden. Sie zahlen dann eine höhere Summe ein und erhalten eine lebenslange Rente. Die Transparenz dieser Versicherungsform ist allerdings gering; Sie werden nie genau wissen, wie viel Geld zur Verfügung steht und wie die Zukunftsaussichten sind. Investieren Sie also besser in rentablere Anlageformen!

Miss MoneyMakers Tipp:
> Informieren Sie sich gut bei den verschiedenen Anbietern.
> Überlegen Sie genau, welche Summe Sie auch in knapperen Zeiten investieren können.
> Rechnen Sie sich genau Ihre Erträge aus: Können Sie damit im Alter gut leben, wenn Sie auch Ihre staatliche Rente mit einbeziehen?
> Zahlen Sie, wenn möglich, jährlich: Das erspart Ihnen den Zuschlag, den Lebensversicherungen auf monatliche Zahlungen erheben.
> Verzichten Sie auf angebotene Dynamisierungen. Da sie immer als Neuabschluss gelten, entstehen meist Kosten. Für jede Dynamisierung wird überdies immer das aktuelle Alter zugrunde gelegt. Das schmälert also Ihre Rendite.
> In schwierigen finanziellen Situationen: Lassen Sie die Versicherung ruhen, versuchen Sie nicht, sie zu kündigen, der Verlust ist zu hoch!

Versicherungen, die Sie haben sollten

Trotz aller Fallen im Dschungel des Versicherungsbusiness gibt es doch einige Versicherungen, die wirklich sinnvoll sind.

Berufsunfähigkeitsversicherung ◆ Das Risiko der Berufsunfähigkeit wird stark unterschätzt. Immerhin jeder vierte Arbeitnehmer muss seinen Job verlassen, bevor er die Rente erreicht. Hauptgründe dafür sind Herzkrankheiten, Gefäßerkrankungen und Rheuma. Unfälle begründen nur jede zehnte Arbeitsunfähigkeit. Sie haben natürlich auch Anspruch auf staatliche Unterstützung, wenn Sie berufsunfähig geworden sind. Prüfen Sie, welche Ansprüche Sie aus der gesetzlichen Rentenversicherung haben, welche Erwerbsunfähigkeitsrente Sie also erhalten würden. Lassen Sie sich bei der Bundesanstalt für Angestellte (BfA) Ihre Ansprüche ausrechnen. Selbständige haben Ansprüche, wenn sie mindestens vor dem Jahr 1984 fünf Jahre lang Beiträge bezahlt haben. In den meisten Fällen werden diese Summen jedoch nicht ausreichen, um Ihren Lebensstandard zu halten, außerdem entstehen durch eine Berufsunfähigkeit häufig Folgekosten (Umbau der Wohnung, Haushaltshilfen). Deshalb ist eine Vorsorge in Form einer Berufsunfähigkeitsversicherung durchaus bedenkenswert. Aber auch hier gilt: Sie müssen sich die Konditionen der einzelnen Versicherungen genau ansehen, denn gerade in dieser Sparte gibt es wichtige Unterschiede in den Bedingungen, und die Details sind sehr unübersichtlich. Achten Sie auf die Regelung zur so genannten «Verweisung»: Die Versicherung kann von Ihnen verlangen, eine andere Tätigkeit auszuüben, wenn Sie unfähig sind, Ihre bisherige Berufstätigkeit auszuführen. Überlegen Sie, ob Sie mit Ihren Vorkenntnissen eine andere Tätigkeit ausüben können und welche in Betracht kommt. Auch hier müssen Sie auf das Kleingedruckte in den Vertragsbedingungen achten: Die Versicherung unterscheidet fein zwischen Berufsunfähigkeit – Sie können Ihren Beruf nicht mehr ausüben – und Erwerbsunfähigkeit – Sie können keiner Erwerbstätigkeit mehr nachgehen. Wichtig ist der Passus zur Arztwahl: Können Sie Ihren Arzt selbst wählen, oder bestimmt die Versicherung den Arzt? Gibt es festgelegte Behandlungsmethoden? Müssen Sie bei Vertragsschluss all Ihre Krankheiten angeben oder nur die der letzten Jahre? Verlieren Sie Ihren Versicherungsschutz, wenn Sie eine alte Krankheit verschweigen?

Bei einer Krankheit und darauf folgender Erwerbsunfähigkeit von 50 Prozent können Sie nach einer Karenzzeit von ca. sechs Monaten die festgelegte Summe monatlich erhalten. Die Laufzeit und die Höhe richten sich nach Ihrem Versicherungsvertrag. Wählen Sie ruhig eine lange Laufzeit, die Verträge können jederzeit gekündigt werden. Auch Hausfrauen können eine Berufsunfähigkeitsversicherung abschließen, aber erst bei lebenslanger Erwerbsunfähigkeit zahlt die Versicherung. Seit dem Jahre 2001 sind die Konditionen der Berufsunfähigkeitsversicherungen allerdings verschärft worden: Personen über 40 Jahre können keine neuen Versicherungsabschlüsse mehr tätigen.

> Miss MoneyMakers Tipp: Achten Sie auf das Kleingedruckte. Überlegen Sie hier genau, welche Summe Sie später brauchen. Bestehen Sie darauf, dass Ihnen freie Arztwahl zugestanden wird und dass ein weltweiter Schutz gewährleistet ist. Falls Sie im Erziehungsurlaub sind, gilt der zuletzt ausgeübte Beruf. Konsultieren Sie ruhig mehrere Versicherungsmakler und lassen Sie sich ausführlich beraten und verschiedene Angebote berechnen. Das kostet Sie keinen Cent, und Sie können verschiedene Angebote auf ihr Preis-Leistungs-Verhältnis hin vergleichen.

Unfallversicherung ♦ Mit einer Unfallversicherung sind Sie im Falle eines Unfalls gegen Schäden abgesichert. Im Gegensatz zur gesetzlichen Unfallversicherung sind bei dieser Form auch Unfälle zu Hause und in der Freizeit mit eingeschlossen; der Unfall muss also nicht mit Ihrer Arbeit in Verbindung stehen. Der Betrag wird nach einem Unfall in einer Summe ausbezahlt. Eine Unfallversicherung kann neben einer Berufsunfähigkeitsversicherung abgeschlossen werden. Zielgruppe sind etwa junge Frauen, die sich privat oder im Beruf einem Verletzungsrisiko aussetzen oder die sich noch in der Ausbildung befinden. Auch hier sind die Preise sehr unterschiedlich gestaffelt, sodass sich eine genaue Prüfung lohnt. Legen Sie eine individuelle Versicherungsleistung fest. Sinnvoll ist es, im schlimmsten Fall der Vollinvalidität einen Abschluss über mindestens 500 000 Euro zu tätigen.

Private Haftpflichtversicherung ♦ Das Bürgerliche Gesetzbuch verpflichtet jeden, für die Schäden aufzukommen, die er anderen zufügt. Wie der Name schon sagt, gilt die private Haftpflichtversicherung für fahrlässige Schäden im privaten Bereich und schließt Familienangehörige ein. Ihre Kinder sind aber nur so lange mit versichert, solange sie sich noch in der Ausbildung befinden. Lebenspartner können auf einen speziellen Antrag hin mitversichert werden. Eine Haftpflichtversicherung deckt die entstandenen Schäden ab, schließt aber auch Gerichtskosten und Anwaltskosten ein, wenn es sich um unberechtigte Ansprüche der Gegenseite im Zusammenhang mit dem Schadensfall handelt.

Miss MoneyMakers Tipp: Setzen Sie Ihre Versicherungssumme zwischen einer und 1,5 Millionen Euro an, dies gilt für Personen- ebenso wie für Sachschäden. Lesen Sie im Schadensfall die Bedingungen in der Versicherungspolice aufmerksam durch, bevor Sie Ihren Schaden melden. Oft erzeugen unbedachte Formulierungen bei der Schadensmeldung unnötige Probleme bei der Regulierung des Schadens. Sie sollten daher wissen, worauf es ankommt.

Private Krankenversicherung ♦ Ab einem bestimmten Monatsgehalt (bisher 6600 Mark) können Sie sich privat versichern lassen. Der damit verbundene Austritt aus der gesetzlichen Krankenversicherung ist gut zu überlegen: Lohnt sich das? Andererseits: Die gesetzliche Krankenversicherung wankt. Die Beiträge steigen und der Leistungskatalog wird immer schmaler, weil die Kosten explodieren. Private Zuzahlungen werden immer selbstverständlicher, etwa bei Krankenhausaufenthalten oder im Ausland. Gerade bei zahnärztlichen Behandlungen sind Zuzahlungen ein fester Bestandteil geworden. Aber Vorsicht: Es ist kaum möglich, aus einer privaten Krankenversicherung in die gesetzliche Krankenversicherung zurückzukehren (nur nach einer längeren Zeit der Arbeitslosigkeit oder der Kinderbetreuung ohne Erwerbstätigkeit ist dies möglich). Der Leistungskatalog und auch die Qualität der Versorgung ist in der privaten Versicherung allerdings deutlich besser als in der gesetzlichen Krankenkasse. Es gilt immer dieselbe Regel: Nehmen Sie sich die Zeit und informieren Sie sich bei diversen Anbietern über die Beiträge und den Leistungskatalog; überlegen Sie genau, welche Bedürfnisse bei Ihnen abgedeckt werden müssen. Bei einer schweren Krankheit etwa ist die medizinische Versorgung als privat Versicherter weitaus besser.

Miss MoneyMakers Tipp: Lassen Sie sich Zeit, lassen Sie sich nichts aufschwatzen, entscheiden Sie allein oder mit Ihrem Partner. Analysieren Sie die Beitragsstaffelung der privaten Versicherungen genau. Wählen Sie in jungen Jahren einen Business-Tarif – damit sparen Sie Beiträge. Diese können Sie langfristig anlegen, um einen höheren Beitrag im Alter kompensieren zu können, denn gerade bei Frauen werden im Alter oft hohe Beiträge fällig.

Rechtsschutz ◆ Viele Frauen verschaffen sich mit dem Abschluss einer Rechtsschutzversicherung ein trügerisches Gefühl der Sicherheit. Tatsächlich sind viele Ereignisse im Leben nicht abgesichert (Scheidungen, Erbstreitigkeit, Streitigkeiten im Zusammenhang mit einem Bauvorhaben).

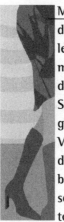
Miss MoneyMakers Tipp: Prüfen Sie auch hier die Bedingungen genau und denken Sie über Ihre potenziellen Konfliktfelder nach: Ziehen Sie oft um oder vermieten Sie (Mietstreitigkeiten)? Fahren Sie viel mit dem Auto, ist ein Verkehrsrechtsschutz ratsam. Prüfen Sie, ob Sie denselben Rechtsschutz durch eine Mitgliedschaft in einem Automobilklub oder in anderen Verbänden und Vereinen (Mieterverein, Berufsverbände u. ä.) erreichen können. Achtung: Warten Sie nicht, bis das Problem aktenkundig ist. Der Versicherungsschutz greift in der Regel erst nach drei Monaten Wartezeit.

Versicherungen im Falle von Trennung und Scheidung

Angesichts der heutigen Scheidungsquoten sollten Sie schon während der Beziehung Ihre gemeinsamen Versicherungen einer Prüfung unterziehen. Schauen Sie sich Ihre Policen einmal genau an!

Private Krankenversicherung ◆ Diese Verträge können problemlos getrennt werden. Jeder Partner erhält dann einen eigenen Vertrag. Das bringt beiden keine Nachteile. Bis zur Scheidung besteht ein Anspruch auf Weiterversicherung, der auch nach der rechtskräftigen Scheidung bestehen bleibt. Die Person, auf die der Vertrag ausgestellt ist, ist der Versicherungsnehmer, der alleiniges Verwaltungsrecht hat. Erst wenn es zur Scheidung kommt, werden die im Laufe der Ehe erworbenen Anteile aufgeteilt. Der vereinbarte Güterstand entscheidet über die genaue Aufteilung.

Unfallversicherung ♦ Auch bei der Unfallversicherung erhält bei einer Trennung jeder Partner einen eigenen Vertrag. Es gibt einen so genannten Familienrabatt, der im Falle einer Scheidung allerdings wegfällt. Prüfen Sie unbedingt, ob es sich lohnt, diesen Vertrag mit all seinen Modalitäten zu übernehmen.

Hausratversicherung ♦ Eine Hausratversicherung ist ebenfalls an den Vertragsnehmer gebunden und bezieht sich immer auf einen bestimmten Haushalt. Im Falle der Trennung sollte der Partner, der den bisherigen Haushalt verlässt, für seine neue Wohnung eine neue Hausratversicherung abschließen. Die Konditionen einer Hausratversicherung richten sich unter anderem nach der Größe der Wohnung und dem Wert der Einrichtung. Passen Sie auch Ihren alten Vertrag den neuen Gegebenheiten an – etwa wenn der ausziehende Partner wertvolles Mobiliar mitnimmt.

Rechtsschutzversicherung ♦ Auch dieser Vertrag schützt beide Ehegatten (inklusive Kinder). Das gilt auch für eheähnliche Lebensgemeinschaften, solange alle in demselben Haushalt leben. Im Falle der Trennung, also beim Auszug aus der gemeinsamen Wohnung, erlischt oft der Versicherungsschutz für den Partner, der den Vertrag nicht unterschrieben hat. Er muss dann eine neue Versicherung abschließen. Übrigens: Für die Kosten eines Scheidungsverfahrens übernehmen diese Versicherungen keine Kosten. Sie decken keine Familienrechtsstreitigkeiten ab!

Miss MoneyMakers Tipp: Ärgern Sie sich nicht, wenn Sie feststellen, dass Sie unpassende Versicherungen abgeschlossen oder Ihr Versicherungsmakler Ihnen eine falsche Versicherung «angedreht» hat. Fehler gehören dazu, betrachten Sie sie als Anregung, beim nächsten Mal genau hinzusehen und

 besser informiert zu sein! Rechnen Sie alles durch, kündigen Sie auf keinen Fall im Affekt, legen Sie die Versicherung lieber still. Insgesamt gilt: Bleiben Sie ruhig, Sie haben im besten Glauben gehandelt und können es ab jetzt besser machen.

Teil IV
Frauen, Kinder und Geld

1. Nach dem B-Test kommt der G(eld)-Test

Der rosa Ring in Ihrem B-Test-Stäbchen hat Ihr Leben verändert: Ein Baby ist unterwegs. Jetzt ist Zeit für Glück, Romantik und einzigartige Gefühle. Die Ernüchterung kommt später: Das Geld könnte knapp werden! Egal ob Sie allein erziehend sind oder den Nachwuchs zu zweit betreuen wollen: Den meisten Frauen steht ein teilweiser oder auch ein Totalausstieg aus dem Berufsleben bevor. Daran hat faktisch auch die Tatsache nichts geändert, dass auch Männer Erziehungsurlaub nehmen können – abgesehen davon, dass sich viele schon aus der Verantwortung stehlen, bevor sich diese Fragen stellen. Ein Wiedereinstieg in den Beruf nach vielen Erziehungsjahren ist oft mit einem Verlust an der Qualität der Tätigkeit verbunden. Die wunderschöne Erfahrung, Mutter zu werden oder zu sein, wird teuer erkauft: Sie löst einen Erdrutsch in den Finanzen einer Frau aus. Die finanzielle Vorsorge für die schönen Dinge des Lebens und langfristig für das Alter ist gefährdet. Also sollten Sie trotz Mutterglück nun Ihre Finanzierung sichern. Zunächst müssen Sie über Geld reden, und zwar mit dem Vater des Kindes. Seine gesetzliche finanzielle Verpflichtung ist so gering, dass Sie es ohne einen gerechten Ausgleich für Ihre Einbußen kaum schaffen können, Ihren Lebensstandard einigermaßen zu halten. Beschränkt sich der Vater tatsächlich auf die Zahlung der gesetzlich vorgesehenen Unterhaltszahlungen, bedeutet dies für allein Erziehende die Sozialhilfe. Auch das ist letztlich keine hoffnungslose Situation, doch Sie wollen schließlich Ihre finanzielle Freiheit behalten.

Fast jede zweite Ehe wird heute geschieden, und daran ändern auch Kinder nichts. Klären Sie also besser jetzt offen alle Finanzfragen, als bei einem bösen Ende ganz auf dem Trockenen zu sitzen. Denn im Falle einer Scheidung sind viele Frauen nicht ausreichend abgesichert. Behalten Sie also gerade jetzt, noch bevor Sie eine Babypause machen, den finanziellen Überblick und sichern Sie Ihre eigene finanzielle Unabhängigkeit. Folgende Fragen helfen Ihnen dabei:

> Wie hoch ist Ihr letztes Einkommen vor der Babypause?

> Wie hoch ist der Splittingvorteil, d. h. die steuerliche Besserstellung Ihres Partners aufgrund der Tatsache, dass Sie nicht oder weniger verdienen?

> Welche Sparverträge oder Anlagen zur Altersvorsorge zahlt Ihnen Ihr Partner auf ein separates Konto oder Depot monatlich ein?

Dabei ist zu unterscheiden:
> Wie viel kompensiert in etwa Ihren Verdienstausfall?
> Wie viel ist unbedingt notwendig?
> Wie viel ist für Ihren Partner tragbar?
> Wie viel ist Ihre Tätigkeit als Managerin des «Projekts Kind» wert, wenn Sie sich ein Gehalt zahlen würden?

Es mag nebensächlich erscheinen, ist es aber nicht: Untersuchungen haben gezeigt, dass die Mehrheit der Männer immer noch nicht bereit ist, den Haushalt sauber zu halten. Also putzen die meisten Frauen, sind berufstätig und erziehen die Kinder. Diese Überbelastung ist für ein partnerschaftliches Zusammenleben absolut nicht mehr zeitgemäß. Achten Sie also darauf: Lassen Sie putzen, wenn Sie berufstätig sind – unbedingt!

2. Frauen und Häuser

Vielleicht hängt es mit dem viel zitierten Nestbau-Trieb zusammen, dass viele Frauen den Wunsch nach einem eigenen Zuhause haben. Ob Sie sich an das Wagnis Hauskauf machen sollten, hängt vor allem davon ab, wie Ihre Persönlichkeit strukturiert ist. Hören Sie auf Ihre innere Stimme, um zu erkennen, was Sie wollen! Wenn Sie unsicher sind, stellen Sie das Projekt noch etwas zurück. Ganz wichtig: Achten Sie darauf, Ihr angespartes Vermögen nicht zu früh an eine Immobilienfinanzierung zu binden. Auch Ihre monatliche finanzielle Belastung sollte nicht zu hoch sein.

Es gibt viele Finanzberater, die davon abraten, ein eigenes Haus zu kaufen, weil ein Bauprojekt das Startkapital für die erste Million vernichtet. Sie rechnen Ihnen vor, wie viel Sie sparen könnten, wenn Sie den Eigenkapitalanteil, der in der Regel für den Kauf eines Hauses eingebracht wird, in andere Anlageformen investieren, die mehr Rendite bringen als ein Haus.

In der Tat sollten Sie gut darüber nachdenken, ob Ihre Mittel schon ausreichen, um ein Baudarlehen bedienen zu können. Haus oder Wohnung sollen Ihre Bedürfnisse erfüllen, nicht umgekehrt. So wünschenswert das eigene Heim auch erscheinen mag, es ist nicht immer die geeignete Form des Wohnens. Es verschlingt immer den größten Teil des Einkommens der Familie. Auch der Unterhalt des Hauses ist teuer: Kaum jemand denkt beim Kauf oder Bau an neue Dachziegel oder einen neuen Fassadenanstrich. Rückstellungen für Reparaturen – 1 Prozent des Kaufpreises im Jahr – sollten unbedingt eingeplant werden. So ist der Traum von einer Absicherung im Alter schneller ausgeträumt als gedacht: Was an Miete gespart werden sollte, muss nun ins Haus gesteckt werden. Schließlich vermittelt das Haus nicht mehr ein Gefühl von Freiheit, sondern nur noch der

Belastung. Bessere Verdienstmöglichkeiten in anderen Städten können nicht mehr angenommen werden, weil man eben an diesem Haus hängt. Immobilien machen immobil!

Dennoch: Es gibt auch eine emotionale Seite. Ich selbst habe gerade meine zweite Immobilie erworben – diesmal zur eigenen Nutzung – und kenne daher aus eigener Erfahrung das Gefühl der Bereicherung. Es stärkt das Selbstbewusstsein, von dem eigenen Geld etwas so Kraftvolles zu schaffen, das sich anschauen und anfassen lässt. Auch der Hausbau als solcher bereichert: Nach seinem Abschluss kann man als Projektmanagerin in jedem Unternehmen Erfolg haben. Ein Hausbau ist quasi ein fundiertes Lernprogramm und ersetzt locker zehn gute Persönlichkeitstrainings.

Falls Sie sich für ein Haus entscheiden, sollten die folgenden Bedingungen unbedingt erfüllt sein:

Sie sollten über mindestens 30 Prozent Eigenkapital verfügen. Lassen Sie sich bei einer Bank Ihre monatliche Belastung errechnen. Drücken Sie bei Ihren endgültigen Finanzierungsverträgen Ihre Eigenkapitalquote auf ein Minimum, möglichst 10 Prozent, und legen Sie die verbleibenden 20 Prozent renditestark und langfristig möglichst in Aktienfonds an. Vereinbaren Sie keine oder nur eine geringe Tilgung (nicht höher als 1 Prozent). Falls Ihre Bank Schwierigkeiten macht und eine geringere Eigenkapitalquote als 15 Prozent nicht akzeptieren will, bieten Sie die Abtretung der Ansprüche aus dem Aktienfondssparplan an.

Handeln Sie unbedingt einen günstigen Finanzierungszins aus. Vergleiche lohnen sich und sind über das Internet schnell ermittelt. Streben Sie eine langfristige Kreditvereinbarung an und machen Sie eine frühzeitige Tilgungsmöglichkeit zur Bedingung. Mit den Erträgen aus dem Aktienfondssparplan lässt sich das Baudarlehen früher tilgen, als Sie denken.

3. Wie sag ich's meinem Kinde?

Am Anfang steht die Vollversorgung

Am Anfang unseres Erdenlebens steht die totale Versorgung. Zwar erinnern wir uns im Erwachsenenalter nicht daran, aber eine Ahnung vom Paradies bewahren wir in uns. Nahrung, Kleidung, Körperpflege wurden anstandslos gewährleistet, sobald wir es lautstark einforderten. Die Spezies Mensch reagiert auf Babygeschrei mit einem reflexartigen Alarmzustand. Er versetzt die liebenden Eltern in einen Bedürfnisbefriedigungsrausch, der nicht selten in die verzweifelte Frage mündet: «Was hat es denn nur, das Kleine?» Diese Frage lässt sich im Lauf der Zeit immer genauer beantworten, und im selben Maße werden die Ansprüche differenzierter. Bald reicht Milch allein nicht mehr aus. Brei und Tee, Möhren und Zwieback erscheinen auf dem Speiseplan, es gibt die ersten Süßigkeiten und die ersten Spielzeuge. Ehe man sich's versieht, steht das Kind an Mamas Hand im Spielwarenladen, wo einfach alles bunt und schön und begehrenswert ist. Und da fangen die Probleme an. Nutzen wir doch einfach die Gelegenheit, etwas zu klären, das jedes Kind fürs weitere Leben wissen muss.

Wie geht das mit dem Geld?

Eigentlich ist das alles ganz simpel: Die bunten Papierscheine und Klimpermünzen wandern aus Mamas Portemonnaie in die Hand der freundlichen Frau an der Kasse. Im Gegenzug wird das neue Spielzeugauto, die neue Puppe über die Theke geschoben und in einer Plastiktüte nach Hause getragen. Die Menge des Geldes, das hier zum Einsatz kam, muss also etwas zu tun haben mit der Größe des

Autos, mit der Schönheit der Puppe, den Farben, den Geräuschen, den bunten Träumen, die das ersehnte Spielzeug begleiten.

Jetzt aber, im nächsten Laden, gibt es plötzlich keine Scheine, keine Münzen mehr. Mama bekommt einen Berg von Blusen, Röcken Tüchern einfach so – nur kurz eine Plastikkarte durch ein Kästchen geschoben, und schon geht es weiter. Und das soll man verstehen! Mit derselben Karte holt die Mutter gleich darauf am Zauberautomaten neue Scheine und Münzen – einfach so.

Unsere Kinder erleben die Welt der Finanzen nicht mehr so klar und durchschaubar wie zu Zeiten des Tauschhandels, als fünf Säcke Weizen so viel wert waren wie ein Ballen Leinen, ein Fass Öl wie zehn Brote. Heute ist alles vergleichsweise verworren. Die wesentlichen Geschäfte – große Anschaffungen, Lohnzahlungen, Sparverträge – sind für Kinder unsichtbar. Sie hören nur davon und erspüren die Wichtigkeit dieser Vorgänge in den Gesprächen der Erwachsenen. Dabei ist es so wichtig, frühzeitig zu begreifen, dass die Dinge ihren Wert haben, nicht unendlich zur Verfügung stehen und mit Bedacht ausgewählt und benutzt werden müssen. Diese schlichte Einsicht setzt heute jedoch ein enormes Maß an Abstraktionsvermögen voraus. Wirklich begreifen können Kinder die Funktionsweise unserer Zahlungsmittel erst mit etwa fünf oder sechs Jahren, und auch dann bedarf es einer geduldigen Einführung durch die Eltern.

Eltern sind Vorbilder

Das Märchen vom «Hans im Glück» wird heute immer noch gern erzählt. Hans, belastet mit einem Klumpen Gold, tauscht ihn nach und nach für immer wertlosere Gegenstände ein, bis er schließlich nur noch einen Stein besitzt. Den wirft er in den Brunnen, um endlich nichts mehr tragen zu müssen. Nun erst fühlt er sich glücklich. Die Moral von der Geschicht: «Geld allein macht nicht glücklich», «Es zählt nicht, was man hat, sondern was man ist». Tatsächlich liegt in mancher Hinsicht eine Menge Wahrheit in diesen Botschaften. Doch in der Realität machen wir uns unglaubwürdig in den Augen unserer Kinder, wenn wir zwar die Unwichtigkeit des Geldes predigen, aber gleichzeitig stolz auf das neue Auto oder die neue Einbauküche sind oder wochenlang über die fällige Gehaltserhöhung diskutieren.

Was immer Eltern ihren Kindern über den Umgang mit der Konsumwelt beibringen wollen – sie müssen es vorleben, sonst wirkt es nicht überzeugend.

Taschengeld

Mit ein paar Groschen täglich fängt es an, später werden es zwei, drei, fünf Euro wöchentlich. Teenager bekommen in Deutschland mitunter bis zu hundert Euro im Monat. Diese Zahlen sind natürlich immer abhängig von den Bedürfnissen, die mit dem regelmäßigen Betrag gestillt werden sollen. Geht es ausschließlich um Luxus oder werden auch Bücher, Kleidung oder gar Lebensmittel von den Heranwachsenden selbst bezahlt?

Es ist wichtig, gemeinsam mit den Kindern eine klare, den Verhältnissen entsprechende Absprache zu treffen. Oberstes Gebot ist allerdings: Taschengeld ist das erste regelmäßige Einkommen des Kindes, es sollte in keinem Fall an Auflagen geknüpft sein. Es ist also keine Belohnung für Wohlverhalten und darf nicht als Erziehungsmaßnahme missbraucht werden. Nur wenn das Kind mit dem sicheren Gefühl aufwächst, dieses Geld zu erhalten, einfach weil es ihm zusteht, kann es lernen, maßvoll und bewusst mit seinen Gütern zu wirtschaften.

Im Übrigen ist auch der Umgang mit dem Taschengeld wie so vieles im Leben eine Frage des richtigen Maßes: Es sollte weder zu viel noch zu wenig Geld zur Verfügung stehen, und vor allem sollten die Eltern nicht zu stark kontrollieren. Wenn ein Kind über jeden

Pfennig Rechenschaft ablegen muss, wird es bald mit kleinen Unwahrheiten seinen Intimbereich schützen.

Auf der anderen Seite verleitet die unbesehene Anpassung des Taschengeldes an immer höhere Forderungen des Kindes zu maßloser Bedürfnisbefriedigung ohne Sinn und Verstand. Erhöhen Sie die regelmäßige Zuwendung, sollte das immer von einem eingehenden Gespräch über die Gründe begleitet sein. So kann das Kind lernen, für seine Sichtweise einzutreten und die Argumente der anderen Seite zu achten.

 **Miss MoneyMakers Tipp:** Taschengeld ist kein Erziehungsmittel: Das Kind muss sich darauf verlassen können. Kontrollieren Sie Ihr Kind nicht zu sehr. Seine Selbständigkeit wird eingeschränkt, und Sie verleiten es zum Lügen. Seien Sie auch nicht grenzenlos großzügig. Das Kind verliert sonst den Überblick und lernt nicht zu sparen. Wenig oder gar kein Taschengeld, «weil das Kind ja alles bekommt, wenn es danach fragt», macht das Kind zum reinen Bittsteller.

Gemeinsam einkaufen

Legen Sie vor dem Stadtbummel mit Ihren Kindern fest, was eigentlich gebraucht oder gewünscht wird und wie viel Geld dafür zur Verfügung steht. Gibt es dann Auseinandersetzungen über die Auswahl der Neuanschaffung, hilft es, die Entscheidung mitunter dem Kind selbst zu überlassen: Kaufst du günstig, kannst du für den Rest noch etwas zusätzlich bekommen, muss es aber die teure Markenkleidung sein, liegt eben nicht mehr drin.

Kleider machen (kleine) Leute

Für Kleidung wird schon früh im Leben sehr viel Geld ausgegeben. Kinder sind heute schon im zartesten Alter Zielscheibe gezielter Werbekampagnen. Zunächst werden sie über das Medium Mutter erreicht. So kommt es, dass sich in den Sandkästen der Republik Kinder in «Oilily» und «OshKosh», in «Prenatal» und «H&M» mit Sand bewerfen und die Förmchen klauen. Sicher ist es schön und befriedigend, das eigene Kind herauszuputzen. Niemand soll uns die Freude nehmen, wenn das Kleine so niedlich aus der neuen Wäsche guckt. Doch achten Sie mal darauf: Wie viele Kinder werden so zum Statussymbol ihrer Eltern? Wer Porsche fährt, wird sein Kind nicht in No-Name-Kleidung herumlaufen lassen!

Betrachten Sie die Welt aus der Sicht des Kindes. Wie viel bedeutet es dem Säugling, welches Logo auf dem Etikett des Stramplers steht? Welchen Grund hat der Dreijährige, nur in den Highlights der Sportreklame das Haus zu verlassen? – In Wirklichkeit ist es Kindern bis in die Schulzeit hinein herzlich egal, mit wessen Werbung auf der Brust sie die Welt beglücken. Bleiben Sie gelassen, wenn Ihr Kind mit vier, fünf Jahren beschließt, sich nunmehr selbst anzukleiden, und es todschick findet, über den karierten Pullover noch ein geblümtes T-Shirt zu ziehen. Diese Experimentierphasen sind harmlos. Ernster wird es schon, wenn die Pubertät naht und sich die Jugendlichen dem Zwang ausgesetzt sehen, durch das richtige Etikett an der Kleidung Eintritt in die tonangebende Clique zu finden. Hier kann es durchaus helfen, in einem Gespräch herauszufinden, wo sich der Jugendliche in Bezug auf Selbstbewusstsein gerade befindet. Denn meist steckt hinter dem übertriebenen Anpassungswillen eine erschütterte, angstbesetzte Seele. Zu streng sollten Sie aber auch nicht sein: Wenn die Markenwut in Maßen auftritt, denken Sie an Ihre eigene Kindheit und deren Zwänge und geben Sie auch einmal nach.

Miss MoneyMakers Tipp:
> Nicht ausstaffieren, sondern sinnvoll kleiden: die Devise der frühen Jahre!
> Aufmerksam verstehen, was mit Kleidung ausgedrückt wird: Ihre Herausforderung beim Heranwachsenden!

Wenn Kinder Geld verdienen

Wie sinnvoll ist es, Kinder für Arbeiten im Haushalt und in der Familie zu entlohnen? Sicher macht es keinen Sinn, jeden abgespülten Teller oder jeden gedeckten Tisch abzurechnen. Schließlich wollen alle in einer angenehmen, sauberen Umgebung leben und müssen ihren Beitrag dazu leisten. Andererseits gibt es in der Praxis immer Arbeiten, die einen Aufwand erfordern, den Kinder nicht so ohne weiteres im Alltag erbringen. Rasenmähen, Autowaschen, Babysitten – da gehen die Stunden schnell dahin, und täglich anfallende Dinge wie Schularbeiten und Freizeitgruppen müssen dementsprechend organisiert werden. Es leuchtet ein, dafür einen bestimmten Tarif auszuhandeln. Wichtig ist hier die gerechte Behandlung der Geschwisterkinder und eine angemessene Bezahlung. Beim Babysitting sollte durchaus in Rechnung gestellt werden, dass es sich um das Geschwisterchen handelt – eine gute Gelegenheit, sich über die Bedeutung dieses neuen Erdenbürgers Gedanken zu machen. Bei Arbeiten rund ums Haus gilt es abzuschätzen, wie viel Zeit und Anstrengung sie in Anspruch nehmen, wie viel ein Fachmann/eine Fachfrau dafür bekäme ... Meistens sind Kinder sehr interessiert an solchen Einschätzungen und können ihre Arbeit angemessen beurteilen.

Und dann ist es eine große Genugtuung, auf diese Weise durch eigene Anstrengung das Vermögen größer werden zu sehen. Dies kann ein großer Ansporn sein, der sich mitunter auf das ganze Leben auswirkt.

Miss MoneyMakers Tipp: Belohnen Sie anstrengende Arbeiten im und um das Haus ruhig mit Geld, aber handeln Sie eine faire Bezahlung aus. Später wird dann nicht mehr gefeilscht!

Das eigene Konto

Ab etwa 14 Jahren kann es durchaus sinnvoll sein, Kindern das Taschengeld auf ein eigenes Konto zu überweisen. Sie können jetzt die wachsende Zahl auf den Kontoauszügen als genauso befriedigend erleben wie die prall gefüllte Geldbörse. Es ist gut, sich schon in diesem Alter an den Kontakt mit Banken zu gewöhnen. So wird auch das Interesse an der Finanzwelt gefördert. Viele Fragen ergeben sich auf ganz selbstverständliche Weise.

 Miss MoneyMakers Tipp: Eröffnen Sie gemeinsam mit dem heranwachsenden Kind ein Konto auf seinen Namen. So entwickelt es finanzielle Selbständigkeit.

Kinder und Aktien

«Aktien gehören nicht in Kinderhände.» – Wieso eigentlich nicht? «Mit Aktien spielt man nicht.» – Wer sagt, dass Kinder nur spielen wollen? Der Handel an der Börse erscheint den meisten Erwachsenen als Geschäft für hartgesottene, ernsthafte, sprich: erwachsene Menschen. Dabei wäre es doch gar keine schlechte Idee, gemeinsam mit dem eigenen Kind die Regeln dieses großen Finanzspiels zu erkunden! Und dass es dabei tatsächlich um Gewinn und Verlust geht – umso besser, so lässt sich im (von den Erwachsenen) abgesteckten Rahmen genau erfahren, wie mit dem Risiko umzugehen ist.

Alles beginnt auch hier mit der genauen Zielsetzung. Diese Lektion bezieht sich nicht nur auf die Kompetenz in Sachen Finanzen, sondern auf alle Bereiche des Lebens. Soll es das «supercoole» Auto sein? Was kostet es? Wann soll es angeschafft werden? Oder ist es ein Haus? Vielleicht sogar die Rente? Kinder sind oft sehr interessiert an solchen Gesprächen und können erstaunlich genau ihre Wünsche und Ziele beschreiben. Dabei schadet es gar nichts, wenn sich diese Ziele im Laufe des Nachdenkens verändern oder später zurückgeschraubt werden. Wichtig ist allein, dass der Wunsch und das Ziel vom Kind selbst gefunden wurde und von ihm selbst auch verfolgt wird.

Miss MoneyMakers Tipp: Erkunden Sie gemeinsam mit Ihrem Kind die Welt der Aktien. Das wird allen Vorteile bringen und gibt Ihrem Kind einen guten Start ins selbständige Leben!

Teil V
Geschichten vom Erfolg

Frauen schwärmen gerne. Sie träumen von reichen Leuten in teuren Yachten, die frische Drinks genießen. Tatsächlich können Ihnen Menschen, die es geschafft haben, helfen. Sie können Sie dazu bringen, nützliche Verhaltensweisen nachzuahmen (die Psychologin spricht von Modelling). Zu diesem Zweck habe ich im Sommer 2001 eine Reihe von Interviews mit finanziell erfolgreichen Menschen geführt. Drei dieser Interviews stelle ich hier vor. Es sind Gespräche mit zwei Frauen und einem Mann, um die Gelegenheit zu bieten, mögliche Unterschiede zwischen Frauen und Männern zu entdecken. Die echten Namen werden auf Wunsch der Interview-partner nicht genannt. An dieser Stelle danke ich allen dreien für das offene Gespräch und freue mich, dass sie den Lesern Einblick in sehr persönliche Angelegenheiten gewähren.

1. Christa T.*

Ich bin seit zweieinhalb Jahren Managerin eines großen deutschen pharmazeutischen Unternehmens, das weltweit tätig ist. Ich führe 30 Mitarbeiter. Mit ihnen habe ich eine Außendienstlinie aufgebaut. Als Angestellte erhalte ich ein Jahresgehalt von rund 100 000 Euro zuzüglich einer leistungsorientierten Prämie von 15 000 Euro. Zusätzlich wird mir ein Dienstwagen zur Verfügung gestellt.

In meiner Kindheit – wir waren zwei Schwestern zu Hause – hatte Geld einen zwiespältigen Stellenwert für mich. Eine Erfahrung waren Geldsorgen, die andere Erfahrung, dass ich sehr früh mitverantwortlich für Geldangelegenheiten war. Als 10-Jährige musste ich häufig mit dem Fahrrad eine Geldbombe in einer Plastiktüte zur Bank bringen, um meine Mutter zu entlasten. Unsere Geldsorgen waren damals so groß, dass der Sparkassenangestellte zu Hause anrief, um mitzuteilen, dass dringend Einzahlungen auf das Konto vorgenommen werden müssten, sonst könnten Schecks nicht eingelöst werden. Das war ein ungeheurer Druck für meine Mutter. Daher habe ich Geld als mächtig und drückend erfahren. Zu Hause herrschte der Glaubenssatz «Wer den Pfennig nicht ehrt, ist des Talers nicht wert». Das bedeutete für mich auch, dass nur wer spart wirklich zu Geld kommt und ein wertvoller Mensch sein kann. Meine Mutter und auch meine Tante, die Schwester meiner Mutter, gaben finanziell den Ton an. Meine Eltern waren beide selbständige Kaufleute. In meiner Kindheit führten sie ein kleines Einzelhandelsgeschäft. Später führte meine Mutter dieses Geschäft allein weiter, und mein Vater versuchte sein Glück mit einer Kneipe. Im Vergleich dazu war meine Tante sehr erfolgreich. Und so erlebte ich meine eigene Familie als arm und unsere Verwandten als reich. Daher wohl meine Motivation, sorgenfrei leben und genug Geld

* Namen von der Redaktion geändert

haben zu wollen. Die Zusammenfassung meiner Strategie lautet sicherlich: Weg von den Sorgen, hin zu einem Leben mit genügend Geld!

Ich glaube, dass meine Mutter in mir auch eine Versorgerin gesehen hat. Meine Schwester spielt bis heute eine ganz andere Rolle. Sie lebt in eher schlechten Verhältnissen und verteidigt dieses soziale Milieu. Sie wertet Geld und Reichtum einfach ab. Ich habe die Männerrolle übernommen, auch um mich darauf vorzubereiten, meine Mutter im Alter zu versorgen. Wenn ich einen Bruder gehabt hätte, hätte das sicher anders ausgesehen.

Es würde mir Angst machen, kein Geld zu haben. Es würde mir auch viel Angst machen, wenn sich alles nur um Geld drehte. Ich möchte das kaufen können, was notwendig ist und mir Lust und Genuss bereitet. In den bisherigen Lebensphasen hatte ich stets genau so viel, wie ich dafür benötigte.

Es gibt viele Menschen in meinem Freundes- und Bekanntenkreis, die weniger Geld haben; es gibt andere, meist die, die ich aus dem Unternehmen kenne, die ausreichend Geld haben. Es gibt wenige Leute, die ich als wirklich reich bezeichnen würde. Es gibt einige Freunde, die genauso viel Geld verdienen wie ich.

Als ich mich das erste Mal für die Freiheit entschied, erkannte ich die Notwendigkeit, diese Freiheit auch zu finanzieren. Mit täglich drei Stunden Büroarbeit nach der Schule konnte ich im Alter von 16 Jahren zu Hause ausziehen und meine eigene Wohnung bezahlen. Diese Entscheidung hat dann später allerdings auch meine Freiheit beschnitten: Meinen Wunsch zu studieren habe ich pragmatischen Erwägungen geopfert und mir stattdessen einen schönen Urlaub gegönnt. Dann auf einmal musste ich Geld verdienen, und so nahm ich einen Aushilfsjob an. Aus diesem Aushilfsjob wurde zunächst ein befristeter Vertrag und dann ein unbefristeter, und auf ein Jahr folgte das nächste, und heute sind schon längst mehr als 15 Jahre im selben Unternehmen verstrichen.

In dieser Zeit habe ich systematisch daran gearbeitet, immer verantwortungsvollere Positionen zu erreichen, in denen ich mehr Geld verdienen konnte. Ich finde, wer Leistung erbringt, kann auch eine adäquate Vergütung verlangen. Bei meinen Chefs habe ich das immer aktiv eingefordert. Es gab in all den Jahren nur einen Vorgesetzten, der von sich aus eine Gehaltsanpassung herbeigeführt hat. Mein Arbeitseinsatz, meine Leistung und die Bereitschaft, Veränderungen aktiv mitzugestalten, waren immer überdurchschnittlich. Deshalb kam ich voran.

Ich halte mich weder für reich noch für arm. Ich halte mich deshalb nicht für arm, weil ich mir alles leisten kann, was ich möchte. Ich halte mich deshalb nicht für reich, weil ich arbeiten muss, um mich zu ernähren. Andererseits: Ohne Arbeit könnte ich nicht länger als zwei Jahre leben.

Es würde mir Spaß machen, mit meiner neuen Geldsammelstrategie auf eine Million zu kommen. Alle wollen eine Million – vielleicht will ich eher zwei? Etwas hat sich aber doch verändert, denn ich bin nicht mehr bereit, denselben Einsatz wie früher dafür zu bringen. Ich möchte mir klügere Pläne erarbeiten, um mit weniger Einsatz mehr Geld zu verdienen.

Ich kann mir nicht vorstellen, mich in einen Mann zu verlieben, der nur 30 000 Euro oder 40 000 Euro im Jahr verdient, es sei denn, er verfügt über das Potenzial und den Ehrgeiz, mehr zu verdienen. Ich würde auch gerne heiraten. Es wäre ein sehr beglückendes Gefühl, zusätzlich abgesichert zu sein, ein Gefühl, das ich heute mehr genießen könnte als jemals zuvor. Dadurch, dass ich mich auch selbst versorgen könnte, wäre dies ein doppelter Genuss. Ich werde deshalb auch nicht untätig werden, sondern angemessen zu der neuen, gemeinsamen Situation beitragen. Früher habe ich anders gedacht, weil ich mir beweisen wollte, dass ich autark und selbständig bin. Heute weiß ich, was ich kann, und muss es mir nicht mehr beweisen. Das empfinde ich als gewonnene Freiheit.

Ich habe zur Zeit einen Steuerberater, der mich auch in Geldanlagen berät. Zudem nutze ich meine Bank für den Kleinkram. Ich habe mir eine Eigentumswohnung angeschafft. Sie ist mein erstes größeres Anlageprojekt. Aber ich kann meine Zufriedenheit nicht mit Geld bezahlen. Zeit ist kostbar, und ich möchte sie sinnvoll verbringen und dabei genügend Geld verdienen, das ist mein Ziel.

Das Thema Kind hat sich konkret bisher nicht gestellt. Ich hätte nie ein Kind bekommen wollen, ohne die finanzielle Absicherung dafür geschaffen zu haben. Allerdings ist der Preis für meinen Erfolg auch, dass ich bisher keine partnerschaftliche Beziehung und keine Kinder habe. Die Hauptmotivation für meinen Erfolg war immer, sorgenfrei leben zu wollen.

Wenn ich heute in Bezug auf meine Finanzen noch einmal etwas anders machen könnte, würde ich keine Angst davor haben, reich zu werden, und früher mit Geldanlagen beginnen.

2. Mara M.

Ich bin 41 Jahre alt, verheiratet, lebe mit meinem Lebenspartner und einer kleinen Tochter. Ich bin Geschäftsführerin eines von mir gegründeten Schulungs- und Beratungsunternehmens, das sich damit beschäftigt, Kommunikation in der Wirtschaft an den Mann und an die Frau zu bringen. Wir beraten und coachen Menschen vor allem mit dem Instrumentarium des Neurolinguistischen Programmierens (NLP). Mein Hauptjob ist es, Trainerin und Geschäftsführerin des Instituts zu sein. Ich trainiere seit meinen Studienzeiten. Selbständig tätig bin ich seit 1993.

Mit dem Institut setze ich rund 375 000 Euro im Jahr um; davon entfallen 60 Prozent auf das Seminargeschäft und 40 Prozent auf firmeninterne Aufträge.

Geld ist für mich insofern wichtig, als dass es Freiheit bedeutet. Je mehr Geld ich habe, desto freier bin ich. Das heißt nicht, dass ich meine Freiheiten nutze, sondern es geht darum, theoretisch Freiheiten zu haben, etwa nicht arbeiten zu müssen oder mir den Wohnort auszusuchen. Es kommt für mich nicht darauf an, bestimmte Dinge zu kaufen, sondern sie kaufen zu können, wenn ich wollte. Besitz bedeutet mir nicht viel. Ich habe einen Golf, aber ich weiß, ich könnte – wenn ich es unbedingt wollte – einen großen Wagen kaufen. Es ist schön, die Freiheit zu haben, Dinge realisieren zu können. Der Hauptstellwert, den Geld für mich hat, ist also Freiheit.

Ich habe bis zum 15. Lebensjahr mit meinen Eltern in einer 3-Zimmer-Wohnung gelebt. Wir hatten in der Gegend, in der wir wohnten, immerhin noch am meisten Geld, sodass ich mich immer sehr reich gefühlt habe. Meine Mutter war immer sehr schön angezogen. Mein Vater hatte eine leitende Position. Sie lebten in dieser Wohnung, weil es eine günstige Werkswohnung war und weil sie mit dem gesparten Geld ein Haus bauen wollten. Ich hatte sehr viel Spielzeug und immer neue Sachen zum Anziehen, aber ich hatte kein eigenes Kinderzimmer. Mein Vater hatte ein erotisch-spielerisches Verhältnis zum Geld: Er bekam immer so ein Glitzern in den Augen, wenn er samstags oder sonntags Beratertätigkeiten wahrnahm – er nannte es «klingeln gehen», Geld nebenbei verdienen. Ich hatte dabei das Bild von Münzen vor Augen, die in der Hosentasche klingeln und die man zum Vergnügen ausgeben darf. Meine Mutter war das genaue Gegenteil: Bei ihr musste immer alles seine Ordnung haben. Sie hielt das Geld zusammen. Beide hatten eine gewisse Großzügigkeit an sich, ohne verschwenderisch zu sein: Wenn mir zwei Kleider gefielen, musste ich nicht wählen, sondern es wurden beide gekauft, aber das Wegwerfen von Lebensmitteln oder gar Taxifahrten galten als unnötige Ausgaben. Ich erinnere mich, dass es für das Urlaubstaschengeld ein besonderes Sparschwein gab, in das wir gemeinsam sparten. Am Tag vor dem Urlaub wurde das Schwein geschlachtet, und ich bekam ein Drittel des Geldes, obwohl ich nur mein Taschengeld dazugetan hatte und der größte Anteil von meinem Vater stammte. Da ich keine Geschwister hatte, hatte ich immer das Gefühl, dass es von allem genug gab. Ich glaube, wenn ich einen Bruder gehabt hätte, wäre meine Erziehung ganz anders verlaufen. So war ich immer Papas Liebling und habe viel von ihm mitbekommen, auch von seiner Arbeit und seiner Karriere. Wenn ich einen Bruder gehabt hätte, wäre er in diesen Dingen wahrscheinlich enger mit meinem Vater verbunden gewesen. Ich kannte mich deshalb in der Männerwelt ganz gut aus. Mein Vater hat mich zum Beispiel samstagmorgens mit zur Arbeit genommen. Ich durfte in seinem Büro sitzen und über die Stahlwerkshallen gucken. Das fand ich beeindruckend.

Meine Mutter spart immer noch von ihrer Rente, obwohl ich ihr sage, sie soll es ausgeben, weil ich es nicht brauche. Aber sie ist stolz, wenn sie etwas sparen kann. Geld zusammenzuhalten und damit umzugehen, ist sehr stark in meinem Umfeld verbreitet. Mein jetziger Lebenspartner ist jedoch mehr so der Champagner- und Taxifahren-Typ, und das macht mir – bei aller schmunzelnden Freude – etwas Angst. Im Kreise der Freunde ist das ganz unterschiedlich. Geld ist auch nicht oft Thema.

Beeinflusst wurde ich von meinen Eltern eher indirekt. Das Thema Geld stand nicht so im Vordergrund, war aber auch kein Tabu. Man konnte darüber reden, und wir taten es auch gern. Auch meine Großmutter spielte eine wichtige Rolle. Ich erinnere mich, wie sie mir einmal 1000 Mark schenkte. Sie ließ zehn 100-Mark-Scheine von hinten über meinen Kopf schweben und rief: «Schaut mal, wie sich das Kind jetzt freut!» Man muss zu Geld eine positive und glückliche Beziehung haben und sich darüber freuen, dann bekommt man mehr davon. Das hatte ich schnell gelernt.

Etwas beunruhigt mich die derzeitige Lage auf dem Aktienmarkt. Aber ich bin davon überzeugt, dass es wieder bergauf geht. Ich habe Zeit. Ich habe immer geglaubt, dass ich stets in der Lage sein werde, Geld zu verdienen. Notfalls würde ich eben kellnern gehen.

Ich halte mich für reich. Aber wenn ich in den einschlägigen Illustrierten blättere, denke ich, das ist ein Witz. Dann fühle ich mich sehr arm angesichts all des Glamours. Aber wenn ich mich vergleiche mit dem, was Frauen allgemein in Deutschland verdienen, gehöre ich natürlich zu den oberen zehn oder zwanzig Prozent. Und wenn ich sehe, was Psychologen im Durchschnitt verdienen, kann ich mit Stolz sagen, dass ich eine Menge aus meinem Studium gemacht habe. Ich habe alles selbst geschafft, ohne Hilfe von außen.

Reiche und arme Menschen kann man von außen nicht unterscheiden. Es gibt schlampige Typen, die sehr viel Geld haben, und es gibt Leute, die laufen in Gucci oder Armani herum, und es steckt kein Geld dahinter. Wer Geld ausgibt, ist nicht unbedingt reich, und wer Geld zusammenhält, ist nicht unbedingt arm. Aber ich kann am Verhalten der Menschen und ihrer Einstellung erkennen, ob sie reich sind, daran, wie viel Freiheit sich jemand persönlich gibt. Reich ist, wer sagen kann, diesen Auftrag übernehme ich nicht, oder wer sagt, ich verbringe das Wochenende in Italien. Das ist für mich reich: Nicht eingebunden zu sein, nicht fremdbestimmt zu sein, sich frei zu fühlen.

Ich habe einen genauen Plan für die Zukunft: Ich entwerfe verschiedene Zehn-Jahres-Pläne, die mit unterschiedlichen Prognosen gerechnet sind, etwa für den Fall, dass sich das Geld gar nicht vermehrt oder dass es nur geringe Zinsen gibt, alles ganz konservative Rechnungen. Diese Pläne sind auf das Ziel ausgerichtet, in zehn Jahren gar nicht mehr arbeiten zu müssen. Ich könnte auch jetzt schon aufhören, aber ich möchte über so viel Geld verfügen, wie ich zur Zeit habe, ohne dafür arbeiten zu müssen.

Ich habe einen guten Job. Ich muss mich nicht dafür quälen. Im Grunde habe ich das Gefühl, für meine Selbstverwirklichung bezahlt zu werden. Sicher muss ich unangenehme Dinge tun, wie z. B. schnell etwas zu organisieren oder auf Kommando zu funktionieren. Da muss ich manchmal harte psychische Arbeit leisten, um motivierend und energiegeladen zu sein, auch wenn mir mal gar nicht danach ist. Aber ich bin sehr frei in meiner Zeiteinteilung und in der Wahl der Arbeitsmenge. Wenn ich im Sommer zwei Monate nicht arbeiten will, dann tue ich das eben auch nicht. Es hilft mir, dass ich gut nein sagen kann. Auch wenn ein Kunde droht abzuspringen, sage ich deshalb keine Termine zu. Ich bin der festen Überzeugung: Es wird immer etwas kommen.

In meiner geschiedenen Ehe war es nicht störend, dass mein Mann weniger verdiente, weil er keinen gesteigerten Wert auf Geld legte. Solch ein Gefälle ist so lange kein Problem für mich, wie ich mich nicht eingeschränkt fühle. Könnte ich mit meinem Partner aber bestimmte Dinge nicht machen, wie Urlaub, Essen gehen etc., weil er kein Geld hat, würde mich das massiv stören. Ansonsten habe ich immer geschaut, finanziell unabhängig zu sein.

Ich möchte mich nicht auf andere verlassen, um mich zu versorgen. Aber in Millionen schwimmen, wer würde das nicht gern haben!

Es hat mich mehr Kraft gekostet, das gleiche Geld zu verdienen in dem Jahr nach der Geburt meiner Tochter. Dabei habe ich mich vernachlässigt. Arbeit und Kind sind zu meinen Lasten gegangen. Ich habe weniger geschlafen und gefaulenzt. Es war immer mein Ziel, die Zeit, die ich einsetze, zu halbieren oder den Verdienst zu verdoppeln. Das war ein Auswahlkriterium für alle Jobs, die ich gemacht habe.

Man muss nicht für mich sorgen, das würde mir auch Angst machen. Ich kümmere mich um mein Geld. Ich habe ein mütterliches Empfinden dafür, so nach dem Motto: Um die kleinen 10-Euro-Scheinchen muss man sich gut kümmern. Geld ist wie Kinder, es braucht eine Richtung. Kinder müssen auch in den Kindergarten oder in die Schule geschickt werden, damit Sie nicht auf dumme Gedanken kommen. Ich bin Geld gegenüber sehr respektvoll. Ich schaue auf meine Kontoauszüge und frage meine neuen 5000 Euro: «Wo wollt ihr denn gerne hin? Möchtet ihr gerne Festgeld werden oder wollt ihr, dass ich euch auf den Kopf haue? Wollt ihr nach Europa oder lieber nach Amerika?» Ich investiere jeden Tag ein wenig Zeit für die Geldpflege. Ich schaue gern auf meine Übersichten und freue mich, wie es wächst. Stehen die Aktien schlecht, schaue ich nicht so oft auf die Auszüge – ich will mich davon nicht frustrieren lassen. Verluste vergesse ich schnell. Ich konsultiere Berater, denen ich jedoch zutiefst misstraue. Meist agiere ich emotional: Ich kaufe Aktien der Unternehmen, für die ich arbeite. Ich habe dann eine persönliche Beziehung dazu, und meiner Motivation für die Arbeit in dem jeweiligen Unternehmen nützt es. Ich habe meine Aktien und Fonds breit gestreut, in Deutschland, Europa und den USA und in unterschiedlichen Branchen. Ich brauche eine Bank, die es mir bequem macht und mir Auszüge, Zinsbescheinigungen etc. über alle meine Anlagen zuschickt. Da könnte in punkto Service noch einiges passieren, das ärgert mich oft. Daneben habe ich aber auch Direktanlagen, die ich bei den Emittenten kaufe (z. B. Fonds).

Ich gebe nicht gerne Geld für materielle Dinge aus, weil Materielles mich auch belastet. Wenn ich mir eine sehr teure Uhr kaufen würde, hätte ich nur Angst, sie zu verlieren. Wofür ich sehr gerne

Geld ausgebe, sind Reisen. Im Übrigen gefällt mir die theoretische Freiheit, Dinge zu tun oder kaufen zu können. Das Bedürfnis, diese Freiheit zu realisieren, habe ich nicht. Für mich persönlich gebe ich durchschnittlich 1000 Euro monatlich aus. Und ab und zu kaufe ich mir mal ein teures Stück Kleidung, denn in bestimmten Umgebungen fühle ich mich wohler, wenn ich meine Person angemessen ausstatte. Manchmal denke ich, ich müsste meinen VW Golf durch ein teureres Auto ersetzen. Aber es ist mir zu anstrengend, mich nach einem neuen Wagen umzusehen und den alten zu verkaufen. Bei meinen Ausgaben ist es mir wichtig, dass die Dinge in vernünftiger Relation zueinander stehen. Ich habe mal für eine Nacht in Disneyland 500 Euro bezahlt und mich beim Hotel beschwert, als ich die Rechnung sah. Das ist kein vernünftiger Preis. Anders wäre es gewesen, wenn uns Mickey Mouse geweckt und uns mit Musik zum Frühstück geleitet hätte, aber so? Eine Zeitung, die 25 Cent kostet und die ich nicht lese, sind 25 verschwendete Cent.

Ich habe zwei Häuser, eines davon ist ein Steuersparmodell und gehört der Bank, und eine Eigentumswohnung. Daneben habe ich Aktien und andere Geldanlagen: Rentensparpläne, eine Lebensversicherung usw.

Es wäre nicht so schlimm, wenn ich freiwillig z. B. als Kellnerin arbeiten und deshalb weniger verdienen würde. Wenn ich mit dem, was ich jetzt tue, nur halb so viel verdienen würde wie zurzeit, würde es sich auf mein Selbstwertgefühl auswirken. Ich würde größere Angst haben, wäre leichter bereit, mich an einen Mann anzulehnen. Ich würde geiziger sein und mein Geld mehr zusammenhalten.

Wenn ich doppelt so viel verdienen würde wie zurzeit, würde ich mir wahrscheinlich großartig vorkommen. Ich würde dann glauben, ich wäre unheimlich wichtig, und das auch sagen. Dabei weiß ich, dass die Menschen, die sehr viel verdienen, sich oft nur gut verkaufen – das hat nicht viel mit der Leistung zu tun. Wenn man eine bestimmte Position erreicht hat, dann bekommt man sein Geld dafür, dass man milde mit dem Kopf nickt. Es ist daher sinnvoll, am

Status oder der eigenen Marktpositionierung zu arbeiten und nicht ausschließlich an seinen Fähigkeiten. Die Verdoppelung der Fähigkeiten bringt nicht unbedingt mehr Geld. Man muss natürlich gut sein; es ist nicht so, dass man für nichts bezahlt wird. Aber man muss sich vor allem einen Namen machen.

Erfolg zu haben, war für mich selbstverständlich. Ich kann mich an eine Kindheitsszene erinnern: Ich war mit meinem Vater in einem großen Warenhaus. Da gab es eine feine Dame, die an der Kasse saß und das Geld entgegennahm, und eine schlampige Frau mit abgebrochenen Fingernägeln, die das schmutzige Geschirr wegräumte. Mein Vater schaute erst die beiden an und dann mich und sagte zu mir: «Ob du später das schmutzige Geschirr wegräumst oder mit lackierten Fingernägeln an der Kasse sitzt, das bestimmst ganz allein du selbst!» Ich hatte dennoch keinen Leistungsdruck. Erfolg war in den Augen meiner Eltern schon die mittlere Reife, alles andere war «on top».

Durch meinen Einsatz für den Beruf bin ich sehr diszipliniert geworden. Das Leben ist oft sehr anstrengend. Ich muss funktionieren, und das mag ich überhaupt nicht, es schränkt meine Freiheit ein. Ich bin manchmal etwas hart und verliere bei all der Organisiererei das Spielerische. Ich habe Freundinnen verloren, die nicht arbeiten und als Hausfrau kein Verständnis für mein Leben haben. Aber ansonsten möchte ich mit niemandem tauschen. Mir geht es materiell sehr gut. Wenn ich heute etwas an meinem Umgang mit Geld ändern könnte, würde ich mich früher über Finanzthemen informieren, denn es macht einen Riesenunterschied, ob man sein Geld zu 4 oder zu 6 Prozent Zinsen anlegt. Ich würde viel früher in das Fondsgeschäft einsteigen. Hätte ich das früher getan, wäre ich heute schon am Ziel.

3. Thomas P.

Ich bin 44 Jahre alt, verheiratet und habe drei Kinder.
Ich bin Geschäftsführer eines Handelsunternehmens mit 18 000 bis 20 000 Mitarbeitern. Ich führe das Unternehmen und bin zuständig für Marketing und strategische Fragen. Daneben mache ich alle organisatorischen Dinge, die zur Leitung eines Unternehmens dazugehören, wie z. B. die passenden Leute für das Geschäft zu finden oder operativ dort einzugreifen, wo ich meine, etwas bewegen zu können. Nach dem Studium arbeitete ich zwei oder drei Jahre in einem kleinen Unternehmen als Assistent des Inhabers. Das war eine glückliche Fügung, weil ich dort sehr viel gelernt habe. Ich konnte dort alles machen, etwa über Geld verfügen und Entscheidungen allein treffen, und war in den unterschiedlichsten Feldern tätig, einschließlich Vertrieb, Controlling, Marketing und Steuern. Anschließend bin ich durch Zufall zu einem großen deutschen Handelsunternehmen gekommen und war dort zwölf Jahre. Danach bin ich in meine jetzige Position in einen anderen Konzern gegangen. Es ist wichtig, möglichst viel dazuzulernen und sich weiterzuentwickeln; daher ist es gut, alle zwei bis drei Jahre die Tätigkeit zu wechseln, weil die Lernkurve nach dieser Zeit flacher wird.

Jeder Wechsel – auch innerhalb eines Konzerns – sollte generell eine wesentliche Gehaltsverbesserung mit sich bringen, möglichst eine Verdopplung. So war es auch bei mir. Ich verdiene derzeit rund 500 000 Euro.

Geld motiviert mich. Es ist nicht das Geld allein, aber auch. Geld hat für mich zwei Aspekte: Zum einen schafft es die Unabhängigkeit, das zu tun, was man will, und weniger Kompromisse zu machen, was mir immer sehr wichtig war. Zum anderen ist Geld immer ein Ausgleich für das, was man einzahlt an Zeit, an Gesichtsverlust, an Kompromissen und an Niederlagen – ein bisschen wie in der Prostitution.

Ich stamme aus ursprünglich bescheidenen Verhältnissen und bin sehr sparsam erzogen worden, was ich auch verinnerlicht habe. Meine Eltern kamen erst später zu Wohlstand. Mein sechs Jahre älterer Bruder ist noch sparsamer erzogen worden und hat nie gelernt, Geld auszugeben und sich dadurch eine gewisse Lebensqualität zu schaffen.

Die Sorge, das Geld, das ich besitze, wieder zu verlieren, ist mir gut bekannt. Früher hatte ich Angst, in Zukunft nicht mehr so gut zu verdienen, aber die habe ich mittlerweile verloren. Es kommt darauf an zu erkennen, was man kann, sich dessen bewusst zu sein und damit möglichst viel Geld zu verdienen. Es gibt einige Leute, die sich richtig einschätzen, wenige, die sich überschätzen, aber viele, die sich und ihre Fähigkeiten unterschätzen. Letztere werden für das, was sie können, häufig unterbezahlt.

Ich kenne reiche und arme Leute und habe zu beiden Gruppen eine gleich gute Beziehung. Meiner Frau ist Geld unwichtig. Die Frage, ob mich möglicherweise eine Frau des Geldes wegen heiratet, stellt sich mir so nicht, denn schließlich entscheide ich, sie zu heiraten – unabhängig davon, ob sie Geld wichtig findet oder nicht.

Es kommt im Beruf einfach darauf an, dass man das, was man gerade tut, einfach gut macht. Der Rest kommt dann von allein. Ich würde immer in Unternehmen gehen, die wachsen. Und es muss einen Mentor geben, der an einem Gefallen findet und einen mitzieht. Integrität ist wichtiger, als permanent zu überlegen, wie man nach oben kommt. Ich wollte nur niemanden haben, der mir etwas vorschreibt. Und ich habe gemerkt, dass ich etwas kann, was viele andere nicht können; ich habe um mein Geld gekämpft und nachverhandelt und nie das erste Angebot akzeptiert.

In finanzieller Hinsicht fühle ich mich einigermaßen reich, weil ich morgen meinen Job aufgeben und sehr lange von meinem Geld leben könnte. Entscheidend ist meiner Meinung nach die innere Unabhängigkeit. Sich in finanzieller Abhängigkeit unabhängig zu fühlen, das ist die große Kunst.

Von außen kann man nicht erkennen, ob jemand arm ist oder reich. Es gibt arme Leute, die großzügig sind, und reiche, die geizig sind. Ich könnte es nicht erkennen. Ich selbst strebe nicht nach mehr Geld. Ich will nur meine Arbeitszeit reduzieren. Zurzeit arbeite ich zwölf Stunden pro Tag.

Es würde mich nicht stören, wenn meine Frau mehr verdienen würde als ich. Falls sie Interesse haben sollte, zu arbeiten – sie ist zurzeit nicht berufstätig, sondern kümmert sich um unsere drei Kinder –, würde ich sofort tauschen. Ich würde mich um die Kinder kümmern und mir nebenbei eine interessante Beschäftigung suchen.

Es gibt Frauen, die einen reichen Mann wollen, auch wenn er dusselig ist. Andere wollen einen intelligenten und warmherzigen Partner, egal, ob er Geld hat oder nicht. Für Frauen ist es wichtig, dass der Mann erfolgreich ist. Mir ist es wichtig, dass eine Frau selbstbewusst ist und ihren Weg geht.

Ich habe Geld querbeet angelegt, aber ich kümmere mich nicht sonderlich um meine Geldanlage. Ich persönlich bevorzuge die sichere Geldanlage, aber ich habe auch einen Großteil in Aktien investiert. Ich habe die Möglichkeit, viel anzulegen, weil ich nur einen geringen Teil dessen, was ich verdiene, zum Leben benötige. Meine Kinder und die Absicherung ihrer zukünftigen Möglichkeiten und ihre Unabhängigkeit, das ist der Anreiz, das Geld zusammenzuhalten.

Ich selbst gehe sparsam mit Geld um, aber es gibt nichts, worauf ich bewusst verzichte, um etwas einzusparen. Den meisten dient Geldverdienen nicht dem Genuss für sich selbst, sondern der Geltungssucht. Sie ist bei Frauen geringer ausgeprägt als bei Männern. Für einige Dinge würde ich nur wenig Geld ausgeben. Ein T-Shirt für 40 Euro wäre mir zu teuer. Die Dinge müssen Spaß machen.

Es ist schwer, Kindern Sparsamkeit vorzuleben, wenn man einigermaßen viel Geld verdient. Die Tatsache, dass wir Kinder haben, hat sich gar nicht auf unsere finanzielle Situation ausgewirkt.

Ich würde auch für weniger Geld arbeiten, wenn mir das, was ich mache, Freude bringt. Das hätte ich früher nicht gemacht. Halb so viel zu verdienen, würde mir nichts ausmachen, wenn ich dafür weniger Zeit investieren müsste.

Ich habe eine Frau, für die ich nicht sehr viel Zeit habe, und Kinder, die fragen, warum ihr Vater nicht da ist. Kindern kann man das schlecht erklären. Ein weiterer Preis ist die Verletzlichkeit und Wehrlosigkeit, die man hat, wenn man oben ist: Man verantwortet oft Dinge, die man nicht kontrollieren kann, und steht immer wie unter Anklage. Niederlagen werden als menschliches Versagen gewertet – das kann brutal sein und erzeugt einen hohen Druck.

Um Erfolg zu haben, kommt es auf drei Dinge an: Erstens muss man die Dinge, die man tut, sorgfältig tun und sich darauf konzentrieren. Zweitens braucht man einen Mentor und freie Positionen, und man muss zu dem Unternehmen, für das man arbeitet, eine gewisse Distanz bewahren. Drittens ist es wichtiger, die eigene Unabhängigkeit vor Augen zu haben, als Geld oder eine bestimmte Position.

Wenn ich heute mein finanzielles Verhalten von früher ändern könnte, würde ich früher ans Geld denken und von Anfang an bei aller Identifikation mehr auf Distanz gehen. Ich arbeite vor allem, um Geld zu verdienen, und bin trotzdem engagiert und hundertprozentig loyal.

Frauen verhalten sich in Geldfragen oft anders als Männer, weil sie meistens nicht denselben Druck haben, etwa eine Familie, die sie ernähren müssen. Daher fühlen sie eine größere Unabhängigkeit. Erfolgreiche Frauen im Beruf lassen sich nicht so stark korrumpieren wie Männer.

Teil VI
Anhang: Finanzielle Fachbegriffe

Aktie

Der Begriff Aktie bezeichnet sowohl die Mitgliedschaftsrechte (Beteiligung an der Aktiengesellschaft) als auch das Wertpapier, das diese Rechte verkörpert. Der Inhaber einer Aktie (Aktionär) ist «Teilhaber» am Vermögen der Aktiengesellschaft. Ihm stehen verschiedene Mitwirkungsrechte (insbesondere auf der Hauptversammlung) sowie ein Gewinnbezugsrecht zu.

Aktienanalyse

Um den Anlegern die Anlageentscheidung zu erleichtern, werden von Fachleuten Aktien, Aktiengesellschaften und Aktienmärkte analysiert. Aufgaben der Aktienanalyse sind einerseits Information, andererseits Prognose. Die Fundamentalanalyse erarbeitet wichtige Unternehmensdaten zur Beurteilung einer Aktie und berücksichtigt auch volkswirtschaftliche Größen wie Auftragseingang, Lohnentwicklung und Wechselkurse. Unter Chartanalyse versteht man eine Methode zur Analyse des Kursverlaufs einer Aktie oder einer Gruppe von Aktien, bei der die Kurswerte graphisch dargestellt werden, um bestimmte Entwicklungen (Formationen, Trends) besser ableiten zu können.

Aktienanleihe (Wandelanleihe)

Mischform zwischen Aktieninvestment und Anleihe. Auch hier werden eine Zinszahlung und eine Laufzeit festgelegt. Der Zins liegt deutlich über dem von Staatsanleihen. Der Unterschied besteht aber darin, dass der Emittent, in der Regel eine Bank, am Ende der Laufzeit entscheiden kann, ob man hundert Prozent seines Geldes oder wahlweise eine bestimmte Anzahl von Aktien zurückbekommt. Letzteres wird der Fall sein, wenn der Kurs der Aktie während der Laufzeit gefallen ist. Es kann passieren, dass man am Ende der Laufzeit Aktien zurückbekommt, die weniger wert sind als das ursprünglich eingezahlte Kapital. Nicht immer erfolgt ein Ausgleich über die hohe Zinszahlung. Allerdings haben Sie den Verlust zunächst nur auf dem Papier, denn er ist so lange nicht realisiert, solange Sie die Aktie nicht verkaufen. Aktienanleihen eignen sich nur dann, wenn man davon ausgehen kann, dass die Aktie nur Seitwärtsbewegungen aufweisen wird.

Aktiengesellschaften
Neben GmbHs eine Form der Kapitalgesellschaften, deren Anteile leicht handelbar sind. Um Kapital zu beschaffen, erhöhen Aktiengesellschaften ihr Kapital und lassen ihre Aktien zum Handel an der Börse zu, wo sie sie verkaufen. Je nach wirtschaftlicher Entwicklung des Unternehmens steigt oder sinkt der Wert der Aktie.

Aktienindex
Kennzahl, die über die Wertveränderung von Aktien informiert. Indizes existieren für einen Gesamtmarkt, etwa der Dax, oder als Branchenindizes für Teilmärkte (z. B. Logistikbranche).

Aktienoptionspläne
Aktiengesellschaften setzen Optionspläne ein, um Mitarbeitern und besonders Führungskräften anstelle anderer Boni eine vom Aktienkurs abhängige Vergütung zu gewähren. Dies soll insbesondere zu einer Shareholder-Value-Orientierung bei den Managemententscheidungen beitragen.

Aktienrendite/Kapitalrendite
Dies ist die effektive Verzinsung von Wertpapieren. Sie wird auf das angelegte Kapital berechnet. Der laufende Kapitalertrag umfasst Dividenden und Zinszahlungen. Bei der Berechnung der Rendite von Wertpapieren sind als Ertrag zudem die Kursveränderungen zu berücksichtigen. Unter Umständen können auch Bezugsrechte relevant sein, weil sie oft gehandelt werden.

Aktiensplit
Die Teilung der Aktien einer Aktiengesellschaft. Sie erfolgt oft, um den Kurs der Aktie zu senken. Der Anteil des Aktieninhabers am Unternehmen reduziert sich entsprechend.

American Depository Receipt (ADR)
ADRs sind von US-amerikanischen Banken ausgegebene Hinterlegungsscheine nichtamerikanischer Aktien. Sie werden anstelle der Aktien selbst im Freiverkehr an US-Börsen wie Aktien gehandelt.

Amtlicher Handel
Der Amtliche Handel ist ein Marktsegment an den deutschen Börsen. Dieses Segment stellt die höchsten Anforderungen an Kapital suchende Unternehmen. Bei der Börseneinführung ist ein ausführlicher Prospekt mit genauen Angaben über die Gesellschaft erforderlich. Zudem müssen Zwischenberichte und jährlich eine Bilanz in einem Börsenblatt veröffentlicht werden. Die Kursfeststellung erfolgt durch amtliche Kursmakler. Die Auftraggeber haben Anspruch auf Ausführung der Aufträge zum festgestellten Kurs. Die meisten Geschäfte werden auf diesem Markt abgewickelt.

Anlagekonto
Spezielles Depot bei einer Investmentgesellschaft. Anders als bei einem Bankdepot werden dort auch Bruchteile von Anteilen gutgeschrieben. Daher eignen sich Anlagekonten vor allem für Anleger, die im Rahmen eines Sparplans monatlich eine feste Summe anlegen wollen. Doch auch im Rahmen einer Einmalanlage bietet dieses Konto Vorteile, da dort eventuelle Ausschüttungen des Fonds sofort und gebührenfrei wieder angelegt werden.

Anleihe
Sammelbezeichnung für verzinsliche Wertpapiere. Im Prinzip handelt es sich um eine Kreditforderung, die verbrieft wird und für die neben der Rückzahlung eines bestimmten Betrages ein Zins (fest oder variabel) fest vereinbart ist. Zu der Gruppe der Anleihen zählen Staatsanleihen, Pfandbriefe und Unternehmensanleihen. Die Laufzeit des Kredits, also der Anleihe, wird fest vereinbart. Anleihen können auch in der Zwischenzeit gehandelt

werden. Sie werden dann mit der Restlaufzeit erworben. Soweit sie zum Handel an der Börse zugelassen sind, existiert ein Börsenkurs, der sich während der Laufzeit verändern kann. Differenziert werden Anleihen nach Emittenten (z. B. öffentliche Anleihen, Industrieobligationen), Verzinsung (fest-/variabel verzinslich), Laufzeiten (kurz-/langfristig), Rückzahlung (gesamtfällig/Tilgungsanleihen), Sitz des Ausstellers (Inland/Ausland) und Währung (Euro/US-Dollar).

Anrechnungsverfahren
Letztmalig im Veranlagungszeitraum 2001 geltendes System der Besteuerung inländischer Dividenden, nach dem die von einem Unternehmen auf die ausgeschütteten Dividenden gezahlte Körperschaftssteuer zur Vermeidung einer Doppelbesteuerung in vollem Umfang auf die Einkommensteuerschuld des Aktionärs angerechnet wird. Ist er nicht einkommensteuerpflichtig oder seine Steuerschuld geringer als das Steuerguthaben, wird ihm die Körperschaftsteuer ganz oder teilweise ausgezahlt. Das Anrechnungsverfahren wird ab dem Veranlagungszeitraum 2002 durch das so genannte Halbeinkünfteverfahren abgelöst.

Aufgeld
Der Betrag, der bei der Neuausgabe von Wertpapieren den Nennbetrag übersteigt (Agio).

Ausgabeaufschlag
Gebühr, die beim Kauf eines Anteils (oder Bruchteil eines Anteils) an einem Investmentfonds anfällt. Der Ausgabeaufschlag beträgt je nach Fondstyp, Anbieter und Anlagesumme zwischen 0,5 und 6,5 Prozent.

Ausgabepreis
Preis eines Anteils. Im Gegensatz zum Rücknahmepreis ist beim Ausgabepreis eines Anteils an einem Investmentfonds der Ausgabeaufschlag enthalten.

Ausschüttung
Viele Aktiengesellschaften oder Fonds schütten einmal im Jahr Gewinne aus. Bei einem Fonds resultieren die ordentlichen Erträge aus Zinsen und Dividenden. Der Anleger erhält dann in der Regel eine Gutschrift auf seinem Bankdepot. Jeder ausgeschüttete Euro mindert das Fondsvermögen, sodass nach einer Ausschüttung der Wert des Fondsanteils sinkt.

Baisse
Tief an der Börse; ausgelöst durch das Fallen der Kurse über einen längeren Zeitraum insgesamt oder in einzelnen Bereichen oder Branchen. Gegensatz: Hausse.

Belegschaftsaktie
Zahlreiche Aktiengesellschaften bieten ihren Mitarbeitern Aktien des eigenen Unternehmens zum Erwerb an. Der Kaufpreis liegt üblicherweise unter dem Börsenkurs. Belegschaftsaktien bieten dieselben Rechte wie andere Aktien, sind aber unter bestimmten Voraussetzungen steuerbegünstigt. Will man die steuerlichen Vergünstigungen in Anspruch nehmen, müssen die Belegschaftsaktien für sechs Jahre festgelegt werden. Sie können also vor dem Ablauf der Sperrfrist nur unter Verlust der Vergünstigungen verkauft werden.

Bezugsrecht
Das Recht des Aktionärs, bei einer Kapitalerhöhung seiner Gesellschaft neue (= «junge») Aktien zu erwerben. Die Aktionäre können auf die Ausübung ihres Bezugsrechts verzichten und die Bezugsrechte an der Börse verkaufen.

Bilanz
Eine regelmäßig vom Unternehmen aufzustellende Gegenüberstellung von Vermögen (Vermögensgegenstände [Aktiva]; Schulden und Kapital [Passiva]). Wie die Gewinn- und Verlustrechnung (und der Lagebericht) ist die Bilanz Bestandteil des Jahresab-

schlusses eines Unternehmens oder einer Unternehmensgruppe (Konzernabschluss).

Blue Chips
Eine als solide eingeschätzte Aktie eines in der Regel großen etablierten Unternehmens.

Bogen
Siehe Mantel und Bogen.

Bond
Englischer Begriff für Anleihe.

Bond Stripping
Geht auf die englische Abkürzung «Strips» zurück, die für den Begriff Separate Trading for Registered Interest and Principal of Securities steht. Beim Stripping wird eine Anleihe in ihre Bestandteile zerlegt. So wird eine zehnjährige Bundesanleihe mit einer jährlichen Zinszahlung in zehn Zinskupons (Zinsstrips) und den Mantel (Kapitalstrip) aufgeteilt. Es entstehen so elf einzelne Wertpapiere, die nach ihrer Trennung einzeln (gegebenenfalls an der Börse) gehandelt werden.

Bonus
Zusätzlich zur Dividende gewährte Sondervergütung an die Aktionäre. Mögliche Anlässe: Firmenjubiläum, Sondererträge.

Boom
Extremes Ansteigen des Börsenkurses.

Börse
Die Börse ist der Markt für Wertpapiere (Treffpunkt von Angebot und Nachfrage). Der Börsenhandel findet in der Bundesrepublik Deutschland an bestimmten Orten zu bestimmten Zeiten statt. Die deutschen Wertpapierbörsen unterliegen der staatlichen Aufsicht. Über die Zulassung von Personen zum Börsenhandel ent-

scheidet der Börsenvorstand. Über die Zulassung von Wertpapieren zum Börsenhandel entscheidet eine vom Land überwachte Zulassungsstelle. An den deutschen Wertpapierbörsen gibt es verschiedene Teilmärkte, auch Handels- oder Marktsegmente genannt. Für Wertpapiere, die zu keinem der Marktsegmente zugelassen sind, dürfen Kauf- und Verkaufsaufträge während der Börsenzeit im Börsensaal weder angenommen noch vermittelt werden. Siehe auch Amtlicher Handel, Geregelter Markt, Freiverkehr, Neuer Markt, SMAX.

Börsenkurs
Der Preis eines Wertpapiers bildet sich gemäß Angebot und Nachfrage an der Börse. Der jeweilige Börsenpreis wird Börsenkurs genannt.

Broker
Börsenmakler, der für seine Kunden Aktien kauft und verkauft.

Bundesaufsichtsamt für den Wertpapierhandel (BAW)
Das Bundesaufsichtsamt soll die ordnungsgemäße Durchführung des Wertpapierhandels überwachen. Insbesondere ist es für den Schutz vor verbotenem Insiderhandel zuständig: siehe auch die Internet-Seite des BAW.

Courtage
Gebühr des Kursmaklers, der ein Wertpapiergeschäft vermittelt.

DAX
Der Deutsche Aktienindex (DAX) spiegelt die Wertentwicklung der 30 wichtigsten deutschen Aktien wider. Außer den Kurswerten gehen hier auch die Dividendenzahlungen ein. Der DAX startete Ende 1987 mit einem Wert von 1000.

Depot
Einrichtung der Kreditinstitute zur Verwaltung von Wertpapieren für ihre Kunden. Wertpapiere können für jeden Kunden gesondert in einem Streifband (Streifbanddepot) oder mit Zustimmung des Kunden auch bei einer Wertpapiersammelbank (Girosammeldepot) verwahrt werden. Letzteres ist die übliche und kostengünstigere Form. In beiden Fällen werden die Kundendepots von den Eigenbeständen der Bank getrennt gehalten und unterliegen nicht dem Zugriff der Gläubiger der Bank.

Dividende
Jeder Aktionär hat Anspruch auf einen der Höhe seines Aktienbesitzes entsprechenden Teil des ausgeschütteten Jahresgewinns seiner Gesellschaft. Dieser Teil des Gewinns heißt Dividende (im Lateinischen dividere = aufteilen, verteilen).

Effekten
Wertpapiere, die an der Börse handelbar sind.

Emission
Ausgabe von Wertpapieren durch öffentliches Angebot; geschieht in der Regel durch Vermittlung einer Gruppe von Kreditinstituten (Emissionskonsortium).

Emittent
Emittenten sind in der Regel Unternehmen oder Behörden, die Wertpapiere ausgeben.

Freimakler
Freimakler sind Börsenmakler, die Handelsgeschäfte über Wertpapiere zwischen Kreditinstituten vermitteln. Sie stellen die Kurse für die Wertpapiere des Geregelten Marktes und des Freiverkehrs fest. Siehe auch Kursmakler.

Freiverkehr

In diesem Marktsegment der Börse werden solche Wertpapiere gehandelt, die weder zum Amtlichen Handel noch zum Geregelten Markt zugelassen sind. Die Einbeziehung in den Freiverkehr erfolgt bei den einzelnen Börsen auf Antrag eines «zum Börsenhandel zugelassenen Unternehmens», meist eines Kreditinstitutes. Voraussetzung ist, dass ein ordnungsgemäßer Börsenhandel gewährleistet scheint. Die Preise werden durch spezielle Makler festgestellt und börsentäglich veröffentlicht.

Future

Termingeschäft, bei dem zu einem zukünftigen Zeitpunkt Wertpapiere (Aktien oder Renten) zu einem im Voraus bestimmten Kurs gekauft oder verkauft werden.

Genussschein

Ein Wertpapier, das eine Mischform von Wertpapier und Anleihe darstellt. Wie eine Anleihe gewähren die «Genüsse» regelmäßig die Rückzahlung des Anlagebetrages zum Nominalwert am Laufzeitende und einen grundsätzlichen Anspruch auf eine jährliche Verzinsung. Die Höhe dieser Verzinsung hängt aber – wie die Dividende bei der Aktie – von der Gewinnentwicklung des jeweiligen Unternehmens ab. Je nach konkreter Ausgestaltung ähnelt der Genussschein eher der Aktie oder der Anleihe.

Geregelter Markt

Der Geregelte Markt bietet gegenüber dem Amtlichen Handel den Unternehmen einen erleichterten Zugang zum Börsenhandel. Der Börseneinführungsprospekt («Unternehmensbericht») kann kürzer sein. Die Pflichtveröffentlichung muss nicht unbedingt in der Börsenpresse erfolgen, sondern kann auch an den Schaltern der Kreditinstitute zur Einsicht ausgelegt werden. Durch diese und andere Erleichterungen soll vor allem mittelständischen Unternehmen die Möglichkeit geboten werden, kostensparend an die Börse zu gehen. Der Handel folgt den gleichen Regeln wie der Amtliche Handel.

Geschäftsbericht
Jährlicher Rechenschaftsbericht einer Aktiengesellschaft über den Geschäftsverlauf und die Lage der Gesellschaft. Im Geschäftsbericht wird außerdem der Jahresabschluss abgedruckt und erläutert. Der Geschäftsbericht steht allen Aktionären zur Verfügung.

Grundkapital
Das in der Satzung einer Aktiengesellschaft festgelegte Kapital. Die Satzung bestimmt auch, in wie viele Anteile das Grundkapital eingeteilt ist. In Höhe ihres Grundkapitals gibt die Gesellschaft Aktien aus. Siehe auch Nennwert, Stückaktie.

Halbeinkünfteverfahren
Ab dem Veranlagungszeitraum 2002 geltendes System der Besteuerung von Dividenden und Spekulationsgewinnen: Die vom Unternehmen auf seine Gewinne gezahlte Körperschaftsteuer kann vom Aktionär nicht mehr auf seine Einkommensteuer angerechnet werden. Als zumindest partieller Ausgleich unterliegen daher Dividenden und Spekulationsgewinne nur noch zur Hälfte der Einkommensteuer. Das Halbeinkünfteverfahren löst das Anrechnungsverfahren für Dividenden ab. Für ausländische Dividenden und Spekulationsgewinne gilt es bereits im Veranlagungszeitraum 2001.

Hauptversammlung
Mindestens einmal jährlich versammeln sich die Aktionäre einer Aktiengesellschaft zur Hauptversammlung. Diese wählt den Aufsichtsrat und den Abschlussprüfer, fasst Beschlüsse über die Verwendung des ausgewiesenen Jahresgewinns, über Maßnahmen der Kapitalbeschaffung, über Satzungsänderungen und andere grundsätzliche Fragen; nur sie kann den Aufsichtsrat und den Vorstand entlasten.

Hausse
Stärkerer, meist länger anhaltender Kursanstieg an der Börse. Gegensatz: Baisse.

Index
Kennziffer, die Veränderungen bestimmter Größen zum Ausdruck bringt und Vergleiche, insbesondere von Wert- oder Preisveränderungen, ermöglicht. Ein Aktienindex spiegelt den Kursverlauf eines Wirtschaftszweiges oder eines nationalen Marktes wider. Für den deutschen Aktienmarkt werden Indizes u. a. von der Deutsche Börse AG, von einigen Kreditinstituten und von verschiedenen Presseorganen ermittelt, s. a. DAX.

Inhaberaktie
Aktien, bei denen die Rechte vom Inhaber ausgeübt werden können. Die Gesellschaft kennt dabei ihre Aktionäre nicht.

Insider
Im Börsenhandel Bezeichnung für Personen, die wegen ihrer beruflichen Stellung oder sonstiger Umstände einen Informationsvorsprung haben. Dessen Ausnutzung zum eigenen Vorteil bei Wertpapiergeschäften ist verboten; Verstöße können mit Freiheits- oder Geldstrafen geahndet werden.

Investmentzertifikate
Anteilscheine, die eine Beteiligung am Vermögen eines Investmentfonds verbriefen. Zu diesem Vermögen gehören neben Bankguthaben (Liquidität) vor allem Wertpapiere, also je nach Art des Fonds festverzinsliche Wertpapiere oder Aktien, beide in breiter Streuung.

Jahresabschluss
Der Jahresabschluss umfasst die Bilanz und die Gewinn- und Verlustrechnung eines Unternehmens. Bei einer Aktiengesellschaft wird er vom Vorstand aufgestellt, durch einen staatlich

vereidigten Wirtschaftsprüfer auf seine Ordnungsmäßigkeit geprüft und durch den Aufsichtsrat überprüft.

Kassahandel
Die Erfüllung der Geschäfte des Kassahandels erfolgt Zug um Zug in der Regel innerhalb von zwei Arbeitstagen (t+2).

Kulisse
Berufsmäßiger Wertpapierhandel der Makler und Kreditinstitute, wenn diese auf eigene Rechnung am Börsengeschehen teilnehmen.

Kupon
Besonderes Wertpapier, auch Dividendenschein genannt, das zur Aktie gehört und auf dessen Vorlage die Dividende ausgezahlt wird (siehe Mantel und Bogen). Auch die den verzinslichen Wertpapieren beigegebenen Zinsscheine werden Kupon genannt.

Kursmakler
Die amtlichen Kursmakler sind Börsenmakler, die aufgrund staatlicher Bestellung für die im Amtlichen Handel notierten Wertpapiere den Börsenkurs feststellen. Siehe auch Freimakler.

Kurswert
Der Preis eines Wertpapiers bildet sich nach Angebot und Nachfrage. Bei börsennotierten Aktien und Wertpapieren bildet er sich an der Börse. Der jeweilige Börsenpreis wird Kurs genannt.

Limitieren
Festsetzen einer Preisgrenze beim Kauf- oder Verkaufsauftrag für Wertpapiere.

Makler
Siehe Freimakler und Kursmakler

Mantel und Bogen
Zu jeder Aktienurkunde (in der Fachsprache: Mantel) gehört ein Bogen mit 10 oder 20 Dividendenscheinen und einem Erneuerungsschein (Talon), der zum Bezug eines neuen Bogens berechtigt. Die Dividende wird dem Aktionär gegen Vorlage des jeweils fälligen Dividendenscheins direkt von der Aktiengesellschaft oder üblicherweise von seinem Kreditinstitut ausgezahlt. Mäntel und Bögen werden aus Sicherheitsgründen bei den Kreditinstituten getrennt verwahrt.

MDAX (Midcap-Index)
Der MDAX spiegelt die Wertentwicklung der 70 größten börsennotierten Aktiengesellschaften wider, die auf die 30 DAX-Gesellschaften folgen. Neben Dividendenzahlungen fließen auch Bezugsrechtserlöse in die Berechnung des Index ein, der 1987 mit einem Stand von 1000 Punkten startete.

Namensaktie
Aktie, die auf den Namen des Aktionärs lautet. Im Gegensatz zur Inhaberaktie ist die Gesellschaft bei der Ausgabe von Namensaktien verpflichtet, ein Aktienregister zu führen. In diesem sind die Aktionäre mit Namen und Adresse aufgeführt. Im Verhältnis zur Gesellschaft gilt nur derjenige als Aktionär, der im Register vermerkt ist.

NASDAQ
Amerikanische Computerbörse (National Association of Securities Dealers Automated Quotation System), die vor allem einen Markt für Technologieunternehmen darstellt. Sie ist nach der Zahl der notierten Aktiengesellschaften die größte Aktienbörse, nach Marktkapitalisierung steht sie weltweit auf Platz vier.

Nennwert
Auf Nennwertaktien ist ein bestimmter Betrag in Euro oder DM abgedruckt: der Nennwert. Er gibt an, mit welchem Anteil der

Aktionär am Grundkapital und damit am gesamten Vermögen seiner Aktiengesellschaft beteiligt ist. Der geringste Nennwert einer Aktie ist nach dem Aktiengesetz 1 Euro; alle höheren Nennwerte lauten auf ein Vielfaches davon. Zu unterscheiden vom Kurswert. Siehe auch Stückaktie. Auch festverzinsliche Wertpapiere können einen Nennwert haben.

Neuer Markt
Der von der Deutschen Börse AG geschaffene «Neue Markt» soll als weiteres Börsensegment der Stärkung des Eigenkapitalmarktes für junge Hochtechnologieunternehmen dienen. Erfahrungsgemäß treten bei Werten des Neuen Marktes besonders hohe Kursschwankungen auf.

NYSE
Abkürzung für die New Yorker Börse (New York Stock Exchange), die nach Marktkapitalisierung und Handelsumsatz weltweit größte Aktienbörse, die häufig nur nach dem Straßennamen als «Wall Street» bezeichnet wird.

Option
Im Börsenhandel versteht man hierunter das Recht, gegen Zahlung einer Prämie innerhalb einer vereinbarten Frist z. B. Wertpapiere (Aktien oder Renten) zu einem im Voraus bestimmten Kurs zu kaufen oder zu verkaufen, ohne hierzu auch verpflichtet zu sein.

Optionsanleihen
Wertpapiere, die dem Inhaber neben einer festen Verzinsung ein befristetes Bezugsrecht (Option) auf Aktien des betreffenden Unternehmens bieten. Bezugspreis und Bezugsverhältnis für die Aktie werden vor der Emission der Optionsanleihe festgelegt. Nach Ausübung des Bezugsrechts oder Trennung des Optionsrechts bleibt die Optionsanleihe als gewöhnliche Schuldverschreibung bis zu ihrer Rückzahlung bestehen. Es können auch Anlei-

hen mit Optionsscheinen angeboten werden, die zum Bezug weiterer Anleihen berechtigen.

Optionsscheine

Das verbriefte, mit der Optionsanleihe ausgegebene Recht auf Bezug von Aktien oder – seltener – von Anleihen (Näheres siehe Optionsanleihe). Optionsscheine können getrennt von der Optionsanleihe an der Börse gehandelt werden. Durch Kauf eines Optionsscheins kann ein Anleger schon mit begrenztem Einsatz an den Kurschancen der Aktie teilhaben. Da Optionsscheine aber am Ende ihrer Laufzeit verfallen, droht dem Anleger unter Umständen ein Totalverlust.

Rendite

Bei Wertpapieren der in Prozenten des Erwerbspreises angegebene Ertrag, den das Papier bei Berücksichtigung aller Faktoren (Zins bzw. Dividende, Kurs, Laufzeit etc.) jährlich erbringt. Die Rendite ist also in aller Regel nicht mit dem Nominalzins oder dem Dividendenprozentsatz identisch.

SDAX (Small-Cap-Index)

Er enthält mit unterschiedlicher Gewichtung die Kurse der nach Marktkapitalisierung und Umsatz bedeutendsten 100 deutschen Aktiengesellschaften aus dem «Qualitätssegment» SMAX. Neben Dividendenzahlungen fließen auch Bezugsrechtserlöse in die Berechnung des Index ein.

Shareholder Value

Shareholder Value bezeichnet die Wertschöpfung für den Aktionär. Eine am «Shareholder Value» orientierte Unternehmenspolitik hat zum Ziel, für den Aktionär eine angemessene Rendite seiner Anlage zu gewährleisten. Dies nutzt auch anderen Gruppen, die dem Unternehmen z. B. als Arbeitnehmer oder Lieferanten verbunden sind, durch langfristige Sicherung der Rentabilität der Aktiengesellschaft.

SMAX
Im von der Deutsche Börse AG geschaffenen Qualitätssegment SMAX werden Traditionsunternehmen gelistet, die über die Anforderungen des Geregelten Marktes und Amtlichen Handels hinaus weiteren Publizitätsanforderungen unterliegen.

SMAX-All-Share-Index
Er enthält die Kurse aller Aktiengesellschaften des «Qualitätssegments» SMAX gewichtet nach der jeweiligen Marktkapitalisierung.

Stammaktie
So nennt man die stimmberechtigten Aktien ohne Vorzugsrechte im Unterschied zu den meist stimmrechtslosen Vorzugsaktien, wenn eine Gesellschaft beide Aktienarten ausgegeben hat.

Steuern
Der Aktionär muss seine Dividendenerträge wie anderes Einkommen nach dem Anrechnungsverfahren bzw. dem Halbeinkünfteverfahren versteuern. Kursgewinne sind hingegen steuerfrei, wenn der Aktionär die Aktie länger als ein Jahr besessen hat oder die Freigrenze von 1000 DM nicht erreicht wird.

Stückaktie
Die Stückaktie weist keinen Nenner auf, ihr Anteil am Grundkapital bestimmt sich nur nach der Zahl der ausgegebenen Aktien. Alle Stückaktien verkörpern denselben Anteil an der Gesellschaft.

Terminhandel
Wertpapiertransaktionen, deren Erfüllung nicht sofort (Kassageschäft), sondern erst zu einem späteren Termin erfolgt. In Deutschland findet Terminhandel in Wertpapieren und Strom an der Eurex statt, Warentermingeschäfte an der Warenterminbörse in Hannover. Siehe auch Kassahandel.

Vorzugsaktie
Vorzugsaktien haben in der Regel kein Stimmrecht. Zum Ausgleich dafür gewähren diese Aktien ihrem Besitzer andere Vorteile (Mindestdividende, Nachzahlungspflicht für etwa ausgefallene Dividende usw.).

Wandelanleihe
Der Inhaber einer Wandelschuldverschreibung kann diese während der Laufzeit der Anleihe zu einem vorher festgelegten Verhältnis in Aktien umwandeln. Ob die Wandlungsmöglichkeit für den Inhaber interessant ist, hängt von der Entwicklung des Aktienkurses ab. Soweit das Wandlungsrecht nicht ausgeübt wurde, wird die Anleihe am Ende der Laufzeit zurückgezahlt (getilgt). Ähnlich: Optionsanleihe.

Xetra
Der Begriff Xetra steht für das elektronische Börsenhandelssystem der Deutschen Börse AG (Exchange Electronic Trading System).

Zero-Bonds
Börsennotierte Anleihen, für die es keine Zinsen gibt. Der Kurs des Papiers liegt unter 100, da der Emittent einen Abschlag auf Laufzeit und Nennwert berechnet. Dies nennt man «Emissionsrendite». Bei Fälligkeit wird der Nennwert voll zurückgezahlt. Ihr Ertrag ergibt sich also aus der Differenz zwischen dem Kaufkurs und dem Nennwert (100 Prozent) oder dem aktuellen Börsenkurs bei vorzeitigem Verkauf.

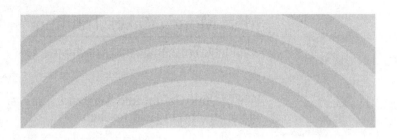

Websites zum Thema Geldanlage

www.finanzen.de
www.aktiencheck.de
www.deutsche-boerse.com
www.neuermarkt.com
www.platowbriefe.de
www.finanzen.net

Miss MoneyMaker Training
Seminare, Workshops und Coaching

Wie Sie mit Gefühl und Verstand mehr aus Ihrem Geld machen

- Sie wollen genau wissen, wofür Sie Ihr Geld ausgeben und wohin es fließt.
- Sie wollen endlich Ihre Finanzen in den Griff kriegen und sich um dieses Thema nicht mehr sorgen.
- Sie wollen endlich die Gründe kennen lernen, die Sie daran hindern, einen gesunden Umgang mit Geld zu pflegen.
- Sie wollen wissen, wie man intelligent Geld vermehrt.
- Sie wollen sich nicht nur um Mann und Kinder sorgen, sondern sich auch um die Familie der Finanzprodukte kümmern.
- Sie wollen den Märchenprinzen nur noch zum Schmusen und nicht mehr zum Bezahlen.

Miss MoneyMaker Training bietet Ihnen die Möglichkeit zu handeln, statt zu klagen:

Unser Angebot	Ihre Investition
• Miss MoneyMakers Afterwork (2 x 3,5 Stunden)	Euro 199,00
• Miss MoneyMakers Start (1 Tag)	Euro 159,00
• Miss MoneyMakers Intensiv (3 Tage)	Euro 449,00

Sie werden nicht nur sich selbst und den Rest der Welt, sondern auch Ihren Miss MoneyMaker-Finanzcheck lieben …

_ _ _ hier abtrennen und losschicken _____

Name: _____
Vorname: _____
Straße: _____
PLZ/Wohnort: _____
Telefon/E-Mail: _____

Claudia Maurer
- Miss MoneyMaker -
**Champagne 48
40822 Mettmann**
Telefon 02104-819213
Telefax 02104-819363
info@missmoneymaker.de

Ich interessiere mich für folgendes Seminar (bitte ankreuzen):
- MMM Afterwork ❑
- MMM Start ❑
- MMM Intensiv ❑

Wir melden uns bei Ihnen!